本书为2015年度教育部人文社科一般项目"传播技术路径下的中国大众媒介变迁史研究"（15YJA860010）
国家新闻出版广电总局部级社科研究项目"媒介融合视域下电子媒介演进史"（GD15WT02）
中国传媒大学亚洲传媒研究中心一般研究项目"国民政府广播史研究（1928—1949）"（AM06065）的科研成果

新/闻/传/播/学/丛/书
——·第二辑·——

中国广播现代性流变

国民政府广播研究
（1928—1949年）

李 煜/著

中国传媒大学出版社
·北京·

图书在版编目（CIP）数据

中国广播现代性流变：国民政府广播研究（1928—1949 年）/
李煜著． -- 北京：中国传媒大学出版社，2017.5
ISBN 978-7-5657-1969-1

Ⅰ．①中… Ⅱ．①李… Ⅲ．①广播事业－新闻事业史－
中国－民国 Ⅳ．① G229.29

中国版本图书馆 CIP 数据核字（2017）第 078376 号

中国广播现代性流变：国民政府广播研究（1928—1949 年）
ZHONGGUO GUANGBO XIANDAIXING LIUBIAN：GUOMIN ZHENGFU GUANGBO YANJIU (1928—1949NIAN)

著　　　者	李　煜
责 任 编 辑	李水仙
封 面 制 作	拓美设计
责 任 印 制	曹　辉
出版发行	中国传媒大学出版社
社　　址	北京市朝阳区定福庄东街1号　邮编：100024
电　　话	86—10—65450528　65450532　传真：65779405
网　　址	http://www.cucp.con.cn
经　　销	全国新华书店
印　　刷	北京玺诚印务有限公司
开　　本	787mm×1092mm　1/16
印　　张	14
字　　数	302 千字
版　　次	2017 年 12 月第 1 版　2017 年 12 月第 1 次印刷
书　　号	ISBN 978-7-5657-1969-1/G·1969　　定　价　65.00 元

版权所有　　翻印必究　　印装错误　　负责调换

目 录

图表目录 ······ III

导　言 ······ 1
 一、研究缘起（动机与问题）······ 1
 二、"国民政府广播"一词的辨析及研究对象的界定 ······ 4
 三、史料概述 ······ 6
 四、理论准备与理论回顾 ······ 7
 五、研究路径与研究方法 ······ 12
 六、章节简介 ······ 14

第一章　国民政府广播系统的从无到有 ······ 17
 一、现代传播技术的传入 ······ 17
 二、无线电广播的起步 ······ 19
 三、国民政府广播系统的建立 ······ 23
 四、国民政府广播系统在抗战中受挫及重建 ······ 44
 五、国民党广播系统在战后的扩充及走向末路 ······ 50

第二章　党治"国家决定型"广播制度的建立 ······ 55
 一、党治"国家决定型"广播制度形成时的制度环境 ······ 56
 二、"党国喉舌"广播观念的形成 ······ 61
 三、"以党代政"二元广播法规体系的建立 ······ 67
 四、国民党"党政"二元广播机构 ······ 87

第三章　以实现"党国认同"为传播目的的广播节目 ······ 105
 一、"政治认同"的宣传成为"党化"广播节目的常态 ······ 107
 二、"文化认同"的传播是"党化"广播节目的又一主调 ······ 143

第四章　国民政府广播传播的"有限效果" ... 158
    一、关于"对谁播"和"谁在听"的问题 ... 158
    二、国民政府应对广播覆盖不平衡和受众不广泛的策略 ... 165

结　　论 ... 170

参考文献 ... 175

附　　录 ... 184
    附录一　《广播周报》之《一周大事》索引 ... 184
    附录二　暂定民营电台播音节目时间标准表（1937年4月） ... 187
    附录三　《教育节目材料标准》（1937年4月底） ... 190
    附录四　国民党中央广播事业指导委员会审查播音稿本 ... 193
    附录五　《各省普设收音机及运用办法（修正案）》（1940年3月7日） ... 199
    附录六　《广播无线电收音机登记规则》（1948年4月5日） ... 201
    附录七　中央广播电台现行节目分类系统图（1937年6月） ... 203
    附录八　《广播周报》第1—312期《总理遗教》节目内容统计表 ... 204
    附录九　《三民主义》书中内容与《总理遗教》节目内容比较表 ... 207
    附录十　《广播周报》第1—312期《讲读蒋委员长文稿》节目内容统计表 ... 208
    附录十一　《讲读蒋委员长文稿》节目中选讲蒋介石
对"庐山军官训练团（1933年7月至9月）"的讲话内容统计表 ... 210
    附录十二　《广播周报》第1—312期《党义研究》节目内容统计表 ... 212
    附录十三　迎榇宣传列车行程表 ... 214
    附录十四　国民党中央广播电台宣传节目周频次趋势图
（1928年8月至1941年4月） ... 216
    附录十五　国府各机关轮流播音日期表 ... 217
    附录十六　《政治报告》节目延续与蒋介石在国民政府中权力消长的关系 ... 218

扫一扫，加入本书读者圈，
与数千书友交流

图表目录

图目录

图 0-1　广播制度理论模型图 ———————————————————— 10
图 1-1　全面抗战前（1928—1937 年）南京国民政府所辖区域各类广播电台结构图 ———————————————————— 43
图 2-1　国民党党治"国家决定型"广播制度形成过程示意图 ———— 62
图 2-2　"党部系统"广播机构发展历程图示 —————————— 88
图 2-3　国民党中央执行委员会组织图（1936 年 12 月 6 日通过）—— 91
图 2-4　1938 年 4 月初国民党"临时全国代表大会"后国民党战时党务系统图 —— 91
图 3-1　国民党中央广播电台最早节目表（1928 年 7 月至 9 月）——— 121

表目录

表 1-1　早期官办广播电台调查表（1929 年 12 月）———————— 23
表 1-2　中央广播事业管理处所属广播电台一览表 ————————— 35
表 1-3　地方党部所属广播电台一览表 —————————————— 35
表 1-4　交通部所属广播电台一览表 —————————————— 39
表 1-5　地方（省）政府所属广播电台一览表 —————————— 39
表 1-6　地方（市）政府所属广播电台一览表 —————————— 40
表 1-7　国民政府辖地国营、民营电台统计表（至 1937 年 6 月）—— 44
表 1-8　抗战前期国民政府辖地国营、民营电台统计表（至 1938 年年底）—— 47
表 1-9　抗战后期国民政府辖地国营、民营电台统计表（至 1943 年 12 月）—— 48
表 1-10　抗战后国民政府辖地公（国）营、民营电台统计表（至 1947 年 9 月）—— 51
表 1-11　中央广播事业管理处（中央广播电台）发展一览表（1928—1949 年）—— 53
表 2-1　国民党中央广播无线电台管理处承办收音员训练班情况一览表之一：训练时期 —————————————————— 79

国民党中央广播无线电台管理处承办收音员训练班情况一览表之二：学员数额 …… 79

国民党中央广播无线电台管理处承办收音员训练班情况一览表之三：
服务情形调查（1934年12月调查统计）…………………………………………… 79

表2-2　中国广播股份有限公司董事名单 …………………………………………… 96

表2-3　中国广播股份有限公司监察人名单 ………………………………………… 97

表3-1　中央广播事业管理处所属各台《新币制谈话》节目统计表
（1948年8月至11月）………………………………………………………………… 134

表3-2　《广播周报》上刊登的中央广播电台《新币制谈话》节目内容表 ……… 136

表3-3　国民党中央广播电台每日新闻节目统计表
（不含方言、少数民族语言及外语新闻）…………………………………………… 139

表3-4　《广播周报》上刊登《教育节目》中赵元任的讲座统计表 ……………… 145

表3-5　全国电台举行国语播音演讲统计表（1935年2月）……………………… 147

表3-6　1939年1月至1941年4月中央广播电台节目的开始曲、
间奏乐及结束曲 ……………………………………………………………………… 149

表4-1　1928年8月至全面抗战爆发前国民党"党政"所属广播电台一览表 …… 159

表4-2　抗战期间各台广播对象统计表（根据1945年记载总计）………………… 160

表4-3　中央广播无线电台代办收音机一览表（1929年12月）…………………… 161

表4-4　抗战期间大后方重庆和四川薪金阶层和工薪阶层实际收入指数 ………… 164

表4-5　各省收音室调查表（1943年度）…………………………………………… 167

导　言

一、研究缘起（动机与问题）

广播作为一种现代大众传播媒介，于1923年由美国人"舶来"中国上海。在一百多年前，另一种大众媒介——现代报刊早已先期敲开了中国国门：1815年英国传教士在马六甲创办《察世俗每月统记传》，1833年普鲁士传教士在广州创办《东西洋考每月统记传》，之后，现代报刊纷纷创立。这类与"邸报"、《京报》形式相似但本质截然不同的大众媒介以广泛的公开性预示着中国现代化道路的开启。从此报刊媒介从沿海到内陆渐行渐深，以明确的大众性和新闻性改变了中国自古以来君主专制统治之下"言路"的方向，自下而上地引领着各种社会思潮，在传统向现代社会的转变中扮演着"监督政府、向导国民"（梁启超）的角色，成为民主的"启蒙者"。然而，在大众报刊以蓬勃之势发展之际，刚刚登陆中国的广播媒介却走上了另一条道路。它经过短暂的发轫期，并未演变成民主公器，而是渐被国家控制。从1927年国民党重新建立起一个中央集权政府到1949年国民党败退台湾，广播媒介经历了一个蜕变过程，它本应成为支持民众参与政治、实现民主宪政的"文明利器"，却逐步变为帮助统治者实现"党国"认同和服从的"喉舌工具"。那么，这种蜕变是怎样形成的？深层次的历史原因又是什么？

回答这样的问题，可以一言以蔽之，即在专制国家，当然是国营广播一统天下；在党治的专制国家，自然是党对广播绝对控制，党营广播一统天下。伴随着1911年清王朝的覆灭和中华民国的建立，内忧外患使共和时代的主题发生了变奏，国民党右派对"强力中央政府"的期待使1927年之后染着共产党鲜血建成的国民党南京政府的"威权统治"成为历史的合理存在。那么，威权专制之下的大众传播工具岂能有现代性的发展路径？！

但是历史的曲折和复杂实在不是"一言以蔽之"就能涵盖的。在1927年4月南京国民政府成立时，已经有民间的力量进入广播领域，尤其是在上海这样三界共处的政治去中心化的复杂环境中。这些民间的电台一直在顽强地寻找着生存空间，到抗战全面爆发前的1937年6月，在国民党统治区共有78座广播电台，其中民营电台，即各种社会和商业力量创办的电台多达54座，占到70.5%。这些电台尽管功率不大，覆盖有限，但是依然作为一支民间的力量，在威权统治的政治环境下与国营广播并行共存。当然，在14年抗战时期，民营电台或是被日伪强征，或是自行停滞，这才使得国营广播逐步一系独大，成为控制中国广播事业的垄断力量。

这种历史的曲折和复杂还表现在，国民党南京政府建立的这个（威权）国家形态不是从古典意义的文化—国家转变成民族—国家，而是变成了党化国家（政党—国家），即不是直接以民族作为国家建构的基础，而是由组织严密的政党作为国家建构的基础，由一党垄断所有的政治资源，继而由此发展到垄断其他的经济和文化资源。① 这就开辟了中国政治制度史上"千年未有之变局"，由此拉开了近百年来中国政治体制由帝治到党治、由王朝体制向党国体制转型嬗变的序幕。1928年年底的"东北易帜"结束了北洋军阀割据局面，国民政府实现了形式上的统一，国民党开始一党独掌全国政权，在"训政"②体制下，其政治体制是党务组织系统与行政组织系统双轨并进的。国家政权的一元力量分解成党政二元结构，虽然党的力量是决定性的，但又并不总是决定性的。因为党治国家的党治模式并不是从中央到地方的强力的专制统治，而是在中央实行以党统政，在地方则实行党政分开，这种上强下弱的独特的党治模式，在很大程度上削弱了国民党的党治权威和党治基础，使得本想专制的国民党难逃弱势独裁政党的历史命运。③

在这样的特殊政体下，国民党建立的国营广播系统并不简单地就是一元化的党营系统，

---

① 参见〔美〕迈克尔·罗斯金等《政治科学》（第6版）第二章"民族、国家与政府"对这一问题的讨论。罗斯金，等.政治科学：第6版[M].林震，等，译.北京：华夏出版社，2001.

② "训政"：旧时皇帝退位为太上皇，嗣皇帝仍须秉承训示处理大政，或皇太后垂帘听政，皆谓之"训政"。1924年1月孙中山在为国民党第一次全国代表大会起草的《国民政府建国大纲》里把建立"民国"的程序分为军政—训政—宪政三个时期。"军政"即"一切制度悉隶于军政之下。政府一面用兵力以扫除国内之障碍，一面宣传主义以开化全国之人心，而促进国家之统一"。"训政"则是，"中国人民久处于专制之下，奴性已深，牢不可破，不有一度之训政时期，以洗除其旧染之污，奚能享民主主人之权利？"因此在完成军政之后，国民党有责任以"保姆"的身份指导与训练人民，为将来进入民主宪政阶段培植基础。"宪政"是一种以法治为形式、以民主为基础、以分权制衡为手段、以个人自由为宗旨的政治体制。

基于以上的"训政"认识，以及进入20世纪20年代后，在苏俄高度集权的党治国家的成功经验的鼓舞下，孙中山更加坚定了以党治国的信念。1927年4月国民党在南京建立了国民政府，1928年6月，随着两次北伐的完成，新疆通电归顺以及东三省的即将"改旗换帜"，国民政府形式上统一了中国。南京国民党政权作为中央政府的地位也得到了确立。同时，南京国民政府发表《训政宣言》，宣布进入"以党治国"的"训政"时期。之后，这个以党治国的"训政"思想，便被以孙中山继承者自居的蒋介石、胡汉民、汪精卫等人发展成为以党统政、一党专制的主张。直到抗战结束，这种一党独裁的"训政"才在国内外的压力下暂行结束，1946年《中华民国宪法》的出台标志着进入"宪政"时期。然而"只有当一部宪法是以保障个人自由为目的的'保障性宪法'，并能够得到有效施行和维护的时候，施行这样的宪法才能称之为宪政"（萨托利）。国民党以"宪政"之名行"训政"之实的一党独裁的专制统治，一直持续到台湾，直到1987年，蒋经国才宣布"解除戒严"，结束"训政"进入"宪政"时期。

以上内容资料来源于：国民政府建国大纲[M]//荣孟源.中国国民党历次代表大会及中央全会资料：上册[G].北京：光明日报出版社，1985：35；倪伟."民族"想象与国家统制——1928-1948年南京政府的文艺政策及文学运动[M].上海：上海教育出版社，2003：3-4.

③ 王奇生.党员、党权与党争——1924-1949年中国国民党的组织形态[M].上海：上海书店出版社，2003：362.

而是从立国开始，就与党政二元政治体制同构，从"党务组织系统"与"行政组织系统"两条途径建立了垄断性质的从中央到地方的国营广播系统；更为复杂的是从中央到地方的国营广播系统中，并不总是"党"系广播系统的实力大于"行政"广播系统，由于上强下弱独特的党治模式，在中央是"党部系统"电台的实力大于"行政系统"电台，然而在地方则正好相反。随着抗战的全面爆发及至抗战结束，隶属于地方党部和地方政府的广播系统严重损毁，几近停顿；在中央一级，党营电台通过蚕食行政系统（交通部）的电台，并接收各地日伪广播电台，一系独大；所有的党系电台，无论是在首都还是在地方各省市县，都直接隶属于中央执行委员会直属的中央广播事业管理处，形成了在中国广播事业中的一系独大、自上而下的党治国营广播系统。

从广播管制的角度而言情况更加复杂。在国家党政二元的力量中，先是国家行政系统的交通部拥有绝对的权力，通过颁布一系列法令实现了交通部在收听工具上全国性的管制和电台管制上对民营台的控制。这是交通部行政权在广播事业中的体现，但是也仅止于此了，交通部对党系广播电台尤其是中央台是不可能染指的。

事实上，"党务组织系统"也不甘于只是电台的建设，国民党中央台建成后又通过"台处合一"的形式逐步实现了对全国广播事业的实际管制。这个过程是通过中央广播无线电台（1928年8月，1932年11月发射功率扩大）——中央广播无线电台管理处（1932年8月）——中央广播事业管理处（1936年1月，以下简称"中广处"）——中央广播事业指导委员会（1936年2月），即党部中央台——中央台管理——党系统电台的建立和管理——全国广播事业的管理一步步实现的。中央广播事业指导委员会的主任委员是陈果夫，副主任委员是中广处处长吴保丰，交通部代表不过是该委员会的八大部委代表委员之一，通过这种"借壳上市"的方式（借"中央广播事业指导委员会"的名义，实际上是"中央广播事业管理处"代行职权的方式），并通过之后出台的一系列法规才将行政广播系统及其管辖下的民营广播系统，乃至全国收音机的管理都纳入了党营系统的控制范畴。抗战期间，民营台停办，交通部所属广播电台萎缩，中央广播事业指导委员会实际上成为帮助（党系）中央台（及国际台）在物资紧缺的抗战硝烟中西迁重建的协调部门，之后还陆续在昆明、贵阳等地创建了广播电台。这些直属于中广处的广播电台使党系广播在抗战中一系独大，战后又以"接收"之名缴获诸多日伪电台而迅速膨胀，致使1946年9月中央广播事业指导委员会被撤销之后，党营系统仍然以占有电台的绝对优势成为中国广播事业的实际控制者。

就广播内容而言，国民党广播电台，尤其是中央广播无线电台比同期各种类型的广播电台都丰富充实，包罗万象。除了灌输党义和主义的宣传节目，也有当时各种电台常见的娱乐节目，以及教育、新闻节目。但是，无论是宣传、新闻节目还是教育、娱乐节目，都是为了实现人们对这个"千年未有之党国"的认同，尤其是教育、娱乐节目几乎就是在"文化娱乐搭台，政治唱戏"。

认识到广播从"文明利器"蜕变成"党国喉舌"过程的复杂和曲折，还是不够。这仅回答了为什么要做这个论题，接下来的问题是怎么去做？怎样将这一问题贯彻至国民政府广播研究的始终？这应属中国广播史本体论的范畴。但是我们的广播史研究，最常用的范式是一种依照革命史中的编年方式描述的"事业史"，大体凸现的是不同政权格局下作为意识形态领域的传播媒介——广播发展的事业特征，即结合时代背景阐述广播电台及其管理机构产生发展的历程。在这样的研究中，对于每一种政权格局下的"广播"究竟如何传播，其传播内容、传播受众及传播效果呈现出怎样的独特性，并由于其独特的传播图景使得整个中国广播史呈现出怎样的复杂性，却少有探究。这其中，决定广播事业发展本质规定性的广播制度的历史研究，更是鲜有问津，纵有提及，也是对1949年之前的广播制度一笔带过，大多是从1949年之后，或是20世纪80年代之后广播电视体制改革开始。这种没有历史的"半截子"的制度考察，自然不会让行动和批评都成为可能和必要的叙事。

为此，本书从国民党广播的传者（who）（媒介制度的设计与安排，及组织人事）、传播渠道（which channel）、传播（节目）内容（what）、受众（whom）及传播效果（what effect）"五个W"方面对中国广播由"文明利器"向"党化工具"蜕变的原因进行探讨和阐释，而非采用编年体的形式。因为从1928年到1949年，国民党广播并没有因为所谓的"战争频仍、时局未靖"而在制度建设上表现出特征。事实上，抗战全面爆发前十年国民党广播就在价值观念、政策法规以及机构建设等方面形成了党治"国家决定型"广播制度，标志是1936年2月，包括交通部、中央广播事业管理处等八大部委代表在内的中央广播事业指导委员会的建立。在抗战时期乃至抗战结束后一年之内，这个委员会一直都是国民党广播事业的建设者和控制者。

在这样的"专题"结构中，本书为了叙事的逻辑性，先从传播渠道——国民党从中央到地方"党""政"两个广播系统的建立入手进行历史梳理；然后探究国民党的广播制度，以及在此制度下，国民党广播的传播内容、受众和传播效果。通过涵盖广播整个传播过程各个环节的系统考察，揭示中国广播媒介异化的内在历史原因，及丧失大众性的历史轨迹。

二、"国民政府广播"一词的辨析及研究对象的界定

本书中"国民政府广播"一词之所以需要辨析，是源于"国民政府"的多重性。从1928年8月1日中央广播无线电台在南京开始播音到1949年这22年间，国民党名下的"国民政府"曾出现过三个：南京国民政府、北平国民政府（阎锡山为主席，1928年9月9日至11月4日）和广州国民政府（汪精卫为主席，1931年5月28日至1932年1月1日）。就是南京国民政府，也同时存在过以蒋介石为领导的获得了国际上主要国家外交承认的、成

为中国合法政府的南京政府（1927年4月18日至1949年，抗战时期1937年11月20日迁都重庆至1946年5月5日），以及抗战中期汪精卫伪南京国民政府（1940年3月30日至1945年8月日本投降）。在这些"国民政府"中，由于北平和广州的国民政府持续时间较短，未见有历史记载办过广播电台，但是蒋介石和汪伪南京政府都曾经办过很多座广播电台，①而且都出台过一系列的法令法规对统辖区域的广播事业进行管制。本书设定的研究对象仅限定为蒋介石领导的南京（重庆）国民政府所辖各级国（党）营广播电台，及其对统辖区域广播事业的管制。这是基于政治合法性的考量，以及所辖广播事业的持续性和影响力而做出的选择。为方便行文，有时"国民政府广播"，也用"国民党广播"这一学界沿用多年的名词代替。

"国民政府广播"作为本书的研究对象包含两个方面的内容：一方面，是国民党创办的"党""政"两个系统的国营广播电台；另一方面，则是以蒋介石为领导的获得了国际上主要国家外交承认的、成为中国合法政府的南京（重庆）政府对广播事业的管理，即通过广播电台建立、取缔、频率分配（传者和传播渠道），广播节目的转播、联播、内容限制（传播内容），以及收音机登记（受众）而实行严密控制的一整套广播法规体系。

所谓"党""政"两个系统其实是就政治体制而言的。1924年孙中山仿照俄共体制对国民党进行改造，自上而下建立了一套与行政层级相并行的党务组织系统。中央党部之下依次设立省党部、县党部、区党部和区分部，分别与省、县、区、乡等行政系统相对应。1928年底的"东北易帜"结束了北洋军阀割据局面，国民政府实现了形式上的统一，国民党开始一党独掌全国政权。在"训政"体制下，其政治体制是党务组织系统与行政组织系统双轨并进的，形成一种双重衙门体制。②

国民党的广播系统是与这种自上而下的"党政双轨"政治体制同构的。广播电台根据它们的隶属部门性质，分别划归"党部系统"和"行政系统"。"党部系统"自上而下有中央台、县党部台，"行政系统"自上而下有交通部所辖各电台、省政府台、市政府台等。

同时，对所辖区域广播事业的管制也是"党政双轨"——"党法规制"和"行政规制"。以1936年2月中央广播事业指导委员会的建立为分水岭，之前是二元并行："党法规制"是中央广播事业管理处通过国民党中央执行委员会下达给地方各党部（设置收音员）与所辖地域各台，包括民营台和"行政系统"广播电台；"行政规制"则是交通部颁布的法令，以"行政系统"广播电台、民营电台和各收音机用户为规制对象，对"党部系统"的电台少有染指。1936年2月之后，中央广播事业管理处"借"中央广播事业指导委员会之名，以党代政，出台了一系列法规，将"行政规制"对象全部纳入了党营广播系统的范畴。

---

① 黄士芳.汪伪的新闻事业与新闻宣传［D］.上海：复旦大学，1996：128。据其数据统计，汪伪政府（1940年3月30日至1945年8月日本投降）在沦陷区华东、华中、华北等地先后办过31座广播电台。

② 王奇生.党员、党权与党争——1924-1949年中国国民党的组织形态［M］.上海：上海书店出版社，2003：180.

三、史料概述

本书使用的史料大体分为三种类型：第一种为档案年鉴类；第二种为各种专书、专文、回忆录；第三种为报纸杂志。

第一种史料中档案类资料，主要来源于南京中国第二历史档案馆（以下简称"二档馆"）、重庆市档案馆，部分来源于黑龙江档案馆和台北国民党党史会。二档馆中与本书相关的是全宗号为368的国民党中央广播事业管理处的资料，涉及国民党广播电台的播音月报表、工作计划、会议记录、业务收支状况、涉及广播业务的书信往来等资料。重庆市档案馆有关国民党中央宣传部（全宗号0002，时间跨度1938—1949年，共35卷）、国际广播电台（全宗号0004，时间跨度1937—1949年，共190卷）、重庆市各工业同业公会（全宗号0083，时间跨度1939—1949年，共855卷）的史料中，有关国际广播电台广播业务的书信往来、会议记录、节目时间表、战后广播事业复兴计划，还有能够反映收听效果的来自美国的收听员发回的关于国际广播电台的收听报告，以及改善播音的意见书，这些一手史料对了解国民党广播机构内部的具体运营情况有很大帮助。

除了档案类资料外，还有一些年鉴类的资料，比如上海商务印书馆出版的第一部《中国年鉴》（1924年2月初版，1926年6月第3版）、《中国国民党中央执行委员会广播无线电台年刊》（1929年12月版）、中国国民党中央委员会党史史料编纂委员会编的《中国国民党年鉴》两卷（1929年和1934年出版）、上海国民图书公司主办的《民国年鉴》（1930年7月出版），这些年鉴类资料相对比较完整，尤其是一些统计数据具备一定的权威性。

1949年后的一些广播电视史志年鉴，也为笔者收集资料提供了难得的资料背景和线索，其中比较重要的是《江苏广播电视史（1984年，资料性文稿）》《江苏省志·广播电视志》（1992年），另有1984年《云南省志·广播电视志》（1996年1月版）、《四川省志·广播电视志》（1996年）、《贵州省志·广播电视志》（1999年）、《广西通志·广播电视志》（2000年）等。

第二种史料为各种专书、专文、回忆录，主要有吴道一著的《中广四十年》（台湾中国广播公司1968年8月出版）、《中国广播公司大事记》（台湾中国广播公司1978年8月出版），以及吴道一著的《中国广播事业简史》（载《广播年刊》，1955年3月出版）、《中广五十年纪念集》（台北空中杂志社1978年1月出版）和汪学起、是翰生编的《第四战线——国民党中央广播电台掇实》（中国文史出版社1988年7月出版）。

同时还有与国民党广播有关的人物传记、回忆录，比如由《中央日报》资深记者徐咏平著的《陈果夫传》（台湾正中书局印行，1978年1月初版，1980年6月第2版），王泰栋著的《陈布雷传》（东方出版社1998年5月出版），吴道一著的《培植中国广播事业之果公》（载《陈果夫先生百年诞辰纪念集》，国民党党史会1991年10月出版），以及《曾虚白工作日记选》(一)至(五)(1941年5月5日至1941年12月31日,载《民国档案》2000年第2期至2001年第2期)。这些资料提供了相当详细的历史信息,并使各种史料互相印证,以免"孤证"难为。

第三种史料为报纸杂志。包括《大公报》《中央日报》《申报》等报纸,以及全套的《广播周报》杂志。

《广播周报》,相当于如今的"广播节目报",创刊于1934年9月,由当时的国民党中央广播无线电台管理处主办。它主要用来预告节目时间,并刊载重要的广播节目内容,前后共出版了312期,以抗战全面爆发为线,分为战前、战中和战后三个阶段。第一阶段是从1934年9月17日第1期至1937年8月14日总第150期,为战前阶段,在南京出版。第二阶段是抗战全面爆发南京陷落之后,随国民党中央政府、中央电台西迁到重庆继续出版,从1939年1月1日总第151期到1941年4月10日总第196期,为抗战阶段;之后停刊,以月刊《广播通讯》(1943年4月至1944年4月,在重庆出版,共10期,笔者只找到第10期)代替。战后在南京恢复出版为第三阶段,从1946年9月1日复刊号第1期(总第197期)至1948年12月5日复刊号第116期(总第312期)终止。全套杂志的所有目录笔者已经整理完毕,分别刊发在2006年、2007年和2008年的《中国广播电视年鉴》中。

另外,笔者还历时近两个月,用EXCEL统计软件,将《广播周报》上刊登的国民党中央广播电台和国际广播电台的节目表全部电子化,收录有近12万个数据。这些相对系统完整的史料,使笔者可以在分析国民党广播传者,即组织人事和广播制度之外,研究国民党广播的重要节目。

《广播周报》出版时断时续,为了弥补由此造成的史料不连贯的不足,笔者还查阅了国民党的《中央日报》(1928—1949年),收集了其中涉及广播电台的700多条内容(新闻、广播文稿),使得关于国民党广播节目内容、广播电台的设置、广播事业的管理史料更加完整、全面。

在掌握了比较全面的史料后,也可以对已有的专文所使用的史料进行甄别、推究,并有选择地引用。比如胡耀亭的《抗战时期国民党国际广播电台节目的构成及其特色》(载《中国广播》2005年第11期)一文开篇就写道:"国民党中央广播电台在1928年8月创办时就设有英语节目。"但是根据笔者收集到的《中国国民党中央执行委员会广播无线电台年刊》(1929年12月)中刊登的1928年7月和9月的国民党中央广播电台的节目表(几乎是目前找到的最早的国民党广播电台节目表),并没有任何关于外语节目的记录。

四、理论准备与理论回顾

广播史的研究,该使用怎样的理论视角?一直以来这是令人感到困扰的问题。本书探讨的是，本应作为"文明利器"的广播媒介，为何异化成为"党国喉舌"这一主题，必须在历史之外寻求理论的支持。好在，广播媒介有其技术的规定性，由于频率资源的有限性，及无线电传输的公共安全的必要性，必然招致国家的介入，因此国家权力的执行者——政府对广播的制度安排（"为什么要有广播""如何才有广播"以及"广播应当如何"这些根本问题），就成为本研究的理论起点，只有对国民政府广播制度的形成和原因进行必要的理论阐释，才能为之后广播内容和广播传播效果（及受众）的深入研究奠定基础。

这首先需要从"制度"入手进行必要的理论解释。作为一个进入日常生活的词语，"制度"在学术研究的不同学科中其实含义不同。在经济学界，人们认为"（制度是）一个社会的游戏规则，更规范地说，它们是为决定人们的相互关系的系列约束。制度由非正式约束（道德的约束、禁忌、习惯、传统和行为准则）和正式的法规（宪法、法令、产权）组成"。① 在政治学中，尤其是站在历史与制度双重视角来回答问题的历史制度主义学者认为，"制度就是在各种政治经济单元之中构造着人际关系的正式规则、惯例，受到遵从的程序和标准的操作规程"。② 由此可以发现，"制度"应该包括"正式约束"与"非正式约束"两个层面，"正式约束"应该是指经过国家、政府认可的，由统治者有意识地制定并颁布的一系列政策法规，并通过这些具有强制力的条文形成一定的权力机关和组织关系，这里主要指宪法、法律、权力结构和组织体制等内容；"非正式约束"主要是指价值信念、伦理规范、道德观念、风俗习惯、意识形态等内容。在非正式制度中，意识形态处于核心地位，"因为它不仅可以蕴含价值信息、道德观念、伦理规范和风俗习性，而且还可以在形式上构成某种正式制度安排的'先验模式'"。③

所以从这个意义上说，所谓的广播（电视）制度也应该包括"正式制度"与"非正式制度"两个层面，即以非正式制度层面的意识形态及其价值观念为基础，对广播电视传播活动进行约束和规制的一系列法令法规，以及由此形成的广播电视组织机构和权力关系。可以看出，"非正式制度"，即关于广播（电视）的根本属性、功能作用的媒介认识，是广播（电视）制度的理论基础和最高原则，是指导思想，是"灵魂"；而"正式制度"则是这种（广播电视）媒介认识的具体化和制度化，在实际层面就是指体现国家规制的一系列规范和广播（电视）自身组织机构的层级设置。

历史制度主义认为，制度的起源和变迁主要涉及三个变量：旧制度、环境和行动者。制

---

① 诺斯.制度、制度变迁与经济绩效［M］.刘守英，译，上海：上海三联书店，1994：3.

② IKENBERRY J. The state and American foreign economic policy［M］. Ithaca and London: Cornell University Press, 1988: 19。转引自何俊志.结构、历史与行为——历史制度主义对政治科学的重构［M］.上海：复旦大学出版社，2004：167.

③ 袁庆明.新制度经济学［M］.北京：中国发展出版社，2005：224。转引自李德刚.历史图景中的结构转型——德国广播电视制度变迁研究［D］.北京：清华大学，2007：23.

度的起源、变迁的方式和时机取决于这三个变量之间的两种组合方式：旧制度框架之下制度行动者之间的冲突，以及环境的变迁带来的新的机会。① 这实际上为我们指出了制度变迁的两个维度：一个是内部维度，即不同制度行动者之间的内部冲突；一个是外部维度，即外在环境变迁提供的新机会。内部维度中的行动者可以是对制度的形成具有推动作用的所有集团和个人，这是制度形成的动力；外部维度即环境的变迁可以成为制度形成的外部生态机制。②

本书借用市民社会理论中的三元分析模式，将内部维度涉及的制度行动者抽象概括为三大基本主体：政治行动者、经济行动者和社会行动者，即国家、市场和社会三大权力领域。对于国民党广播制度形成来讲，由于国民党建立的是一种"千年未有的党国"，即在"训政"体制下，其政治体制是党务组织系统与行政组织系统双轨并进的，这就使国家权力领域由单轨制向"党""政"双轨制转变，因此控制广播的国家权力领域除包括国民政府、行政院交通部外，还应该包括国民党中央执行委员会、中央宣传部、中央广播事业管理处等党务部门。市场的权力领域主要包括以追求利润最大化为目标的经济利益集团，即商业资本力量。从广播技术登陆上海开始，中国的民营资本家就开始关注这一"空中市场"，而且在抗战前还经历了一种畸形的繁荣状态，但是由于国家力量的行政限制，以及国民党将广播作为意识形态化的工具进行严密控制，致使民办广播少有发展的空间和制度保障，再经过抗战烽火的浩劫，本来少有空间的民营台更是被推上绝路，因此，商业资本的力量在广播领域实在难有作为。社会权力领域则是指以上两大主体力量之外，由社会公民及其组织构成的社会公共利益的代表。这种力量在1949年之前的中国社会对广播产生过一定影响的是一些宗教团体，比如中国佛教会、佛教净业社、上海基督教团体福音广播社、天主教中华全国公教进行会等，但是这些团体创办的佛音电台、福音电台，以及天主教中华全国公教进行会总监于斌创办的益世广播电台，辐射范围有限，背景复杂，与国家力量控制的广播电台相比，不过九牛一毛；再有，国民党政府的一党独裁统治，在政治上较少给社会公共团体以实际的合法地位，尤其是全面抗战八年的战时军事管制，这些社会力量维持生存都很困难，更难有置喙广播的余地。因此，在国家、经济（市场）、社会三种权力中，对国民党广播制度起决定作用的是国家权力，这种单极型的制度模式，即"国家决定型"广播制度。广播制度理论模型如图0-1所示。

---

① 何俊志.结构、历史与行为——历史制度主义对政治科学的重构［M］.上海：复旦大学出版社，2004：225.

② 李德刚.历史图景中的结构转型——德国广播电视制度变迁研究［D］.北京：清华大学，2007：11.

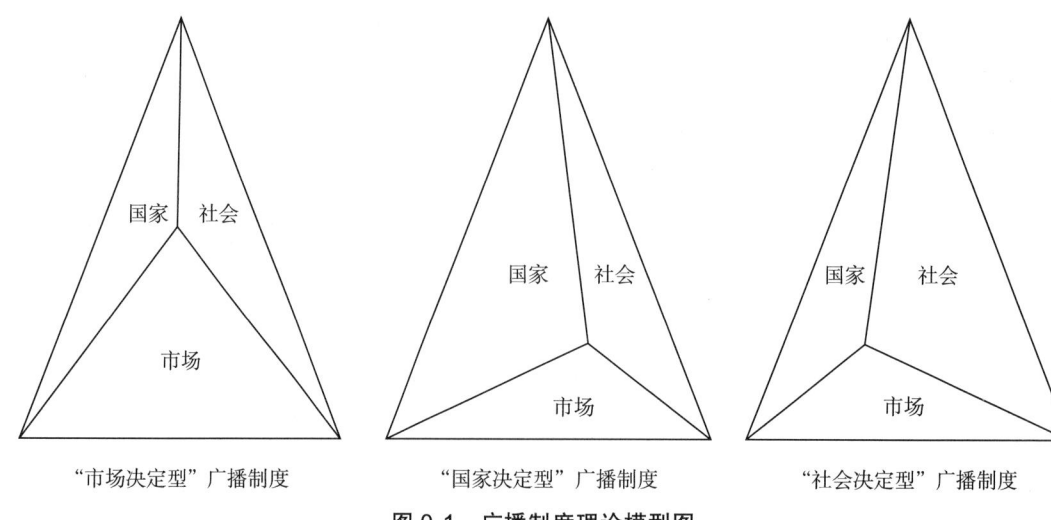

图 0-1　广播制度理论模型图

本书使用"国家决定型"广播制度模型来命名国民党统治时期整个国家的广播制度，即南京（重庆）国民政府控制广播媒介的制度形式，与学界常用的广播（电视）国营、公营、商营制度中"国营"制度最大的不同，首先表现在"国家决定型"广播制度并不单纯地就是国营广播一统天下，在立国伊始，市场和社会的力量也曾是广播领域不容忽视的组成部分。其次，这个制度的形成是一个历史的、渐进的动态过程，因为从20世纪20年代开始，中国政治出现了一个前所未有的新现象，即中央政府渐失驾驭力，而南北大小军阀已实际形成占地而治的割据局面。① 1927年4月，南京国民政府建立，1928年底"东北易帜"结束了北洋军阀的割据，但国民政府不过实现了形式上的统一，尤其国民党又是一个上强下弱的弱势独裁政党。② 对外而言，晚清以降，西方列强由于若干不平等条约而获得治外法权的租界区域，比如广播电台盛行一时的上海有大片的英美公共租界和法租界，国民政府的力量也鞭长莫及。这就使得这个"国家决定型"的广播制度难以立竿见影，广播经历了国家力量与社会、市场力量的反复博弈、对峙，直至由弱到强曲折而复杂的历史过程。最后，这个"国家决定型"广播制度最终是党治的，而不是一般意义上"国营"的内涵。由于电波频率的稀缺性，必然将广播频率作为公共资源而非私有资源进行管理，政府（国家的管理者）——全民利益的代表者成为这一公共资源理所当然的管理者。而1927年之后国民党建立的这个特殊的政党国家，其政府以"训政"之名，行一党专制之实，对广播所实行的"国营"，本质上不过是"党营"的广播制度，并不是为全民利益，而是为维护国民党政府专制统治的合法性而服务的。

---

① 罗志田.民族主义与民国政治[J].开放时代，2000（5）.
② 王奇生.党员、党权与党争——1924-1949年中国国民党的组织形态[M].上海：上海书店出版社，2003：362.

另外需要特别说明的是,"市民社会"(civil society)是当代政治学和社会学中一个内涵极为丰富的概念。按照《布莱克维尔政治学百科全书》的解释,"市民社会"是"表示国家控制之外的社会和经济安排、规则、制度",是指"当代社会秩序中的非政治领域"。①这个概念最早见于古希腊和古罗马的学者,与文明社会同义。近代以来德国的黑格尔、马克思以及现代哈贝马斯等在研究相关问题时,对"市民社会"均有使用。需要注意的是,这些不同时代的思想家对市民社会的思考总是基于自己所面对的现实历史,因而,这些不同时代思想家的"市民社会"概念都是对其所面对的时代现实的理论抽象。

古希腊的亚里士多德、古罗马的西塞罗以及中世纪的理论家,在政治意义上将"市民社会"界定为城邦国家或政治共同体,根本原因是,在欧洲的古代社会和中世纪,政治国家和社会没有发生分离,社会本质上依附于国家,政治领域之外不存在独立自治的私人空间,因而人们就很难在政治意义之外定义市民社会。②

黑格尔和马克思从经济的角度看待"市民社会",把它规定为市场经济条件下人们进行经济交往的领域,这是对近代历史即自由资本主义历史的反映。早期资本主义商品经济的发育和市场交换体系的形成,使得因商品交换关系而联结起来的私人领域成为一个整体,它要求摆脱封建独裁统治,划定它与政治国家之间的界限,为市场经济的发展鸣锣开道。这里,新生的资产阶级无疑把私人财产权作为最重要的一项权利,把建立在私人财产所有权基础之上的商品生产和商品交换体系的发育程度看作是衡量资产阶级摆脱封建权威和与之相对抗程度的基本标准。于是,能够在政治国家之外获得独立生命品格和自身发展逻辑的真正意义上的市民社会产生了,它自然指的是不受政治权威管控的资本主义市场经济以及在此基础上形成的一个一个的私人自主领域。因而,如何保证这样的私人自主领域不受政治权力的干预就成为市民社会能否获得健康发展的根本性问题。正是在这样的历史条件下,黑格尔和马克思才得以将市民社会与政治国家在学理上进行分野,经济意义上的市民社会概念才得以形成。③

这种讨论的出发点恰好是自由资本主义的鼎盛时代,也正是哈贝马斯"市民社会"概念形成的现实背景。哈贝马斯认为整个社会结构可以分为两大部分:一是包括市场领域和公共领域在内的私人自主领域,一是以政治国家的身份而存在的公共权力领域。在这样的语境下,"市民社会"就是指前一领域,是随着资本主义市场经济的发展而形成的、独立于政治国家的私人自主领域。它本身又由两个部分构成:一是以资本主义私人占有制为基础的市场体系,包括劳动市场、资本市场和商品市场及其控制机制;二是由私人所组成的、独立于政治国家的公共领域。④

---

① 米勒,波格丹诺.布莱克维尔政治学百科全书[M].邓正来,译.北京:中国政法大学出版社,2002:132.
②③ 李佃来.哈贝马斯市民社会理论探讨[J].哲学研究,2004(6).
④ 哈贝马斯.公共领域的结构转型[M].曹卫东,等,译.上海:学林出版社,1999:25.

到了晚期资本主义时代，由于垄断的形成和国家干预活动的增强，一方面政治权力覆盖到私人经济领域之上，形成国家的社会化；另一方面私人经济活动亦要求获得政治权力，形成社会的国家化和私人经济活动的"再政治化"。这使市场社会的总体结构和运作方式发生了重大变化：一方面，自由竞争的市场经济时代已经基本结束，经济领域中的一系列问题逐渐消沉，而上层建筑领域，尤其是社会文化领域中的各种问题日渐突出；另一方面，社会的总体结构也发生了根本性改变，国家的社会化和社会的国家化使政治权力领域与私人经济领域由分离走向融合，并开始结为一体。在这种情况下，市民社会就不再是一个主要由商品交换关系而构成的独立于政治国家的经济交往领域，而成为一个主要由人们的文化交往而构成的社会文化领域。①这个领域不再包括控制劳动市场、资本市场和商品市场的经济领域，其核心机制是由非国家和非经济组织在自愿基础上组成的。这样的组织包括教会、文化团体和学会，还包括了独立的传媒、运动和娱乐协会、辩论俱乐部、市民论坛和市民协会，此外还包括职业团体、政治党派、工会和其他组织等。②

问题是具有强烈历史时代性的"市民社会"概念及其理论对中国的适用性如何呢？在20世纪80年代后期，市民社会理论被引入中国学界，尤其是在中国近代史研究中，借用他山之石成为学者的共识，他们表示，不妨把市民社会理论作为一个参照系，改变中国近代史研究的沉闷格局。"西方学者对于'市民社会''公共领域'的讨论，可以促使我们从固有的'线索''分期''高潮''事件'等空泛化的格局中解脱出来，认真研究中国走出中世纪并向现代社会转型的曲折而又复杂的历史过程。"于是在争论中国是否有"公民社会"，公民社会理论是否对中国社会有解释力的同时，一批研究者"通过对（近代）商会的具体考察，论证了中国近代市民社会的存在及其特点。他们的研究，超越了考察商会的性质和作用的一般套路，使人们从这个熟悉了多年的社会团体中，发现其内蕴着多种与欧洲资本主义曙光初现时相仿佛的社会因素"。后期，又有学者运用公民社会理论及相关理论对中国近代史进行新的探索和思考，比如对浙江乡镇权力结构，以及近代中国集团力量形成的考察。③

因此，本书对国民党"国家决定型"广播制度内涵的确定也就直接移植市民社会理论的国家—经济—（市民）社会三元分析模式，而不再繁复地论证近代中国市民社会的有无。

五、研究路径与研究方法

为了探讨中国广播由"文明利器"向"党化工具"异化的过程及原因这个论题，本书从"新史学"的视角出发，借鉴传播学理论中拉斯韦尔的"五W"模式框架，从传者、传播渠

---

① 李佃来.哈贝马斯市民社会理论探讨[J].哲学研究，2004（6）.
② 哈贝马斯.公共领域的结构转型[M].曹卫东，等，译.上海：学林出版社，1999：29.
③ 闵杰.近代中国市民社会研究10年回顾[J].史林，2005（1）.

道、传播内容、受众和传播效果等方面进行分析。

所谓"新史学"的视角,根据20世纪初美国新史学派的奠基人和倡导者鲁滨逊(James Harvey Robinson,1863—1936)的观点,主要包括以下三个层次:第一,治史的态度。首先,新史学强调用批评的眼光、客观的态度,对一切历史中不正确的观念,都要努力打破。其次,新史学采用客观的态度,不承认历史本身有目的,不像有些人认为历史是娱乐读者的,或昭示天意的,或给我们教训或安慰的,或证明一个民族的精神发展的。鲁滨逊以为历史就是人类过去活动与思想的痕迹,知道历史以便了解现在。最后,鲁滨逊主张"历史的继续性",他的历史观是动态的,譬如他不承认在时间上某一个时代是最光明的,或某个时代是绝对黑暗的,或者某时代与某时代是截然分开的。在空间上也不应分开,就是说,社会上一件事情或运动发生了,多数必能影响社会其他部分,大如发现新大陆,小如中国女子旗袍短了一寸。换言之,历史具有时间的继续性(continuity in time)和空间的统一性(unity in space)。第二,历史的范围。在横向方面,鲁滨逊主张历史著作不应限于政治史或宗教史,或狭隘的民族史,或个人史等。他以为历史范围应重新规划。所谓历史,乃指人类文化过程,历史应包括各方面的活动,这些活动的关系及其所以然,就是他所主张的"综合历史"(synthetic history)。在纵向方面,他打破史学家一向对人类历史的年代观念,不见于文字的历史也是历史,人类活动开始的时候就是历史起源的时候。第三,写史的方法。鲁滨逊认为在写历史的时候,应顾及政治以外的史事、运动及成因。[①]

依此新史学视角切入,就从根本上纠正了旧史学的观念,不再作史料堆砌的"纪念碑式的历史"(克罗齐)研究。事实上,新闻史、广播史的研究由于研究对象大众传播媒介的特殊体制,使得本就颇多条框限制的学术界不得不强化自身的意识形态审查,这样就使得作"纪念碑式"的事业史研究——按照革命史中的重大事件,即鸦片战争、辛亥革命、抗日战争、解放战争分期进行通史式的叙事范式——成为学界研究的安全路径。本书尝试不再因循全景式的通史叙事模式,而是从新史学的视角出发,借鉴传播学理论的"五W"模式框架进行专题分析,通过对涵盖广播整个传播过程各个环节的系统考察,揭示广播媒介异化的内在原因,及丧失大众性的历史过程。

在史观上,本书努力摆脱近代史研究中长期的"土匪史观"及"内战思维"的影响,努力反映客观存在的历史。正如恩格斯在《反杜林论》前言中所说,历史研究的出发点不是原则,而是客观存在的历史。根据中国社会科学院杨天石教授的观点,中国近代史原来的解释,建立在国共两党政治斗争的基础之上。在近代中国,国共两党既有合作也有分裂。其中对立最为严重的时期是1946年到1949年这一段,任何一方都试图打倒和消灭对方。在这一情况下,两党都对中国近代史形成了自己的解释视角,都要运用历史为当时的政治斗争

---

① 李孝迁.美国鲁滨逊新史学派在中国的回响:下[J].东方论坛,2006(1).

服务。这个解释视角可称为"土匪史观":彼此互称为"匪","蒋匪"与"共匪",其核心为一个"匪"字。台湾中央研究院院士张玉法教授也认为:"多年来的中国近代史贯穿了土匪史观。"双方历史学家都在努力证明对方是"匪",而不是今天国共两党和解后的"贵我两党"。①

在"土匪史观"及"内战思维"的影响下,新闻史、广播史中关于国民党广播的研究使人产生了一种错觉,以为国民党广播电台整日喧嚣着反共的内容,成为反共宣传的喉舌工具。然而,根据笔者的史料统计,全面抗战前的1934年9月至1936年3月,在这近三年中,《广播周报》上所刊登的国民党"中央广播电台"(以下根据行文需要,简称为"中央台")新闻节目《一周大事》的内容中,"剿共"信息最多时候有4条,《一周大事》总的新闻条数至少有26条,最多有46条,也就是说"剿共"的信息至多不到六分之一,甚至很多时候还没有(见附录一)。从现有的、连续的国民党中央广播电台节目表上可以看出,作为国家级的"党国宣传工具",至少中央台的内容更多服务于"国家认同",反共宣传不过是其中少部分内容而已(随阶段不同,比如1946年至1948年底明显增加,有专门的反共节目)。

在历史范围上,本研究结合近代史的诸多最新研究成果,从媒介史的视角切入,将政治史与媒介史结合起来,把国民党广播放在更为广阔的社会历史变迁的背景中来描述,以避免研究的结论过于简单化和极端化。

在具体方法上,本书尝试使用政治之外的因素进行分析,比如在受众和传播效果的研究中,本书借用社会学对中产阶级的研究成果。

总之,本书致力于借鉴新史学的理论,努力由原始的历史走向反省的历史,乃至哲学的历史(黑格尔在《历史哲学》中提出的三种观察历史的方法)。

六、章节简介

本书为了讨论广播如何由"文明利器"蜕变为党国"耳目喉舌"的论题,从新史学的视角出发,借鉴"五W"模式框架,从传者、传播渠道、传播内容、受众和传播效果等方面进行分析。具体而言,为叙事方便,本书先从第二个W"传播渠道"入手,将国民政府广播电台及其管理机构的形成发展进行历时性阐释,并在此基础上从"传者"角度继续深入探

---

① 蒋、宋、孔、陈四大文档先后入驻美国斯坦福大学胡佛研究院,最为瞩目的蒋介石日记已开放到1945年。2007年11月29日,《南方周末》文化版以"蒋介石解密蒋介石"为主标题作了专题报道。包罗宏富的胡佛"近代中国文档"业已成为近代中国记忆的第三中心,学者认为这些史料足以改写近代中国历史。《南方周末》为此推出的八个专题,比较全面地展示了这些日记内外的传奇。这八个子专题分别是《摆脱"土匪史观"跳出"内战思维"》《四大家族尽归胡佛》《日记里的蒋介石》《在别人家中守先人的灵》《档案里的宋子文》《宋子文在蒋面前拍桌子》《史迪威"傲慢"蒋介石"翻脸"》《蒋介石如何指导蒋经国读书学习》。本书引用的即是第一篇文章《摆脱"土匪史观"跳出"内战思维"》中记者朱强采访杨天石的有关内容。

讨国民党广播的制度安排及设计，之后则是对"传播内容"（即广播节目）的分析，以及"受众与传播效果"（即党化喉舌功能实现与否）的探讨，由此揭示中国广播现代性流变的过程及原因。

前两章分别阐述了国民政府广播系统的从无到有，以及党治"国家决定型"广播制度的建立，主要是从传播渠道和传者的角度而言的，在一党专政的"训政"体制下，形成了党治的"国家决定型"广播制度。这个制度包括价值观、规范和机构三个层面。在价值观层面，广播不再被作为一般的信息、娱乐和商业工具，而被明确当作"党国喉舌"。在规范层面，国民政府建立了涉及广播电台建立、转播、联播、取缔，以及广播内容传播、收音机使用等方面的一整套严密控制的法规体系。在机构层面，党务广播系统一系独大，国民党甚至通过组织手段，将行政广播系统乃至众多的民营商业电台纳入了党系控制之下。尤其值得强调的是，由于国民党从1927年定都南京之后建立的不是一个一般意义上的民族国家，而是政党国家，即不是以民族，而是以组织严密的政党作为国家建构的基础，因此这种广播制度又不仅是"国家决定型"的，而应该是党治的"国家决定型"广播制度。

第三章分了以实现"党国认同"为传播目的的广播节目，即在这种广播制度之下，以中央广播电台（XGOA）及国际广播电台（XGOY）为代表的国家广播，其传播内容以实现"党化国家"的国家认同为核心。所谓国家认同（state identity），就是人们对自己的国家成员身份的知悉和接受。从政治哲学的角度来看，政治认同（political identity）和文化认同（cultural identity）都是国家认同的重要层面，它们共同创造了"公民对国家忠诚的感情"。对于政治认同而言，国民党建立的党化国家最独特也是最重要的部分就是有强烈的党化意识形态——三民主义，国民党广播电台通过一系列宣传和新闻节目，从"主义"与"党义"的日常灌输、对各项施政方针和政策的适时解释与通告，以及对时事的新闻舆论引导三个方面，来促使国民大众对三民主义意识形态的认知与赞同，并进一步扩大到肯定国民（党）政府特定的政治、经济、社会制度，并以此为基础对这个千年未有的"党化国家"产生广泛的政治认同。

对于文化认同而言，国民党广播电台则为建立国民党所倡导的以三民主义为指导的中国本位文化设置了诸多的教育和娱乐节目，主要包括对国语的推广与传播、对由党歌代替国歌的确定与尊崇，以及对"中国本位文化"的倡导、教授与传播，其中主要表现在教育节目中对中国传统文学、历史、哲学的讲授，娱乐节目中对中国民族音乐及"国粹"——平剧的重点演播。通过这一系列的国语、国歌、国学、国乐、国剧（平剧）的推广和传播，使人们对这个"党国"在心理上、情感上产生归属感和认同感。需要说明的是，这种内容丰富、政治与文化兼备的广播构筑的媒介镜像无法消弭实际社会中国民党施政流弊的扩散，以及国民党自身在体制上存在的高度不同一的缺陷，即由三民主义的政治理念勾画出的政治蓝图，是基于资产阶级民主宪政的目标，而实际的组织形式，又是将党建在国上，实行没有期限的"训政"，以党治国，一党专制。如此"不成一套"地兼收并蓄，只能漏洞百出。媒介镜像中的同一化和社会实际的"拼贴化"的对立，使得这样的"国家认同"不可能有长期的、一贯的效果，最后只能是仅止于"喉"、仅止于"舌"而已，呈现出"有限效果"的发展情势。

第四章是分析国民政府广播传播的"有限效果"。从受众和传播效果的角度，也能说明这种"有限效果"。由于技术水平、经济水平和战争环境的限制，国民党广播的覆盖范围有一定的地域和社会群体局限性，其受众日益精英化和小众化。国民党广播管理高层试图通过建立全国广播网和各地收音员制度来提高广播的传播效果，然而这些措施一一落空。抗战的全面爆发使得全国广播网的建立成了"纸上谈兵"。建立各地收音员制度所需经费支出庞大，同时国民党的独特党治模式是在中央以党统政、在地方党政分开，这使党治在地方层级近似处于一种虚拟状态，本来就数量有限的各地收音员无法在真正意义上起到加强广播效果的作用。

最后是本书的结论部分。国民党建立了一个党治的"国家决定型"广播制度，实现了对有限统辖区域内广播事业的控制，使中央党部直属"党系"广播一系独大，在此过程中国民党广播又通过传播多重意味的政治和文化内容，力图使人们能认同这个"千年未有之党国"。然而这种认同可达到的受众群越来越"小众"，有极端精英化的趋势，致使广播在政党—国家制度背景下，逐步由"文明利器"异化成为党化国家的"党国喉舌"，丧失了基本的大众性和现代性。

第一章
国民政府广播系统的从无到有

国民政府的广播事业开始于1928年8月,标志是国民党中央广播电台在南京开播。这是在北伐成功后,国民政府于1927年4月定都南京,从无到有创建的一个国营型的现代传媒,是国民党成为执政党,而且是一党专制的执政党的强势证明,更是无线电广播技术在中国走向"正统合法"应用(制度化应用)的开端。

那么,这座中国历史上的第一个"中央"电台是怎样诞生的?由此形成了怎样的国家广播系统(国民政府广播系统)?这是本书必须回答的首要问题。

本章将以广播无线电技术在中国的早期发展为经线,以国民党在大革命的风潮中起伏变幻的革命历程为纬线,对国民政府广播系统的建立进行梳理,以期探索国民政府广播系统建立的历史机遇与过程。

一、现代传播技术的传入

作为现代传播最新技术的标志,有线电报、电话、无线电报、有线广播、无线广播是伴随着19世纪70年代洋务运动由上而下在全国范围内逐渐推广的。有这样几件事情,是要载入中国传播史的:

1852年,身处宁波的美国传教士玛高温(Daniel J.Macgowan)用中文出版《哲学年鉴》介绍电报技术。[1]

1871年,中国有了最早的有线电报通信线路。此前英国、俄国、丹麦铺设了香港至上海、长崎至上海的水线,全长2237海里。1871年4月,丹麦大北电报公司违反清政府不得登陆的规定,秘密将海缆从吴淞口延展至上海,并在英美公共租界南京路12号设立报房,于6月3日开始通报。这是中国近代史上第一条电报水线和第一个电报局。[2]

---

[1] 周永明.中国网络政治的历史考察:电报与清末时政[M].尹松波,等,译.北京:商务印书馆,2013:30.
[2] 中国通信发展简史[EB/OL].http://www.chinatelecom.com.cn/expo/01/t20060113_1234.html.

1872 年，英国路透社派记者科林斯（Henry Collins）到上海建立远东分社，上海英文报纸《字林西报》一度获得独享该社电讯的特权，以后一些外文、中文报刊相继出现"路透电"的稿子。[①]

　　1905 年 7 月，北洋大臣袁世凯在天津开办了无线电训练班，聘请意大利人葛拉斯为教师，培养无线电人才。同时还托葛拉斯代购无线电收发机，在南苑、保定、天津等处行营及部分军舰上，安装并使用无线电相互联系。

　　中国广播事业历史是从无线广播[②]开始的，1923 年 1 月 23 日美国人奥斯邦（E.G.Osborn）在上海开办"《大陆报》——中国无线电公司广播电台（The China Press—Radio Corporation of China Broadcasting Station）"，为中国境内第一座广播电台。[③]

　　可以看出，这些传播技术都是"舶来品"。随着西方新技术的不断发明，以及洋船利炮一次次轰开中国国门，这些新技术也就一次次强行登陆了。所幸早期"睁开眼睛看世界"的那一批国人很快就意识到了这种技术的先进性，在清同治十三年（1874 年），张之洞的《筹设炼铁厂折》中就提到"有事之际，军情瞬息变更，倘如西国办法有电线通报，径达各处海边，可以一刻千里"。[④]不久就在李鸿章、张之洞、沈葆桢等洋务派的"力挺"之下，在"用"的层面借助国家行政力量进行了推广。据民国十五年（1926 年）上海商务印书馆出版的第一部《中国年鉴》（1926 年 6 月第 3 版，第 922 页）"电政"部分"中国电报小史"中的记载："（吾国电报之经营，约可分为四期。）自清光绪五年（1879 年）至八年（1882 年）纯为官办，是为官款官办时期。至八年（1822 年）三月，改为商办，定资本为八十万元。但政府仍派人监督，是为官督商办时期。二十五年（1899 年），增资本为二百二十万元，二十八年（1902 年）改为官办，由政府特设电政大臣董其事，但资本仍归商有，是为商款官办时期。至光绪三十四年（1908 年），由邮传部收全国官商各线，归部直辖，所有商股概由政府买收，是仍为官款官办时期。民国以来，仍而未改。"

　　由此发现，对这些统称为"电政"的事业，在推广初期，就打上了很深的"官办"烙印。但是仔细研究可以发现，自清光绪五年（1879 年）中国自主修建的第一条电报线路建成开始，到民国元年（1911 年）的 30 多年时间中，有 20 年（1882—1902 年）都是在官办的名义下，由商业资本在投资，而不是纯粹的官款官办，即真正意义的"国营"。这显然是

---

①　丁淦林.中国新闻事业史［M］.北京：高等教育出版社，2002：57.
②　赵玉明教授在《中国广播电视通史（上卷）》（北京广播学院出版社，2000：29）介绍，在《新疆通志·广播电视志》（新疆人民出版社，1995）中记载有，新疆于 1935 年建立迪化（今乌鲁木齐）有线广播电台，隶属新疆边防督办公署交通处管辖。该台一直播音至 1949 年 5 月新疆广播无线电台开播时始停播，为各省中绝无仅有者。据目前笔者掌握的史料，这可能也是我国官办有线广播的最早实例。
③　郭镇之.中国境内第一座广播电台考［J］.北京广播学院学报，1986（1）.
④　张之洞.筹设炼铁厂折［M］//张之洞全集：第 27 卷，民国十七年（1928 年）文华斋刻本。

晚清政府长期中央集权"欲事事收归国有",而国库空虚无法在巨额投资中使"官办"电政名实相符的表现。到了民国,这种"欲事事收归国有"的决心被继承了下来,伴随着一系列新技术在国家军事、政治、经济和民间社会生活中重要作用的彰显,民国政府正式出台了法令法规对"电信"技术进行国家管理。1915年4月18日,《电信条例》第二条规定:"电信由国家经营",赋予这种"国家管制电政"的权力以必要的合法性。第三条则规定:"无线电信,除第四款船舶航海时所用者,及第五款供学术经验上之用者行经政府之许可由个人或团体私设外,其余皆不准私设。"①这是我国历史上第一个与电信技术有关的法律文件,由此奠定了中国无线广播"国家决定型"制度的基础。

二、无线电广播的起步

尽管有了"国家决定型"制度的开启,但是中国的无线电广播电台依然与其他无线电技术的应用一样,是"舶来"的,而且主要从民间商营开始。中国境内第一座广播电台是美国人奥斯邦于1923年在上海开办的"《大陆报》——中国无线电公司广播电台"。

近代中国最大的复杂性是中央政府的去中心化,政治势力分裂,官方压力在各地有所不同。比如中国广播事业的发祥地——上海,就是官方管制较弱的地区。这也是中国近代史上最为吊诡的独特政治景观,②刊登诸多反政府言论的报刊可以通过"挂洋旗""挂官旗""进租界"的方式顺利出版,尤其是在上海这样一个华界(中国管辖地区)、公共租界(英美租界合并)和法租界"三界"分治的城市,竟然在公共租界出现了像英国报馆"舰队街"一般的"望平街",还在南京路兴起了中国最繁荣的商业街,在这条商业街上的新孚洋行和新新公司的楼顶上就曾出现过早期广播电台高耸入云的天线。

奥斯邦开办的这座广播电台,经过两三个月的光景,由于经营不善,"(奥氏曾因)款项不清,交代为难,嗣后信用大失,不知所终"。③据郭镇之在《中国境内第一座广播电台考》一文中的考证,该电台虽曾受到北京政府交通部的禁令,"有抗令不遵的迹象",但其"不了了之""终因力不从心",却并"不是被取缔的"。

其后上海租界中还陆续出现了这样两座电台:④

一座是经营电器设备的美商新孚洋行(Electric Equipment Co.)主人戴维斯(Davis)于1923年5月底办起的广播电台,发射功率50瓦,主要用于试验和推销收音机。由于北京政

---

① 电信条例[G]//中国年鉴:第1部.上海:上海商务印书馆,1926:921–922.
② 此为台湾"中央研究院"院士、"历史语言所"所长、英国皇家历史学会国外会士王汎森先生的观点,详见雷天.纪念《新青年》创刊90周年——王汎森、周策纵、陈平原访谈录[N].国际先驱导报,2005-09-15.
③ 曹仲渊.三年来上海无线电话之情形[J].东方杂志,1924,21(18).
④ 以下史料来源于曹仲渊.三年来上海无线电话之情形[J].东方杂志,1924,21(18);赵玉明.中国广播电视通史:上卷[M].北京:北京广播学院出版社,2000:11.

府禁止无线电器材进口,新孚洋行被迫歇业,电台在 1924 年 7 月到 8 月间停办。

另一座是 1924 年 4 月开始播音的美商开洛电话材料公司(Kellogg Switchboard Supply Co.)所办的开洛公司广播电台,呼号 KRC,发射功率 100 瓦,波长 364 英尺(约等于 110.9 米)。发射机装设在法租界福开森路(今武康路)一草地上,播音室设在公共租界江西路(今江西中路)62 号开洛公司内。使用开洛公司广播电台设备播送节目的除开洛公司外,还有大晚报馆、申报馆、巴黎饭店、神户电气公司等。这是早期外商在上海开办的广播电台中时间较长、影响较大的一座广播电台。该电台播音一直持续到 1929 年 10 月,前后共存在 5 年多的时间。

这些由美国商人创办的广播电台并没有独立的身份,都是依附于无线电器材经销公司,创办目的非常直接,就是为了推销所依附公司的无线电器材,即纯粹的商业用途。而且由于外商直接将广播用于商业用途的"示范"作用,使得无线广播的商业作用,无论是推销无线电器材,还是之后成为商业广告的"空中市场",都引起了人们的广泛关注。这就使得中国广播的发展开始于"民间"而非"国家"。

1927 年 3 月 18 日,上海新新公司为了推销自己制造的矿石收音机,开办了一座相当简陋的广播电台,起初自定呼号 XGX,后改为 XLHA,发射功率只有 50 瓦,主要播送唱片并转播游艺场的南方戏曲。据现有材料,这是我国自办的第一座民营广播电台。这为之后中国广播史上商业广播即民营广播在上海的畸形繁荣揭开了序幕。

中外商业广播电台在上海的私自开办,并不意味着中国广播"国家决定型"制度的弱化。1924 年 8 月,交通部公布的《装用广播无线电接收机暂行规则》,在 1915 年《电信条例》规定"电信由国家经营"即禁止民间创办电台前提不变的基础上,开始有条件地允许民间购置收音机。要求"凡装用广播无线电接收机 Receiver 者,须先呈请交通部核准发给执照",[①] 同时还规定"装有机器每副每年应照规定预缴执照费暨印花税费"。[②]

同时,从 1923 年到 1928 年,北洋军阀控制的(北京)中央政府动用国家行政力量创办了中国最早的官办电台。当然,这里所谓的国家行政力量,由于军阀割据的社会现实,其实是为军阀控制的各地的地方力量。1922 年 4 月至 6 月第一次直奉战争结束后,奉军总司令张作霖战败出关,图谋东山再起。之后便在外交与内部实力方面励精图治,为赢得未来战事的胜利,对能够迅速传播消息收获人心的宣传工具——无线电广播技术,进行了有力的支持和广泛的普及。这一时期诞生了中国官办的第一座广播电台——哈尔滨广播无线电台。该台于 1926 年 10 月 1 日开始正式播音,呼号 XOH,发射功率 100 瓦,每天播音两小时,内容有新闻、音乐、演讲及物价报告等。[③]

---

① 装用广播无线电接收机暂行规则(第一条)[G]//国民政府交通部,铁道部交通史编纂委员会.交通史:电政编,交通部总务司,1936:13.

② 何俊志.结构、历史与行为——历史制度主义对政治科学的重构[M].上海:复旦大学出版社,2004:225.

③ 陈尔泰.中国广播之父——刘瀚传[M].北京:中国广播电视出版社,2006:39。藏于吉林省档案馆的《满洲电信电话株式会社十年史(下卷)》记载哈尔滨中央放送局(呼号 XOH)于 1923 年开播。

之后又进一步扩建。1928年1月1日，新建的哈尔滨广播电台正式启用，发射功率扩大为1千瓦，更改呼号为COHB，当时办有汉语、俄语和日语三种语言广播节目；同一天开播的还有沈阳广播电台，发射功率2千瓦，呼号COMK。作为官方创办的最早的两座电台，它们均由东北无线电长途电话监督处管理。

1927年3月，东北无线电长途电话监督处在北京、天津又设立广播无线电办事处，开始在京津两地筹建广播电台。同年5月15日，天津广播无线电台开始播音，发射功率500瓦，呼号COTN。9月1日，北京广播无线电台开始播音，发射功率初为20瓦，后增至100瓦，呼号COPK。两台均办有新闻、商情、音乐、讲座及戏曲节目。①

另外，尽管有《电信条例》规定的垄断政策，中国去中心化的政治控制还是使像上海、北京这样的地方出现了中国人自己创办的最早的民间广播电台。如前述的上海新新公司广播电台。据现有材料，这是在上海由国人自办的第一座民营广播电台。1927年年底，北京也出现了一座商办的燕声广播电台。② 这些商办的民营电台，以娱乐为主，功率有限，而且少有独立身份，大多是无线电器材经销商所为，尽管在后期曾出现短暂繁荣，以广告赢利维持生存，发展数量颇丰，但与官办电台，即同时期出现的国民党南京中央政府的一系列国营广播电台相比，难免相形见绌，尤其是在国民党党国一体的政治控制之下，更难有生存的空间，经过抗战中国民党对民营台的严格取缔，战后几乎没有什么作为了。关于国民党南京政府对民营台的控制还将在后文中进一步说明。

随着广播这一近代最新传播技术在上海、东北以及京津地区的逐渐登陆，广播"国家决定型"的制度形态已经初露端倪。与此同时，经过兴中会、同盟会的早期民主革命，以及辛亥革命后的反袁护法斗争，孙中山对破坏民国《临时约法》、解散民选国会的北京军阀政府完全绝望，将注意力转移至经营广东革命根据地，开始了"重建改造中华民国"的新一轮革命。在这个过程中，孙中山曾经三次在广州建立军政府，与由北洋军阀控制的代表"中华民国"的北京政府相对峙。1923年1月26日，孙中山离沪赴广州第三次重建军政府（大元帅府）之前，发表了《和平统一宣言》，提出"以和平方法促成统一"，主张"裁兵、废督"，要求直系、奉系、皖系和西南诸省军阀"划疆自守，各不相侵"，然后实行裁军。正是第三

---

① 关于京津台还有由北京政府交通部创办的说法。据吴保丰《十年来中国广播事业》（中国文化建设协会，十年来的中国［M］.上海：上海商务印书馆，1937：693）："交通部于民国十六年（1927年）在天津设立广播电台一座。北京台是由前东北无线电长途电话监督处创办。"在曾虚白《中国新闻史》（台北：三民书局，1989：603）中则记载天津台和北京台都由交通部创办。笔者以为这时的北京政府为奉系张作霖控制，1926年12月1日，张作霖在天津就任安国军总司令，统兵入京，以抵御广东国民革命军的北伐。1927年6月18日，张作霖在北京成立"中华民国军政府"，直到1928年4月南京国民政府出师北伐，迅速迫近京津，6月张率部退回关外，军政府结束。鉴于东三省创办广播电台的经验和技术水平，京津两台很有可能是当时的北京政府交通部和无线电长途电话监督处共同创办的。

② 据吴保丰在《十年来的中国广播事业》"全国广播电台一览表"（1937年6月）中的统计数据，燕声电台成立于1936年12月。

次建立广州军政府（1923年3月2日成立）之后，孙中山才改组中国国民党，通过与中共、苏联的合作，迅速使国民革命达到了前所未有的高潮。孙中山的《和平统一宣言》就是在中国境内第一座电台"《大陆报》——中国无线电公司广播电台"创办后的第三天，即1923年1月25日晚上，通过该广播电台进行了宣传。根据上海《民国日报》1923年1月28日的报道，孙中山祝贺了"《大陆报》——中国无线电公司广播电台"的开播，并云："余之宣言，亦被宣传，余尤欣慰。余切望中国人人能读或听余之宣言。今得广为传布，被置有无线电话接受器之数百人所听闻，且远达天津及香港。诚为可惊可喜之事。吾人以统一中国为职志者，极欢迎如无线电话之大进步。此物不但可于言语上使中国与全世界密切联络，并能联络国内之各省、各镇，使益加团结也。"

这里需要说明的是，中国境内的第一座电台播发孙中山的《和平统一宣言》不是历史的偶然，而是有历史背景的。这第一座电台是由美国人奥斯邦创办的中国无线电公司，和上海的英文报纸《大陆报》合办的，《大陆报》（The China Press）创刊于1911年8月29日，是辛亥革命时期革命党人在国内创办的唯一的英文日报。其开创时期的资金由孙中山在国外募集而来，按照当时中国人办报的生存策略也挂了"洋旗"，委托美国朋友经营。创办该报的目的是争取国际舆论对中国革命的支持。辛亥革命后，孙中山等人无暇顾及，在1913年三四月间反袁的"二次革命"失败后，将该报的股份全部转给美商，才使《大陆报》成为纯粹的外报。有了这样的历史渊源，"《大陆报》——中国无线电公司广播电台"发表孙中山重要的政治宣言，晓谕中外社会各界也就不足为奇了。①

在孙中山感慨广播传播技术"可惊可喜"之后，民国十三年（1924年）"正在上海奉命代办黄埔军官学校的军用品及招生事宜"②的陈果夫也听到了美商开洛公司的行市报告，就联想到"利用无线电广播作宣传与教育，比办报还要得力"，③于是他邀请数位无线电专家前往广州，无奈"粤局未靖，众人不肯前往，计划胎死腹中"。④但这毕竟为国民党利用无线电技术建立广播电台进行宣传教育埋下了伏笔。

之后国民党为谋求自己合法的政治地位，经过改组吸取了来自苏联和中国共产党的新生力量，逐步统一了广东革命根据地，建立了相对统一的中央政府。正是这个持续时间较长的中央政府，一方面利用自己的国家机器强力建设了一系列的国营广播电台，另一方面又加强对其他民营广播电台的管理与控制，形成了中国"国家决定型"的广播制度。

---

① 方汉奇.中国新闻事业通史：第一卷［M］.北京：中国人民大学出版社，1992：882.
②③ 徐咏平.陈果夫传［M］.台北：正中书局，1980：456.
④ 王凌霄.中国国民党新闻政策之研究（1928–1945）［M］.台北：中国国民党党史委员会，1996：97.

表 1-1　早期官办广播电台调查表（1929 年 12 月）

台名	中央广播无线电台	浙江省广播无线电台	辽沈广播电台	哈尔滨广播电台	天津广播无线电台	北平广播无线电台	广州市无线电播音台
所在地	南京中央党部	播音台在牛羊司巷播音室在省政府	沈阳市商埠十一纬路	哈尔滨南岗	天津英租界十四号	北平西城甘石桥	广州市中央公园
电力（瓦特）	500	500	2 000	1 000	500	100	1 000
天线电流（安培）	6.5—7.0	6	8	11	2	2.5	7—7.5
呼号	XGZ	XGY	COMB	COHB	COTN	COPK	CMB
现用波长（公尺）	420	307	425	445	475	315	440
开始播音日期	1928年8月1日	1928年10月10日	1928年1月	1928年1月1日	1927年5月1日	1927年9月1日	1929年5月6日
每日播音时数	5.5 小时（特别节目除外）	3.5 小时（特别节目除外）	约 5 小时	6 小时	7 小时	7 小时	5 小时（星期日 6 小时）
开办费约数	30 000 元	30 000 元	60 000 元	80 000 元	2 500 元	12 000 元	70 000 元（台洋）
每月经常费约数	1 500 元	1 000 元	800 元	900 元	1 600 元	1 000 元	1 012 元（台洋）
制造厂家	上海美商开洛公司	上海美商开洛公司	法国巴黎电器厂	上海美商开洛公司	美国西方电气公司	天津义昌洋行	美国西方电气公司
附近收音机约数	300	100	1 000	3 000	3 000	1 000	100

资料来源：中国国民党中央执行委员会广播无线电台.中国国民党中央执行委员会广播无线电台年刊［G］.1929：附录.

三、国民政府广播系统的建立

国民党于 1928 年建立了形式上统一的南京国民政府后，就开始一党独掌全国政权，在"训政"体制下，其党务组织系统与行政组织系统双轨并进，拉开了近百年来中国政治体制由帝治到党治、由王朝体制向党国体制转型嬗变的序幕。这"党""政"两个系统的政治体制，是 1924 年由孙中山仿照苏共体制对国民党进行改造，自上而下建立了一套与行政层级相并行的党务组织系统。中央党部之下依次设立省党部、县党部、区党部和区分部，分别与省、县、区、乡等行政系统相对应。①

国民党的广播系统就是与这种自上而下的"党政双轨"政治体制同构的，即将广播电台根据它们隶属部门的性质，分别划归"党部系统"和"行政系统"，从上而下"党部系统"有中央党部系统台、县党部台；"行政系统"有交通部所辖各电台、省政府台、市政府台等。

---

① 王奇生.党员、党权与党争——1924–1949 中国国民党的组织形态［M］.上海：上海书店出版社，2003：180.

"党部系统"的广播电台有:(1)中央党部系统台——中央台是"党"系统中的第一座电台,当时属于国民党中央宣传部,后改属国民党中央广播事业管理处(1932年夏天成立,该处直接隶属于国民党中央执行委员会);之后又为这个"中央党部系统"建立了福州台、河北台、西安台、长沙台,以及当时中国唯一的对东南亚侨胞广播的南京短波台。(2)县党部系统所属广播电台,有江苏武进、浙江嘉兴县党部办的广播电台等。

"行政系统"的广播电台有:(1)国民政府行政院交通部所属的电台,有北平台、成都台,以及上海唯一国营的上海台。(2)省政府所办的广播电台,其中建台最早的是1928年10月开播的浙江广播电台,其后有遍及两广、江西、山东、山西等地的地方电台,其中又以江西、汉口两台的发射功率为最大,各有5千瓦。(3)国民政府六院辖市(中央直辖市)台和省辖市台,即上海市政府广播台,以及广州和汉口市广播电台。

下文将从以上"党""政"两个方面逐层展开论述。

(一)党部系统广播电台的创建

1. 从"中央台"开始的中央党部系统广播电台

(1)起源于北伐烽火的"中央台"

在早期上海民营商业电台兴起,北京政府创办东北、华北官办(国营)电台的同时,中国早期最大的国营官办电台——国民党中央广播电台也在国民党改组、誓师北伐的过程中开始酝酿创建了。

1924年初,中国国民党第一次全国代表大会在广州召开,第一次国共合作正式建立。孙中山借此改组了国民党,重新解释了三民主义,确定了联俄、联共、扶助农工的三大政策。之后,国民党一中全会召开,推定中央执行委员廖仲恺、戴季陶、谭平山三人为常务委员,处理日常事务;并决定在上海、北京、汉口、哈尔滨、四川建立国民党地方执行部,亦规定了各执行部所辖区域。[①] 同年5月,孙中山在"十月革命"的启示下,总结辛亥革命以来的历史经验,为创建革命军队而建立了黄埔军校。孙中山亲自兼任军校总理,蒋介石为校长。

前文提到孙中山在1923年初从上海返回广州时,就已经注意到广播电台的宣传威力,无奈他于两年后去世(1925年3月12日)。所幸之后广州的革命形势进一步按照孙中山生前的规划发展着。1925年7月1日,中华民国国民政府在广州正式成立。这是根据孙中山生前所拟定的《国民政府建国大纲》之规定而成立的,国民政府的使命是"本革命之三民主义、五权宪法,以建设中华民国",改组当时的广州军政府性质的大元帅府,将其建成一个

---

① 陈旭麓,李华兴.中华民国史辞典[M].上海:上海人民出版社,1991:90.

机制相对健全、富于一定效能的文职政府，以"掌理全国之政务"。国民政府实行合议制，由中央执行委员会推定汪精卫、胡汉民、谭延闿、廖仲恺等16人为委员，再由各委员推选5人为常务委员，由汪精卫担任主席。①

在其后的过程中，由于坚持联俄联共政策的廖仲恺被刺（1925年8月20日），国民党内部出现分裂，由出走北京的一批反对"联共"的国民党右派形成了"西山会议派"，随即在上海另立国民党中央执行委员会，召集"中国国民党第二次全国代表大会"，与广州的中央对抗。蒋介石借处理廖仲恺被刺案，控制了广东的军政实权。以蒋介石为代表的国民党新右派的理论——"戴季陶主义"也同时出炉，以儒家的传统代替了孙中山的三民主义，反对国共合作。1926年3月和5月，蒋介石相继制造了"中山舰"事件和整理党务案，汪精卫愤而出走，共产党在国民党内的发展也受到了明确限制，蒋介石成为广州国民政府中掌握党政军大权的第一号人物。他不顾苏联顾问对北伐的反对，向国民党二届二中全会提出北伐议案，以此来摆脱困于一隅的处境。1926年7月9日，蒋介石在广州召开北伐誓师大会，宣布"革命战争之目的在造成独立自由之国家，以三民主义拥护国家及人民之利益，故必集中势力于三民主义之下，推倒军阀与军阀所赖以生存之帝国主义"。②

在这场致力于打破军阀割据、实现国家统一的战争中，无线电技术的使用，广播电台的建立，再次被推上历史前台，"开创者"正是陈果夫。在蒋介石为取得国民政府中的核心领导权，进行党内外的权力角逐时，为黄埔军校招生招兵立下汗马功劳的陈果夫于1926年4月抵达广州，参加了5月15日举行的国民党中央二届二中全体会议，并当选为第二届中央监察委员。在蒋介石北伐后，陈果夫又接替蒋介石出任组织部代理部长一职，掌管国民党的组织大权，排斥共产党人和国民党左派，世人才有"蒋家天下陈家党"之说。陈果夫一到广州，就与国民党中央常务委员会主席、被称为"国民党四大元老"之一的张静江磋商，筹款购置无线电设备，拟在广州建立广播电台。后因经费不足，加之北伐战争前方进军顺利（1926年10月北伐军攻占武汉，11月打下南昌，1927年3月先后占领上海、南京），广州显然已经不是将来的政治中心，于是在广州建立广播电台之事无果而终。

建立广播电台之事在后来因为政局的波诡云谲被搁置了。这期间随着北伐战事的节节胜利，南方党军和党政府引起全国舆论的聚焦，而南方革命局势却发生了巨大的变化，实际上

---

① 陈旭麓，李华兴. 中华民国史辞典[M]. 上海：上海人民出版社，1991：26.
② 张玉法. 中华民国史稿[M]. 2版. 台北：联经出版事业公司，2001：172.

形成了三个党中央（宁、汉、沪即西山会议派①）、两个国民政府（宁、汉）分庭抗礼的局面。②其核心矛盾主要在国共两党之间展开，同时也牵涉到国民党内部的派系倾轧。

1926年5月20日，广东国民政府派第四军独立团叶挺部担任北伐的先遣部队，奉命出兵支援湖南军阀内部冲突中的唐生智部，因为唐生智部的对手背后是北方军阀直系吴佩孚部，这就使得叶挺的出兵具有北伐的意义，由此揭开了北伐战争的序幕。同时，蒋介石也初步建立了以他个人为中心、凌驾于党权和政权之上的军事独裁体制。随着北伐初战7月攻克长沙告捷，之后的战事顺利推进，1926年9月，国民革命军相继攻克汉阳、汉口，武昌也指日可下。为了避免未来的革命中心——武汉落入唐生智之手，蒋介石一再请求国民党中常委和政府常务委员到湖北主持党政大计。11月26日，国民党中央政治会议正式决定中央党部与国民政府北迁武汉。12月13日，"中国国民党中央执行委员暨国民政府委员临时联席会议"在武汉宣布成立，以徐谦为主席，叶楚伧为秘书长，苏联顾问鲍罗廷为总顾问。但是，不久督军南昌的蒋介石就意识到"以左派为中心的武汉临时联席会议代行最高职权之危险性，有可能在鲍罗廷的操纵下架空自己的权力"，③加之"在武汉的实力派军人唐生智、张发奎等人都表示服膺临时联席会议，恐将来难以掌控"，④于是，"蒋于1927年1月3日乘张静江（国民党中央常委会代理主席）、谭延闿（国民政府代理主席）等中央执行委员路过南昌之机，召集中央政治会议第6次临时会议，劝说与会者同意将中央党部及国民政府暂驻于他所直接掌控下的南昌，迁都问题以后再议"。由此，引发"迁都之争"。⑤

武汉方面不肯就范，加之滞留南昌的中央执行委员谭延闿、何香凝等人也离赣赴鄂，于是1927年3月10日至17日，国民党二届三中全会得以在武汉召开。蒋介石和张静江没有出席。会议由鲍罗廷和国民党左派势力掌控，极大地削弱了蒋介石在党、政、军中的权力，但也因此成为蒋介石大踏步走向清党反共的转折点。1927年4月12日，蒋介石在上海

---

① "西山会议派"：1925年11月23日至次年元月4日，国民党右派代表邹鲁、林森、谢持、邵元冲、戴季陶等在北京西山召开国民党一届四中全会，以反对广州汪精卫领导的"容共"的左派中央。这些参加会议的国民党元老即被称为"西山会议派"。11月27日，广州国民党中央正式通电全国各级党部，宣布在北京西山召开的"一届四中全会"为"非法"，其组成分子为"反动派"。"西山会议派"不甘示弱，于12月14日在国民党上海执行部正式宣布成立中央党部机关。一时间，广州、上海两个"中央"互争"党统"，造成了国民党自1924年1月联俄容共、党务革新改组以来的第一次分裂。王奇生.中国近代通史：第7卷[M].南京：凤凰出版传媒集团，江苏人民出版社，2006：216-217.

② 1927年6月11日出版的《现代评论》（第6卷第131期），有一篇文章《从南北到东西》（署名：无名）评论道："中国的事情，无日不在急转直下中，平时要几十年才唱完的戏，现在几年几月就完……国民党是进步党的否定，共产党又是国民党的否定。从前国民党不能统一中国，因为它太左；现在，如果它不能统一中国，那是因为它太右……眼看南北统一了，又东西分裂了，这是何等的悲剧！"王奇生.中国近代通史：第七卷[M].南京：凤凰出版传媒集团，江苏人民出版社，2006：337.

③④⑤ 王奇生.中国近代通史：第七卷[M].南京：凤凰出版传媒集团，江苏人民出版社，2006：316.

发动"四一二"清党反共运动，并于4月18日宣告南京国民政府成立，形成宁汉对峙的政治局面。若将"西山会议派"在上海成立的中央党部算入，国民党实际上已一分为三，即宁、汉、沪三足鼎立。此后不久，7月15日汪精卫主事的武汉国民党中常会召开第20次扩大会议，宣布分共，国共第一次合作失败。8月1日，中国共产党发动南昌起义，引起武汉方面危机四伏；8月2日蒋介石亲自督战的北伐军，在徐州被北方军阀直鲁军打败，首尝北伐以来最大的一次败绩；8月15日，蒋介石趁势以退为进，宣布下野，宁汉合流加速。

在宁汉酝酿合流的过程中，上海的"西山会议派"亦加入了与宁汉双方的合作。9月16日，由宁、汉、沪三方推定的人选组成的中央特别委员会在南京正式成立。然而，此中央特别委员会的幕后掌控者实际是隐居上海的国民党元老胡汉民，而"西山会议派"素与胡汉民接近，于是此中央特别委员会的要职都由"西山会议派"担任。这就使得原本寄希望于蒋介石下野后重操中央大权的汪精卫大失所望。之后，汪精卫策动唐生智和张发奎武力对抗中央特别委员会，南京国民政府借助桂系之力，打退唐生智，汪精卫由武汉转赴广州。张发奎和汪精卫的回粤，对原在广东的李济深构成了威胁。于是李济深在宁粤之间调停，企图以召开二届四中全会为名，将汪派送出广州。11月8日，蒋介石从日本回国，策划联汪反桂，支持汪精卫反对中央特别委员会、恢复中央执行委员会的主张，并电邀汪精卫赴沪共商召开四中全会预备会议事宜。但在汪精卫准备挟李济深一同北上的同时，粤军张发奎部为掌控广东军政大权发动兵变，这引起胡汉民、吴稚晖、李石曾、蔡元培、张静江等留居上海的一批国民党元老以及"西山会议派"、桂系等的纷纷指责，汪精卫不得不于12月16日发表引退通电。

同时，由于蒋介石的回国操纵，11月22日，南京民众举行庆祝讨唐生智胜利大会。会后举行示威游行，遭到军警镇压，死伤多人。惨案发生后，蒋介石要求追究政府失职人员，借此打击"西山会议派"和中央特别委员会。1928年1月25日，胡汉民、孙科与伍朝枢出洋考察。

蒋介石在这场政治斗争中，以退为进，坐山观虎斗，左右逢源，将自己的党务（政治）、军事上的竞争对手都驱逐而去。1927年12月28日中央特别委员会宣告结束。1928年1月9日，蒋介石在南京通电复职国民革命军总司令。南京国民政府，尽管在"党统"上缺乏合法性，但因为其对"党军"的有力控制，最终赢得了历史地位。①

由于政局不稳，甚至连定都之事都一波三折，就更别说建立广播电台了。广播电台虽没有建成，但陈果夫对利用无线电技术没有兴趣依旧，在1927年北伐期间，陈果夫请准蒋介

---

① 参见王奇生《中国近代通史（第七卷）》第六章"北伐战争：北方形势与南方胜利"，第七章"从迁都之争到宁汉分裂"，第八章"南北三政权的鼎立"。

石令,"从黄埔军校中选择学生三十人接受短波无线电机制造与应用的训练。这是国民党及国民革命军应用短波无线电作通讯与宣传的开始"。①

之后,陈果夫又建议在上海交通大学开办无线电机制造厂,这也成为后来国民政府建设委员会下属的无线电机制造厂的前身,抗战后该厂由长沙迁到桂林。②到蒋介石1927年8月至1928年为促成宁汉合流被迫下野期间,已经制造了13架无线电机。③其中一架无线电机就装设于南京北伐军的总司令部中。1927年7月下旬,已经被北伐军打退到山东腹地的北洋军阀孙传芳、张宗昌部,乘国民党宁汉纷争之机,举行反攻。北伐军在江苏龙潭、栖霞山地区对孙传芳部进行了阻击,全歼孙传芳渡江的11个师,取得北伐以来最具决定性的一场胜利,而南京北伐军总司令部中的这架无线电机就在此著名的龙潭之役中发挥了强大的通讯功能,"沟通京沪,统一指挥,以至于收双方夹击之效,革命局面危而复安"。④

在1928年2月召开的中国国民党二届四中全会上,建立广播电台之事又被提了出来。时任国民党中央监察委员的陈果夫,与另两位中央委员戴季陶(南京国民党政权中首任中宣部部长)、叶楚伧,三人商议设立无线电台,以利宣传。在取得蒋介石的首肯后,陈果夫开始了广播电台的筹备工作。在这个过程中,"所有工程督导,与工款核定,均躬为处理",⑤经过之前创办的上海无线电制造厂厂长李范一的协助,在上海订购了一架500瓦特的广播发射机及有关设备,并于"十七年(1928年)五月,勘定南京丁家桥中央党部后院西南隅旷地建造机房,装置铁塔,七月装机",⑥1928年8月1日下午5时电台正式开播,定名为"中国国民党中央执行委员会广播无线电台"(简称"中央广播无线电台",本书以下称"中央台"),呼号为XKM,第一个英文字母为X是根据1927年华盛顿国际无线电公约规定,中国无线电台呼号应在XGA—XUZ范围之内,KM系"国民党"一词英文缩写字头。同年11月,为配合全国统一无线电呼号改为XGZ。⑦开机典礼在中国国民党党部大礼堂举行,蒋介石、陈果夫、戴季陶等均前往致词。

这个电台刚开始隶属于国民党中央宣传部,首任主任即台长由中宣部委托徐恩曾担任,徐恩曾早年毕业于上海南洋大学(即之后的上海交通大学),后留学美国学习电子工程,获得硕士学位。留美期间他曾加入陈果夫之弟陈立夫在美成立的留学生联谊会"健社",与二陈有很深的私交,后被调去组建国民党中央(组织部)调查科,即国民党特务组织"中国国

---

① 王凌霄.中国国民党新闻政策之研究(1928-1945)[M].台北:中国国民党党史委员会,1996:97.
② 王凌霄.中国国民党新闻政策之研究(1928-1945)[M].台北:中国国民党党史委员会,1996:98.
③④ 徐咏平.陈果夫传[M].台北:正中书局,1980:458.
⑤ 徐咏平.陈果夫传[M].台北:正中书局,1980:813.
⑥ 徐咏平.陈果夫传[M].台北:正中书局,1980:458.
⑦ 赵玉明.中国广播电视通史:上卷[M].北京:北京广播学院出版社,2000:24.

民党中央执行委员会调查统计局"（简称"中统"，英文简称"CC"）的前身。① 徐调离后由上海交通大学电机系毕业的吴道一出任主任（台长）。

新电台的落成从一开始就肩负着向全国灌输国民党党义的宣传重任。这是由于刚刚取得政治合法性的国民党需要在全民中实现"国家认同"和"政党认同"。自从辛亥革命爆发进入民国后，国家长期陷于分裂，国民党一直抱有改造共和、推翻军阀统治、实现国家统一大业的政治企图。同时，很多国民党的党务人员清醒地意识到，国民党尽管在推翻清朝、反抗袁世凯专制政权以及领导护法运动等方面皆有贡献，甚至已经建立了南京国民政府，但是国民党在各省市、各行业的社会基础还非常不稳定，需要进一步解决"国家认同"的问题，即加强中央政府的合法性和威权力量。为此，除了政治韬略和军事斗争之外，深刻了解舆论宣传重要性的国民党上层政要们自然清楚"主义急于灌输，宣传刻不容缓"。在1928年7月12日由宣传部提出，经由国民党中央第二届执委会第一五五次常会通过的《设立中央广播无线电台计划书》明确阐明了创办这座中央级电台的出发点和这座电台的宣传重任："属部（指宣传部）为本党宣传工作最高机关，对于材料，故需丰富；所用方法，尤其敏捷！方能一全国人民之意志，并使其脑海中，时时有中央二字之存在。为特建议筹备广播无线电台，以利进行。"②

（2）在日军侵华战火中扩建的"中央台"

国民党中央广播无线电台虽号称"中央台"，但是由于发射功率较小，且用中波广播，因此覆盖情况并不是太好，"以我国幅员之辽阔，边隅首都，动辄万里，电力所及，往往不逮"，接收的重心仍然在东南一带，即江浙及湘赣皖豫地区，北京、广东等地则只有在干扰较少的夜间才能清晰收听，其他诸如西北、西南、东北等地许多地方就很难听到，当然就无法实现"一全国人民之意志，并使其脑海中，时时有中央二字之存在"，也无法进一步实现地方各地区对"国家"，即"南京国民政府"的"认同"作用。为此，在中央台建台的第二年——1929年2月18日，就由戴季陶、陈果夫和叶楚伧联名向国民党中央第二届执委会第一八八次常委会递交了《扩充中央广播无线电台计划书》，并获通过。他们一致认为作为中央唯一的播音机构，"务使遐迩清晰，日夜明瞭"，才能"为宏大久远之谋，作领导全国之计"。③ 该计划本拟电台发射功率扩充为10千瓦，由陈果夫、叶楚伧具体负责筹备，但是后来看到近邻日本、朝鲜也于此时建立了10千瓦的中波机，我国鄂豫湘闽等地都能收到，未来随着国内外电台的林立，强电波电台必然干扰或淹没弱电波电台，便对电台扩充计划作了重要改动，将发射电力提高为50千瓦。这个修正案于1929年6月提请国民党第三届执委会

---

① 汪学起，是翰生.第四战线——国民党中央广播电台撷实［M］.北京：中国文史出版社，1988：16.
② 中国国民党中央执行委员会广播无线电台.中国国民党中央执行委员会广播无线电台年刊［G］，1929：1.
③ 中国国民党中央执行委员会广播无线电台.中国国民党中央执行委员会广播无线电台年刊［G］，1929：19.

第十八次常委会获得通过。①

大电台建成开播于 1932 年 11 月 12 日,在这一过程中负责具体工作的陈果夫曾言:"惨淡经营,殆历四载。中经天灾、人事之阻隔,工作时感困难,加以世界学术之进步,计划亦时有变更。"其实这其中最大的威胁是来自日本人发动的"九一八"事变(1931 年),和近在上海的"一·二八"侵华战争(1932 年)。尤其是"一·二八"事变后,停泊在下关江面的日本军舰悍然向南京开炮,国民政府大员走避洛阳,在这种复杂的形势和条件下,强力大电台的建设也没有一日停工。当时坚守在建台一线的骨干人员有中央台的总工程师冯简,此人早年毕业于南洋大学,后曾出任国民党国际广播电台的台长。1932 年 5 月的《淞沪停战协定》使南京的紧张局势得以暂缓,大电台也于 6 月开始试播。

大电台最初选定的是德国西门子德律风根(Telefunken)无线电公司 50 千瓦的强力中波广播机。但是实际装机后,则成了 75 千瓦。个中原委,据陈果夫说乃是"因为外国生意人,都要为经办人留出回佣。等于此台之价格中被留出了百分之二十,想给我们经手人②时,哪知没有一个人要这种钱,所以德国人认识了中国国民党的新精神,他们自动地加了 25 千瓦,变成了 75 千瓦"。③这个新建的电台于孙中山诞辰纪念日即 1932 年 11 月 12 日,在南京江东门新址举行开播典礼。陈果夫在开播典礼上致词,相当深入地阐述了建成后的大电台将起到宣传与教育的作用:"本台服务之目的,将永远为传布正确的消息,普及社会教育,发扬中国文化的工具,使全国国民意志统一,精神团结,达到一致对外,共同建设。今日本台之成功,将来即可达到本党三民主义之成功,三民主义之成功,亦即是中华民国之成功,这就是本党建设本台之意义与希望。"④新的大电台呼号由 XGZ 更改为 XGOA。这一呼号一直使用到 1948 年年底。1948 年 10 月,在美国召开的国际无线电会议决定,自 1949 年 1 月 1 日起,中国无线电台呼号的第一个字母由 X 改为 B,国民政府交通部随后规定,广播电台以 BE 两字为首。但由于时局变化,实际并未执行。⑤

这个"东亚第一,世界第三"的大电台,俨然成为名实相符的"中央台",发挥了"既便发施政令,又利阐扬主义"的政治宣传功能,更重要的是对解决"国家认同"的问题,加

---

① 汪学起、是翰生.第四战线——国民党中央广播电台掇实 [M].北京:中国文史出版社,1988:9.
② 据《中央广播事业管理处沿革简表》(《广播通讯》特刊第十期,1944 年 4 月 30 日出版)记载,1930 年 4 月,派冯简为总工程师,6 月,派刘振清、王劲赴德监造大电台机器。据汪学起、是翰生编的《第四战线——国民党中央广播电台掇实》的介绍,王劲是早年上海交通大学出身,是中广处领导吴保丰、吴道一及中央台领导范本中的前后期同学。后出任中广处河北广播电台、西安广播电台的台长,在"西安事变"中倾向于张学良和杨虎城,使西安台成了张、杨的喉舌,事后受到处罚,蒋介石亲批"永不录用"。1939 年后到了重庆,被他的上海交通大学的老同学、"中统"局副局长徐恩增委派为中统局总工程师。1947 年升任中统局交通处处长。
③ 徐咏平.陈果夫传 [M].台北:正中书局,1980:459.
④ 中央日报,1932-11-03(3).
⑤ 赵玉明.中国广播电视通史:上卷 [M].北京:北京广播学院出版社,2000:24.

强中央政府威权力量,和国民党意识形态的灌输,发挥了很大的作用。大电台在国内的播音范围遍及陕甘、四川、青海、绥远等偏远省份,在夜间可远达伯力、缅甸、印度、澳纽、美加等地,[①]虽然当时中国国力较弱,却拥有一座比当时日本所有电台电力之和还要强的大电台,日本人收听后大为震惊,称为"怪放送"。[②]

(3) 中广处的建立及隶属于中央党部(中广处)系统各台的创建

为了应付日趋复杂的电台事务,中央台在大电台建成之前就进行了组织系统的改组,成立了中央广播无线电台管理处。于1931年7月召开的国民党第三届中央执行委员会第一〇五次会议上通过的《中央广播无线电台管理处组织条例》明确规定:"中央广播无线电台管理处直隶于中央执行委员会,关于宣传事项并受中央宣传部之指导。"[③]这就在组织上使中央广播无线电台独立于中宣部,而隶属于中央广播无线电台管理处,该处又直属于中央执行委员会常务委员会。当然在宣传内容上还是要受中宣部的监督和审查。事实上,该处也确实是国民党报纸、通讯社、广播电台三大新闻系统中,受中宣部控制最有效的部门。这种"处台合一"的体制一直持续到1949年国民党兵败撤出大陆。这种体制的建构,是有其深意的。一方面可以假中执委之力促进中央台自身的建设;另一方面,可以通过中央宣传部加强中央台在地方的辐射力度和宣传效果,乃至控制整个国家的广播宣传。这是由于中央广播无线电台管理处成立后,还拥有指导审核训练各地收音工作以及规划设计各地方分台的权力,由此播音事业与收音事业,一呼一应,相辅相成,构成了一个从中央到地方的广播宣传网。

1932年夏,随着大电台的试播,中央广播无线电台管理处也正式成立,由中央执行委员会任命上海交通大学毕业的、陈立夫的留美同学吴保丰为处长,前中央台长吴道一为副处长,总工程师为冯简,下设技术、总务两科,及研究、编译两室。同时,为了进一步扩大覆盖,拓展大电台的影响力,该处开始筹建福州、北平两个电台,以作华南华北转播之枢纽。[④]

福建省政府于1933年在福州筹建广播电台,并于10月16日开始试播,后一度由十九路军组建的反蒋抗日的"中华共和国人民革命政府"使用。该人民革命政府系国民党四大派系之李济深旧部、十九路军指挥官蒋光鼐、蔡廷锴号召组建,以反对蒋介石独裁和与日本议和的《塘沽协定》(1933年5月31日)。1933年11月21日国民政府下令讨伐人民革命政府,

---

① 王凌霄.中国国民党新闻政策之研究(1928–1945)[M].台北:中国国民党党史委员会,1996:100。伯力是指俄罗斯西伯利亚北部的伯力市,即哈巴罗夫斯克(Khabarovsk),澳纽是指澳大利亚和新西兰,美加指美国和加拿大。

② 王凌霄.中国国民党新闻政策之研究(1928–1945)[M].台北:中国国民党党史委员会,1996:100.

③ 中央广播无线电台管理处组织条例[G]//徐百齐.中华民国法规大全:第4册[G].北平:商务印书馆,1936:4637-4638.

④ 中央广播事业管理处沿革简表[J].广播通讯,1944(特刊第10期).

1934年1月21日十九路军兵败，人民革命政府解散。该电台由国民党中央广播无线电台管理处接管，定名为福州广播电台，于1934年7月1日起正式播音，呼号XGOL（开始为XGOF，因为与山东台呼号相混，改为XGOL①），发射功率250瓦。播音所用语言，除大部分用国语外，间用闽语，旅外侨民都能收听。

1934年12月，中央广播无线电台管理处又在北平创立了河北广播电台，发射功率为500瓦。1935年5月，通过两年前签订的《塘沽协定》将其侵略势力渗透到华北的日本帝国主义，又向中国政府提出对华北统治权的无理要求。6月9日至7月6日，中日双方又签订了《何梅协定》，规定取消国民党在河北及平津的党部；撤退驻河北的东北军、中央军和宪兵第三团；撤换国民党河北省主席及平津两市市长；取缔河北省的反日团体和反日活动；等等。国民党实际上放弃了华北主权，为两年后日本发动"七七"全面侵华战争埋下了极大的隐患。6月中旬开始，河北台同东北军一起撤到西安，改建为西安广播电台，呼号为XKPA，发射功率仍然为500瓦，于1936年8月1日开始播音。在1936年12月12日"西安事变"爆发后，西安广播电台成为张学良、杨虎城的宣传喉舌，1937年2月9日被中央广播无线电台管理处整肃停播。

继福州、北平两台之后，长沙电台于1936年3月开始筹备，1937年5月5日正式开播，电力为10千瓦，呼号为XGOV。该台设备完全利用中央台历年储备之各种积存材料及零件配置而成，经济实用，堪称国人自行制配之强力电台。

1936年春，南京短波电台几经改造，更换线路，开始正式播音，呼号为XGOX，发射功率为500瓦。该台创始于1930年，供中央台工作人员业余试验之用，发射功率仅50瓦。当时音波达到华北、西南各地，扩充改造后射程远达南洋群岛、澳洲、新西兰、美国、加拿大等处。该台节目一部分转播自中央台，一部分用粤语、闽语、马来语等播送新闻，专为南洋各地华侨收听之用，是当时中国唯一的对东南亚侨胞广播的电台。

随着中央党部系统各广播电台的逐渐增多，中央广播无线电台管理处不仅仅是管理"中央台"了，而是越来越多地担负着中央和地方诸台的统筹责任及协调管理。于是1936年1月国民党第五届中央执行委员会第二次常委会通过决议，将该处改为"中央广播事业管理处"（简称"中广处"）。中广处由一个电台的管理处，扩充为整个广播事业的管理处。根据《中央广播事业管理处组织法》，扩充内部组织各部门，下设总务、技术、传音三科，及报务、编译两室。总务科设文书、会计、材料、事务四股；技术科设工务、指导、研究三股；传音科设征集、播送两股，后复增设音乐、话剧、侦察三组。正副处长人选不变，依然是吴保丰、吴道一。1937年3月编译室裁撤，所有编译工作并入技术科办理；11月报务室裁撤；1940年，增设收音督导科。

---

① 曾虚白.中国新闻史[M].台北：三民书局.1989：609.

中广处改名后，为了协调行政院交通部及中宣部、中广处对广播的管理，更为了加强中日战争中的抗日广播宣传，尤其是需要交通部管辖下的大批民营电台转播中央台的重要宣传节目，以保持统一的宣传口径，"集合党营部营省营民营广播电台为一体，联络运用"，①经陈果夫呈请国民党中央，于1936年2月成立了"中央广播事业指导委员会"，由中央广播事业管理处、中央宣传部、海外部、交通部、教育部、中央通讯社为代表委员，任命陈果夫为主任委员，吴保丰为副主任委员。中央广播事业指导委员会并不是一个实际的执行机构，其重要职能都由中广处来执行，这具有很强的制度意义，由此国民党广播的"党部系统"与"行政系统"由并列关系实际上变成了上下级指导关系，实现了国民党广播的以党统政，标志着党治"国家决定型"广播制度的形成。关于这一点本书将在第三章"党治'国家决定型'广播制度的建立"一章中重点阐述。

中广处的任务除了建立各地电台和督导各地的收音工作之外，还负责筹建中央短波电台。该台1935年春天开始筹备，发射功率达35千瓦。这是由于中央广播电台为中波广播，无法对欧美各国进行播音，于是才决定设立强力短波电台，专供国际宣传及侨胞收听之用。该台本拟设在首都南京，因为中日局势紧张，第二年（1936年）春天在重庆改建装设。1939年2月6日正式开播。

此外，中央广播事业管理处还根据实际军情、政事的需要在地方上创建了一些临时性的广播电台，主要有洛阳电台、南昌电台和南京电台三处。1932年1月28日，日军炮轰上海吴淞口，发动了"一·二八"事变，并危及南京，南京政府上下都迁往洛阳，中央大电台在建设的同时，又奉命派人筹建洛阳台，将自制的250瓦广播机迁往洛阳播音，以传播中央的政情新闻，同时"再携带收音机五十余架，分置洛阳各公私机关及热闹商家中"。②1932年中日签订《淞沪停战协定》后，11月，中央政府从洛阳回迁南京，洛阳台即停办。

不过，1933年10月，中广处又将洛阳台设备运往江西，供军事委员会南昌行营专用，此台即为"南昌广播电台"，发射功率也是250瓦。1930年年底中原大战刚刚结束，蒋介石就向中国共产党领导的中央革命根据地（位于江西南部福建西部），连续发动军事"围剿"，南昌就是"剿匪"总部所在的大本营，到1934年年底共发动五次"围剿"。1933年9月，在前四次"围剿"均告失败后，蒋介石又调集100万军队对红军发动第五次"围剿"。蒋介石的作战方针是"三分军事，七分政治"，具体的做法是"步步为营，节节推进，堡垒公路，连绵不断，经济封锁，滴水不漏"。为了加强政治宣传，随时将"围剿"的成果晓谕社会各界，国民党在南昌设置了广播电台。这座电台在中央红军离开革命根据地，向贵州、云南、四川乃至陕西转移后，结束了历史使命，被移交给江西省政府接办，即1935年11月创办的

---

① 十五年来我国广播事业之鸟瞰[J].广播通讯（特刊第10期）：95.
② "中国广播公司"研究发展考训委员会.中国广播公司大事记[M].台北：空中杂志社，1978：1.

江西省广播电台。

南京台开播于 1935 年 8 月间，发射功率为 200 瓦，专供报告南京本市的新闻，这样"中央电台得以专播具有全国性之节目，减少时间之耗损"。①这座电台是 1935 年 6 月河北广播电台迁往西安时，部分机器及人员回到南京，利用以前 XGZ（中央大电台之前的中央台）原址装设而成的，呼号为 XGON。②1936 年 3 月，因人员不敷暂停播音。

这期间，中广处还在上海设置了一座临时电台即正言广播电台③。1937 年春，位于上海租界中的大东电台，频率为 580 千赫，为日本人买去，播送日本歌曲，并以中文散布诋毁我国的消息，造谣生事。但是碍于当时形势，又无法取缔。因此中广处选定虹口设立正言广播电台，转播上海交通部、上海市政府两台或其他民营电台的节目，频率设定为 581 千赫，与大东台同时启闭。因为正言台的电力只较大东台少 50 瓦，频率又接近，所以它抵消了大东台的宣传力量。④

另外，在 1936 年 12 月 12 日 "西安事变" 后，为了消弭已经成为张、杨喉舌的西安台（前为中广处的河北台）的宣传影响，中广处"急电济南、汉口、开封三地更改频率，积极干扰。再将南京台两百瓦特机拆下，再度运往洛阳西宫，完成临时电台，针对西安（同频）播送杂音"。⑤当时刚从陕甘宁边区采访四个月后到了西安的美国记者埃德加·斯诺亲历了 "西安事变" 的整个过程，并在他那本著名的《红星照耀中国》（又名《西行漫记》）中对此期间的广播宣传有这样的记述："南京切断了与西北的一切通讯和交通，西北的报纸和宣言都被检查官烧了。西安整天广播，一再声明不向政府军进攻，解释他们的行动，呼吁各方要有理智和要求和平；但是南京强有力的广播电台进行震耳的干扰，淹没了他们说的每一句话。"对此他感慨 "在中国，独裁政权对于一切公共言论工具的令人吃惊的威力，从来没有这样有力地表现过"。⑥可见，中广处为配合南京国民党中央政府的宣传策略，确实发挥过相当大的作用。1937 年 2 月 9 日，西安广播电台停止广播。中广处通知西安台除一名工友留守外，其余人员全部调回南京 "整肃"。

---

① 吴保丰. 十年来的中国广播事业［M］//中国文化建设协会. 十年来的中国. 上海：上海商务印书馆，1937：708.
② 曾虚白. 中国新闻史［M］. 台北：三民书局，1989：610.
③ 关于中广处在上海设置的这座临时电台的名称，在曾虚白主编的《中国新闻史》中转引《中国国民党年鉴》（民国二十三年）第四编 "宣传" 第 115 页，为 "上海正音广播电台"。
④ 吴道一. 中广四十年［M］. 台北："中国广播公司"，1968：70—71.
⑤ 吴道一. 中广四十年［M］. 台北："中国广播公司"，1968：20—21.
⑥ 斯诺. 西行漫记［M］. 董乐山，译，北京：生活·读书·新知三联书店，1979：368.

表 1-2　中央广播事业管理处所属广播电台一览表

台址	台名	开播时间	电力（瓦特）	呼号	波长（公尺）	周率（千周波）	停播时间
江苏南京	中央广播电台	1928.8.1	500	XKM/XGZ	550/280		1932.11
		1932.11.12	75 000	XGOA	454	660	1937.11.23
福建福州	福州广播电台	1933.10	十九路军组建				
		1934.7	250	XGOF/XGOL	291.2	1030	1938年春转移至永安
北平	河北广播电台	1934.12	500	XGOT			1935.6
陕西西安	西安广播电台	1936.8	500	XGOB	232.5	1290	1937.2.9
江苏南京	南京短波广播电台	1935.12	500	XGOX	44	6820	1937.11
湖南长沙	长沙广播电台	1937.5	10 000	XGOV	379	790	1938.11

注：北平的河北广播电台，1935年6月停播，设备搬迁至西安，1936年8月1日，西安广播电台开始播音，因此，做广播电台数量统计，这两座电台，只能算作一个。长沙广播电台于1939年8月将设备转移至沅陵，改名湖南广播电台播音，这两座电台也算作一个。

2. 国民党地方党部创办的广播电台

地方党部所属广播电台，即江苏武进、浙江嘉兴县党部办的广播电台。

表 1-3　地方党部所属广播电台一览表

台址	台名	所属机关	开播时间	电力（瓦特）	呼号	波长（公尺）	周率（千周波）
浙江嘉兴	县党部利闻社会组电台	嘉兴县党部	1933.10	15	XGKA	337	890
江苏常州	武进县党部广播电台	武进县党部	1934.8	75	XLIK	225.5	1 330

（二）行政系统广播电台的建立

"行政系统"的广播电台分为：(1) 中央政府广播电台系统，即国民政府行政院交通部所属的电台，有北平台、成都台和上海台；(2) 省政府所办的广播电台系统，其中建台最早的是1928年10月开播的浙江广播电台，其后有遍及两广、江西、山东、山西等地的地方电台；(3) 国民政府六院辖市（中央直辖市）和省辖市台，即上海市政府广播电台，以及广州和汉口市广播电台。

1. 国民政府行政院交通部所属广播系统的创建

国民党在南京建立中央政府后，从民国建立开始就由交通部管理电政的传统因政权更迭发生了一些微妙的变化。当时无线电报在军阀混战中得到了相当的推广，大有代替有线电报传播信息和新闻的趋势，加之从晚清就开始使用的官办有线电报线路"破敝已极，重以官报军电不付现款,业务益形不振"。① 主管电政的交通部为了振兴有线电报部门,竟逆潮流而动,不是去大力发展无线电报技术,而是大幅提高了有线电报的收费标准,致使交通部为朝野诟病,失去了在新政权中掌控无线电发展大权的机遇。而南京国民政府为发展全国实业建设,于1928年2月北伐胜利之前即设立一建设委员会②。该会首任主席就是曾经热心于无线电广播事业的国民党四大元老之一的张静江,北伐胜利定都南京伊始,张静江就以建造新中国之总工程师自居,请命于中央政治会议,负责建设新中国之无线电。1928年7月,建设委员会就公布了《中华民国无线电台管理条例》,第一条即规定"中华民国建设委员会为促进中华民国无线电事业之发展特设无线电管理处",接着第二条便说明了这个无线电管理处的权限,即"凡中华民国国内及国家间之无线电事业统归中华民国建设委员会无线电管理处管理"。③

张静江任命的建设委员会副委员长为曾养甫,此人曾是1923年陈立夫在美国匹兹堡大学时的校友、CC系的重要人物,此时已经是国民党中央执行委员。曾养甫出任建设委员会的副委员长,负实际责任。因为有留美经历,曾养甫知道科技建设对于国家进步的重要作用。三年间,他整顿、扩充南京及戚墅堰(江苏常州)两间电厂,创办淮南煤矿。他领导设置无线电台约30座,筹建上海真如国际电台,不断引进新技术,大刀阔斧地改进管理方法,获得了很大的经济效益。④

同时受到任命的还有曾经留美的无线电专家李范一和王崇植。他们二位被张静江、曾养甫任命为建设委员会无线电管理处处长。李范一曾在1928年帮助陈果夫积极筹建最早的中央广播电台,并出任上海无线电制造厂厂长。这些无线电专家很快就投入到实际的对广播电台(收音机)的管制工作中,之后建设委员会还相继出台了《广播无线电台条例》和《无线电收音机登记暂行规则》,进一步确保了建设委员会无线电管理处对广播电台管理的合

---

① 王崇植,恽震.无线电与中国[M].上海:文瑞印书馆,1931:100.

② 建设委员会的成立背景是:1928年年初国民党在继续北伐以统一全国的同时,为了进一步贯彻孙中山的实业建设思想,增加国家财富,改进国民生活,由中央委员孙科等11人联名提议,请速设立中华民国建设委员会,早日从事国家建设。1928年2月1日,国民党中央政治委员会第一百三十七次会议通过孙科等11名委员的提议,决定设立中华民国建设委员会,并即决定推选孙科、张人杰、李煜瀛等22人,及国民政府各部部长,暨各省建设厅厅长为委员;孙科、张人杰、李煜瀛、孔祥熙、叶楚伧、宋子文、郑洪年、魏道明、陈果夫、曾养甫、王澄等为常务委员。1928年2月18日建设委员会正式宣告成立,国民政府特任张静江为建设委员会主席。同年10月,建设委员会更名为国民政府建设委员会,改隶于行政院,委员由国民政府聘任,取消主席制,设委员长及副委员长各一人,张静江旋任委员长,副委员长一职由曾养甫担任。根据后来制定的《中华民国建设委员会组织法》,建委会设置的宗旨是:"本总理三民主义、建国方略及建国大纲之精神,研究筹备及实行关于全国之建设计划。"同时,国民政府对建委会职权范围也作了规定:"凡国营事业如交通、水利、农林、渔牧、矿冶、垦殖、开辟商港商埠及其他生产事业之设计开创者皆属之。"

③ 徐百齐.中华民国法规大全:第4册[G].北平:商务印书馆,1937:4630.

④ 蒯威,曾养甫.十年春秋梦 羊城两重天[J].南方都市报,2007-03-26.

法性。①

此后交通部也迎头赶上，开始兴办无线电事业。无奈从旧式衙门中承继过来的行政官僚习气依旧，交通部的成绩总不如建设委员会显著，后经部长王伯群的力争乃至以辞职相要挟，交通部才争回了发展无线电的权利。1929年6月经国民党三届二次会议议决后，无线电事业正式从建设委员会转归交通部管理，并从1929年8月1日起移交。8月5日，国民政府公布《电信条例》明文规定，凡装设电信事业（包括有线电、无线电通信在内）皆须经交通部或其委托的机关核准。至此，国民政府关于电政的管理才重新理顺关系，再次回到交通部管理的轨道上来。

但需要注意的是，交通部对电政事业中的"后起之秀"广播电台的掌控，一方面是颁布法令进行管理，并对中外民营电台逐步取缔，这种管理仅限于民营台，对于中广处系统的广播电台少有染指的可能；另一方面，交通部也自办广播电台，与中宣部、中广处控制的广播系统抗衡，以增加行政力量对广播的影响力。1928年10月南京政府建立半年之后，国民党中央根据《训政纲领》制定新的《国民政府组织法》，初步确定了五院制的政府组织形式，交通部隶属于五院中的行政院对电政进行行政管理。然而尽管国民党训政体制的重要内容与鲜明特色就是五院制，即行政（交通部即隶属于行政院）、立法、司法、考试、监察五权并立，但是其核心结构却是"党国"体制，即在实际的权力运行中，在中央层次党的权力处于主要地位，远远高于政府的权力运行。因此，交通部尽管名义上总揽全国交通，包括无线电事业，但是其管辖的广播电台无论是数量还是社会影响力，都远远落后于"党系统"，即国民党中宣部管理、中广处直属的广播系统。关于"中央系统"中"党系统"和"政府系统"广播事业的强弱，本书在后面讨论国民党"国家决定型"广播制度的成因时将会进一步展开论述。

所以，国民政府行政院下属交通部所辖的广播电台在国民党统治大陆的22年间前后一共只有三座：北平台、上海台和成都台。

交通部所属的北平台，是原北京政府时期奉系军阀所开办的北京广播电台。1928年6月21日蒋介石下令改北京为北平，意为"北方和平"、与南方"平等"，实有"北京"为"北伐"征服，"平定"成为"平常"之地的意思。1928年10月，国民政府交通部派员会同北平电话局接收北平广播电台，并加以改组，更名为"北平广播无线电台"。但国民政府交通部收回该台的所属权随着北平政局的变化一波三折。

在1928年2月召开的国民党二届四中全会上，蒋介石整合国民党各派，实现了西山会议以来国民党的"统一"。由蒋介石担任在南京的国民党中央政治会议主席，同时承认李济深、李宗仁、冯玉祥、阎锡山控制的广州、武汉、开封、太原四个政治分会。南京国民政府

---

① 赵玉明. 中国广播电视通史：上卷[M]. 北京：北京广播学院出版社，2000：46-47.

取得了国民党的中央政府的地位。但是这个中央政府直接控制的地区只有江苏、浙江、江西、安徽、福建五省和南京、上海两市,其他地区则被控制在那四个地方军阀之手。北平(京)就受控于阎锡山集团,1930年3月,"北平广播无线电台"一度不再受交通部主管,而划归于太原无线电信管理处管辖。

但是半年之后形势又发生了变化。为了削弱冯玉祥、阎锡山、李宗仁和李济深等地方军事集团,蒋介石在1928年8月召开的国民党二届五中全会上决定取消各地政治分会,1929年1月又举行国军编遣会议,大幅裁军,这引起阎、冯、李等人的不满,导致了1929年3月至1930年10月蒋桂战争、蒋唐战争、蒋冯战争、蒋冯阎中原大战等一系列国民党内部的混战,最后蒋介石达到了军事整肃的目的,使这些地方实力派至少从表面上服从了南京国民政府的领导。在1930年5月爆发的蒋冯阎中原大战中,原本中立的张学良倒向蒋介石,帮助蒋在这一系列内战中取得了最后胜利。1930年9月,张学良率十余万东北军入关,9月21日占领天津,9月26日进驻北平。至此,受阎锡山集团控制的平津、河北遂被东北军全部接收。因此,1930年10月,"北平广播无线电台"又由张学良的东北边防司令长官公署派员接收,在组织系统上将该台与北平短波电台、长波电台(两台均为通信台)合并,改称为"北平无线电台广播台",暂由平津卫戍司令部管辖。

随着1931年"九一八"事变的爆发,至1932年1月,仅3个多月的时间,东三省完全陷落,张学良成为丢失东北的"罪魁祸首"。为了表示对东北问题负责,张学良忍辱代蒋受过,特向南京政府引咎辞职。12月,他被罢免陆海空军副总司令职务,改任北平绥靖主任。失去了地方实力派的要挟,1932年1月,"北平无线电台广播台"又由交通部派员收回,并与短波、长波各台分开,同受交通部上海国际电信局(1931年2月1日成立)管辖,呼号改为XGOP,发射功率100瓦。1935年春,又从增茂洋行订购300瓦广播机一座,改善了机件及节目。①

上海台没有北平台那样命运多舛,由于地处中央政府直接控制的地域——上海,又凭借多年发展(民营)广播积累的人才和技术条件,从筹备到开播都比较顺利。借助既是"裁判员"又是"运动员"的双重身份,交通部(上海)国际电信局在上海取缔民营电台和外国电台的过程中,收购了由路透社和外商美灵登广告公司合办于1933年春的广播电台,②将该电台的广播设备改进后于1935年3月9日开始播音,呼号XQHC,发射功率500瓦(后扩充为2千瓦),成为上海第一座官办广播电台。播音室设在仁记路(今滇池路)沙逊大厦(今和平饭店)国际电台中央收发室内。发射机装在百老汇路(现大名路)瑞丰大厦楼上,后改

---

① 吴保丰.十年来的中国广播事业[M]//中国文化建设协会.十年来的中国.上海:上海商务印书馆,1937:708.

② 赵玉明.中国广播电视通史:上卷[M].北京:北京广播学院出版社,2000:40.

为静安寺静安大楼。①

成都广播电台的建成受益于抗日战争的准备。交通部原拟于1934年秋天在上海筹办一座广播电台，并向德国西门子德律风根公司订购了10千瓦的发射机。可是随着日寇气焰的逐渐嚣张，以及1932年"一·二八"事变的教训，交通部决定将新购的机器移装成都，1935年10月动工开建，1936年11月1日开始正式播音，呼号XGOG，发射功率10千瓦。该台除办有一般新闻、评论节目外，还办有藏语和英语等节目。如表1-4。

表1-4 交通部所属广播电台一览表

台址	台名	开播时间	电力（瓦特）	呼号	波长（公尺）	周率（千周波）
北平	北平广播电台	1927.9	300	XGOP	315.6	950
上海	上海广播电台	1935.3.9	2 000	XQHC	230.7	1 300
四川成都	成都广播电台	1936.11.1	10 000	XGOG	535.7	560

2. 国民党地方（省、市）政府广播系统的创建

国民党地方政府广播系统包括省政府所办的广播电台系统，以及国民政府六院辖市（中央直辖市）和省辖市政府所办的广播电台。

省政府所办的广播电台系统建台最早的是1928年10月开始播音的浙江省广播电台，呼号XGY（后改为XGOD），发射功率250瓦，后增至2千瓦。这也是国民党地方当局开办的第一座地方广播电台。此外，先后建立起来的还有浙江、山西、四川、山东、广西、云南、河南、江苏等省政府广播电台。如表1-5。

表1-5 地方（省）政府所属广播电台一览表

序号	台址	台名	所属机关	开播时间	电力（瓦特）	呼号	波长（公尺）	周率（千周波）
1	浙江杭州	浙江省广播电台	浙江省政府	1928.10	2 000	XGOD	303	990
2	山西太原	太原广播电台	晋绥军无线电局	1931.5	50	XGOT	300	1 000
3	四川重庆	重庆广播电台	川康绥靖主任公署	1932.12	1 000	XGOS	421.9	711
4	山东济南	山东省广播电台	山东省政府	1933.5	500	XGOF	372	805
5	广西南宁	南宁广播电台	广西省政府	1933	1 000	XGOE	220.5	1 360
6	云南昆明	云南省广播电台	云南省政府	1934.3	250	XGOY	386	776
7	河南开封	河南省广播电台	河南省政府	1934.10	200	XGOQ	280	1 070

---

① 吴保丰. 十年来的中国广播事业[M]// 中国文化建设协会. 十年来的中国. 上海：上海商务印书馆，1937：708.

（续表）

序号	台址	台名	所属机关	开播时间	电力（瓦特）	呼号	波长（公尺）	周率（千周波）
8	江苏镇江	江苏省广播电台	江苏省政府	1935.7	1 000	XGOZ	260.8	1 150
9	江西南昌	江西省广播电台	江西省政府	1935.11	5 000	XGOC	265.4	1 130
10	江苏淮阴	江苏省淮阴电台	江苏省政府	1937.4	100	XGOU	222.2	1 350

资料来源：吴保丰.十年来的中国广播事业［M］//中国文化建设协会.十年来的中国.上海：上海商务印书馆，1937：710—715。

国民政府六院辖市（中央直辖市）和省辖市政府所办的广播电台有：

省辖市广州市政府广播电台于1929年5月6日开始播音，台名广州市播音台，呼号初为CMB，后改为XGOK。节目内容以粤曲和广东方言为主，也办有国语、英语新闻节目，发射功率1千瓦。

省辖市汉口市政府广播电台创办于1934年9月，发射功率为5千瓦，呼号为XGOW。

国民政府六院辖市（中央直辖市）上海市政府广播电台于1936年3月8日开始播音，呼号XGOI，发射功率500瓦。如表1-6。

表1-6 地方（市）政府所属广播电台一览表

台址	台名	所属机关	开播时间	电力（瓦特）	呼号	波长（公尺）	周率（千周波）
广东广州	广州市广播电台	广州市政府	1929.5.6	1 000	XGOK	400	750
湖北汉口	汉口市广播电台	汉口市政府	1934.9	5 000	XGOW	297	1 010
上海	上海市广播电台	上海市政府	1936.3.8	500	XGOI	333.3	900

此外，抗日战争爆发前，国民党地方军队也曾办有广播电台，如设在济南的第三路军军部广播电台，呼号为XOAD，发射功率50瓦，由该军无线电管理处主办。另有第四路军总司令部在广东广州创办的无线电专门学校播音台，开播时间在1933年12月，发射功率100瓦，呼号为XKRI。

需要注意的是，在这两个自上而下构成的"党"与"政"广播系统中，如果进行比较就可以发现，在上边中央层次，党系统的广播电台有5座，而行政系统的广播电台只有交通部的3座。党系统广播电台不仅数量多而且功率也占绝对优势。与上边"中央"层次的"党""政"对比刚好相反，国民党地方党部建立的广播电台非常少，只有两座即江苏武进、浙江嘉兴县党部办的广播电台。各地省、市政府创办的广播电台则相对较多，有13座之多。

国民党国营广播系统出现这样上下截然相反的发展状况的深层原因是，南京国民政府在训政体制下实行的是一种特殊的党治模式，在中央是党政合一，以党代政；在地方层级的运作，则与中央迥然不同。地方党部与地方政府分别自成系统，党政分离，互不统属，形成一种双重衙门体制。这是中国有史以来政治控制体制由单轨制向双轨制的重大转变。形式上，党政之间平等制衡，互相监督，似不失为一种较理想的地方政制，但在实际运作中，党政之间为争夺权势、资源时起冲突。在权力竞争中，国民党中央倾向于将地方政治交由地方政府主控，党权在地方政治运作中日趋弱化，党治在地方层级几乎处于一种虚拟状态。①

国民党为什么在中央实行以党统政，在地方实行党政分开这样一种独特的党治模式？国民党组织结构的研究专家王奇生认为，从1927年至1937年这十年间，国民党上层精英人物，如蒋介石、胡汉民的政治理念是，国民党在地方推行党政分开，一个重要的出发点是希冀地方行政系统能独立有效地行使管理职能，以免地方党部介入行政事务而造成地方政治的紊乱。在蒋和胡的理想中，一方面，党是政府与民众之间的桥梁和纽带，党协助政府推行政令，负责教导人民，训练人民；另一方面，党部还肩负着将基层民众的意见和不满上达给国家领导层的责任。在某种意义上可以说，蒋、胡期望于国民党党员的，有似传统绅士在皇权政治下的角色，既令其通官民之邮，又不让其直接干预政治。②

在此之前，蒋介石还曾提出过党控制国家并不意味着党员应该垄断政权的观点。蒋的这一观念可能来自孙中山。③不过两人的出发点未必一致。蒋之反对党员和党部直接干预行政，可能还有另一深层原因，即他在很长时间内对党部和党员的不信任。自孙中山逝世后，蒋介石与胡汉民、汪精卫为争夺国民党的最高领导权，展开了长时间的较量。在这场较量中，蒋介石主要控扼军权，而对方则力图以党权来制约其军权。在很长一段时期里，蒋视党权为他扩张军权的障碍。即使在南京政权建立以后的数年间，南京中央对地方党部的控制能力甚为薄弱，不少地方党部和党员时常与蒋介石主导下的南京中央相颉颃。改组派（汪精卫、陈公博）在国民党地方组织中一度拥有广泛的党员群众基础即为明证。

再者，国民党训政初期，其党员大多是大革命后期新加入的知识青年。蒋介石认为，这些年轻党员见识浅、好冲动，言行幼稚激进，染有共产党的作风，又缺乏行政管理经验，大革命时期"过火"的群众运动除了共产党的煽动外，也是青年国民党党员自身行为幼稚的结果。鉴于此，蒋介石不敢放任他们入仕从政。蒋介石一再强调，如果将国家大事交给这些年轻人，"直是以国家、社会全体之生命作儿戏之试验品"。④这一点，不只是蒋介石个人的看法，也代表了当时在国民党内掌权的一批自居元老者的心态。在他们的认知中，"凡行政人员皆老成，凡办党同志皆幼稚"。⑤

---

①②③　王奇生.党政关系：国民党党治在地方层级的运作（1927-1937）[J].中国社会科学，2001（3）.
④　荣孟源.中国国民党历次代表大会及中央全会资料：上[G].北京：光明日报出版社，1985，512.
⑤　王奇生.党政关系：国民党党治在地方层级的运作（1927-1937）[J].中国社会科学，2001（3）.

另外，南京中央的实权派认为，执掌全国政权以后，国民党的工作重心应由破坏转为建设，而年轻激进的国民党党员和地方党部的不断煽动，破坏了社会的安定，妨碍了政府的建设性工作。蒋介石当时最主要的着眼点，是如何实现由北洋政权向南京政权的平稳过渡。在他看来，保持现状是维持稳定的第一因素。而要保持现状，宁可援用老成稳重且"富有政治经验"的北洋时代的旧行政人员，也不敢任用鲁莽激进的年轻国民党党员。从这一点上分析，保证新政权在传统官僚轨道上平稳运行，无疑也是蒋介石等人不愿地方党部直接干预行政的一个重要考量。

正是基于以上政治理念和施政实践的现实考量，才使得国民党的威权政府并没有实行从上到下的党政合一的专制体制，而是在中央党政合一，以党统政，在地方则党政分开。这种特殊的党治模式，使得作为国家力量的"党""政"二元途径在发展广播事业的过程中，也呈现出上强下弱的态势，即在中央"党部系统"的广播强于"行政系统"的广播，在地方则相反。

根据吴保丰在《十年来的中国广播事业》①一文中的统计，到1937年6月全面抗战正式爆发之前，全国共有广播电台78座，其中民营电台54座，国民政府和党部所办的国营电台为23座，军队1座。国营电台中属于党部系统的有7座（中央5座，地方2座），行政系统的有16座（中央3座，省政府10座，市政府3座）。尽管数量仅占总数的三分之一，但是这24座国营电台占全国广播电台电力总数的94.7%。而且，在分布省份上这24座国营电台分布于江苏，浙江、江西、山东、山西、河南、四川、广西、云南九个省，和北平、上海、成都、西安、汉口、广州、福州七个城市；数量众多的民营台不过分布于江苏、浙江、安徽、江西、河北、山东、福建、上海七省一市。如图1-1所示。由于民营电台发射功率甚低，大多不足500瓦，甚至不足100瓦，因此就是在同一覆盖区域中，国营电台也以强大的发射功率遮盖了民间的声音。而在这国家的"声音"中党的声音又是最响亮的，尤其是中央台，其功率占全国电台总功率的61%，占国营电台总功率的64.5%。中广处所属5座党系统广播电台的功率占70.2%，占国营电台功率的74.1%。如表1-7所示。因此在全面抗战爆发前，国营广播电台，尤其是党的广播系统经过十年建设，在南京国民政府所辖有限区域的广播事业中已经以绝对优势成为主导力量。全面抗战八年，乃至抗战结束后，这种优势一直保持着，直至党部系统的广播电台一系独大，发展成为整个中国广播事业的垄断性力量。

---

① 吴保丰.十年来的中国广播事业［M］//中国文化建设协会.十年来的中国.上海：上海商务印书馆，1937：693–737.

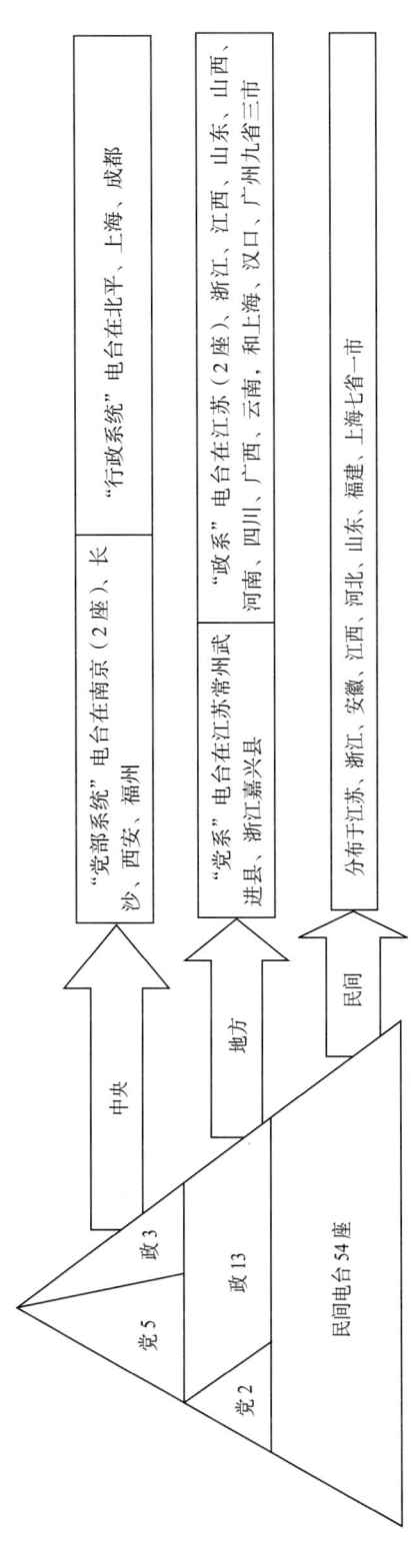

图 1-1 全面抗战前（1928—1937 年）南京国民政府所辖区域各类广播电台结构图

说明：1. 国营台中还应包括 1 座军队办的电台。（应该在最上边的中央层次）
2. 所谓的"中央""地方"是根据各个电台所属机关在国民党党组织和国家行政系统中自上而下的层次而言的，地方包括省、县及国民政府六院辖市（中央直辖市）和省辖市。参见袁继成、李进修、吴德华．中华民国政治制度史［M］．武汉：湖北人民出版社，1991：449—455.）

表1-7 国民政府辖地国营、民营电台统计表（至1937年6月）

所属机关性质	电台所属系统			电台座数	电力总数（瓦特）	电力数百分比
国营	中央	中广处（党）系统		5	86 250	70.2%
		交通部系统		3	12 300	10.0%
		军队系统		1	100	
	地方	地方党部（只有县级）		2	90	14.3%
		地方政府系统	省级	10	11 100	
			市级	3	6 500	
	国营台合计			24	116 340	94.7%
民营	商业公司或教育机构			54	6 523.5	5.3%
共计				78	122 863.5	100%

数据来源于吴保丰．十年来的中国广播事业［M］// 中国文化建设协会．十年来的中国．上海：上海商务印书馆，1937：710-715．

四、国民政府广播系统在抗战中受挫及重建

自1931年"九一八"事变之后，日本对中国鲸吞蚕食，又于1932年在上海发动"一·二八"事变，并在东三省建立伪满洲国。1933年3月，日军占领热河，5月31日中日签订的《塘沽协定》承认了日本对东北、热河的占领，同时划绥东、察北、冀东为日军自由出入地区，从而为日军进一步侵占华北敞开了大门。1935年通过《何梅协定》日本得以策动华北五省自治运动，扶持伪冀东防共自治政府。1937年"七七"事变，抗日战争全面爆发。国民政府军事委员会委员长蒋介石宣布"抗战到底"，结束了之前"攘外必先安内"的策略，开始"全面抗日，采取持久消耗战略"。中国对日作战的战场基本上可分为正面战场和敌后战场两部分。国民党在正面战场抵抗日军的正面进攻，共产党军队也参与了抗战初期的正面作战，并与国民党指挥的部分游击队在敌后分别与日伪军作战。正面战场至1938年10月广州沦陷、武汉失守之后，华北、华中、华南沿海各省土地大部分沦陷，日军深入至绥远中部、山西中部、平汉路西侧，以至鄂南、湘北、赣北、皖南、苏南、浙西、闽西、粤中一线。① 正面战场的接连失利，使得国民党的广播事业也遭到重创。

1937年11月23日国民党中央台在南京停播，随国民政府西迁，于1938年3月10日始在重庆恢复播音，但发射功率由原来的75千瓦锐减为10千瓦。其间，1938年2月，中广处在汉口成立短波广播电台，发射功率为200瓦，并同长沙电台（隶属于中广处，为中央直属分台）、汉口电台（隶属于湖北汉口市政府，为市属地方电台）共同接替原中央台的任

---

① 张玉法．中华民国史稿［M］．2版．台北：联经出版事业公司，2001：388．

务，临时成为中枢对外发言的喉舌，①代替中央台抵抗日军的广播宣传。

另外，中广处的南京短波广播电台也随中央台拆迁，中广处的其他地方分台则由城市迁往偏僻地区播音，如西安台迁往南郑，改名为陕西广播电台（1937年冬，发射功率为500瓦，西安保留40瓦中波机）；福州台迁往永安，改名为福建广播电台（1938年3月底，发射功率为500瓦，后又加200瓦短波机与中波机两机并波）；长沙台迁往沅陵，改名为湖南广播电台（1938年11月12日长沙大火，长沙台受损停播。1939年8月在沅陵恢复播音，发射功率为1千瓦）。

北平、上海、广州等地国民党广播电台的设备先后为日军攫取，并被改建为日伪广播电台。交通部所属的3座广播电台只剩成都1个台。

国民党地方政府和地方党部创办的13座电台，尽管有些拆迁转移，如江西广播电台由南昌迁往吉安，浙江广播电台由杭州迁往丽水，但是这些电台却又遭受地方财政支绌、缺乏补充材料等困难，导致一部分停播。战时尚在播音者，仅有广东省广播电台（发射功率500瓦）、广西省广播电台（发射功率500瓦）、湖南省广播电台（发射功率350瓦）及（江西）新赣南广播电台（发射功率50瓦）。②

国民党的中央广播事业指导委员会及中央广播事业管理处也都迁移到重庆办公。中央广播事业指导委员会，除了由中央广播事业管理处、中央宣传部、海外部、交通部、教育部、中央通讯社为单位委员外，又增设了政治部、军令部、国际宣传处为单位委员。

在坚持播音、拆迁转移中，中央台工程师蒋德彰、江西台工程师侯恩铭、福建台台长钟震之先后以身殉职。据1938年年底的统计，国民党广播电台仅余9座，总发射功率不到14千瓦，③和抗战爆发前夕分布于13省的24座公营广播电台，总发射功率达到116千瓦的规模相比，国民党广播事业的损失相当严重。

1938年10月广州、武汉沦陷后，抗日战争正面战场进入战略相持阶段，1939年1月成立鲁苏战区和察冀战区，扩大敌后战场，至1941年12月太平洋战争爆发，美国正式参战，上海也结束"孤岛"时期完全沦陷，除了少数民营台苟延残喘外，上海、江苏、浙江、安徽等地的民营广播电台大部分为日伪政权掌握，当时中国国土上除了1940年12月在陕西建立的中国共产党领导的延安新华广播电台（XNCR，发射功率300瓦，因设备简陋，时断时续）之外，撤退至西南的国民政府创办的国营广播电台"一枝独秀"地成为抗日广播宣传的主要力量。由于得到英美在广播设备方面的多次援助，受到重创的国民党广播事业开始逐步恢复，并有了新的发展，在当时的战时体制下，完全实现了广播制度的国营化。

---

① 吴道一.中国广播事业简史［M］//"中国广播事业协会"，广播年刊编辑委员会.广播年刊.台北：光华印书馆，1955，30.
② 各台业务概况［J］.中央广播事业管理处.广播通讯（特刊第10期）：104.
③ 赵玉明.中国广播电视通史：上卷［M］.北京：北京广播学院出版社，2000：66.

中广处筹备的强力短波电台于 1939 年 2 月 6 日在重庆开始播音,起初该台与迁至重庆的中央台中波机合为中央台,同时长短波两机播送,呼号为 XGOX、XGOY。直到 1940 年 1 月,该台才划用国际广播电台(英文名称"Voice of China"简称 VOC,意为"中国之声")的名义,呼号依旧。该台台长为中央台的总工程师冯简。此台还设定向式收音台一座,在抗战期间,转播欧美电台节目,并与欧美各国电台进行节目交换播出,成为第二次世界大战期间远东地区重要的新闻消息传播媒介,英国伦敦《泰晤士报》誉之为"中国之喉舌"。由于后期迁装于备战的地下防空设施内,"其播音台收音台发音室自行供电之电力厂均以专线联络为一体",① 在 1940 年 5 月 3 日、4 日日军的"重庆大轰炸"中,国际台没有遭到破坏,而且一直播音不断,被日本人称为"炸不死的青蛙",同时也享誉国际新闻界。

1937 年 12 月南京沦陷后,中广处一方面积极恢复中央台、中央短波电台的播音工作,另一方面开始积极筹建西南地区的昆明、贵阳两台。1939 年元旦,贵州广播电台开播,发射功率为 10 千瓦;1940 年 4 月,昆明广播电台也开始广播,发射功率为 60 千瓦。之后又添设了西康②(台址在康定)、西昌③、甘肃 3 座广播电台。1941 年 6 月 1 日,西康广播电台开始播音,发射功率为 1 千瓦;11 月,西昌广播电台成立,发射机为 2 千瓦短波机;12 月 8 日,甘肃 100 瓦特小型机试播。1942 年 6 月 1 日召开中央广播事业指导委员会第二十一次会议,认为西康一省无设置两座电台的必要,加之西康台经费远超预算,追加未准,设备难以补给,"勉行试播",而且"康定(西康)台因当地无较大之发电设备,市电供给异常简陋,且仅限于白日一小部分时间可以播音。西昌台距离康定不远,既已设立较强电力之电台,且有资源委员会电厂可以供电,则一省设置两台,似无需要,拟将康定电台撤销,西昌电台改称西康广播电台"。④ 1942 年 6 月底,西康台停播,西昌台改称西康台继续播音。这座电台的创建,是由于抗日战争全面爆发后,国民党政府放弃南京迁往陪都重庆,为防止局势更加恶化,曾计划进一步西迁而在西昌建"第二陪都",乃把西昌作为经营重点,遂于 1939 年在西昌设立"国民政府军事委员会委员长西昌行辕",以便直接控制西昌地区。1940 年 6 月中广

---

① 各台业务概况[M].中央广播事业管理处.广播通讯(特刊第 10 期):99.
② 旧省名。1928 年设立,管辖区包括今四川省西部和西藏自治区东部。中华人民共和国成立后,先后分别划归四川省和西藏自治区。西康建省,明末清初就有倡议。1935 年(民国二十四年)7 月 22 日,西康建省委员会在雅安成立,刘文辉任建省委员会委员长,次年迁往康定。在刘文辉的努力下,西康省政府于 1939 年(民国二十八年)1 月 1 日正式成立,刘文辉任主席,省会设在康定。1949 年 12 月 9 日,西康省主席、第二十四军军长刘文辉与西南军政长官公署副长官邓锡侯、潘文华在四川彭县通电起义,宣布西康省和平解放。1950 年 4 月 26 日,在雅安军事管制委员会的基础上正式成立了西康省人民政府,廖志高任省主席,省会设在雅安。1954 年西康省人民政府改为西康省人民委员会,廖志高当选为省长。1955 年 9 月西康省正式撤销,金沙江以东各县划归四川省,金沙江以西各县划归西藏自治区筹备委员会。从民国到中华人民共和国,西康省的建制共存在了 16 年 9 个月。
③ 西昌市位于四川省西南部,是全国最大彝族聚居区——凉山彝族自治州的首府,中华人民共和国成立前属于西康省。
④ 中央广播事业指导委员会第二十一次会议纪录[A].中国第二历史档案馆,全宗号:368,卷号:680.

处即奉蒋介石手谕开始筹建西昌广播电台，以备对外宣传之用。因此，该台设备供应充分，就近由昆明广播电台自制的短波机拆装而来，短期内即安装完成，是仅次于国际台的强力电台。

有了这新建的 4 座电台，再加上中广处原有的转移至偏僻地区播音的陕西、福建、湖南等省广播电台，中广处在各地的地方分台共有 7 座，同时还外加 1 座流动电台。增加流动电台的提议开始于 1940 年，本拟在 12 个战区各设 1 座，无奈条件不具备。为适应迅速发展的战事宣传需要，就先在第三战区，即苏南（江南）及浙江地区设置江西上饶流动广播电台 1 座，1941 年 8 月 1 日正式播音。这种电台完全装设在汽车之上，可随时驶往前方，是为了配合抗战期间对敌宣传及反共的需要。西安事变后，国共第二次合作，走上联合抗日的道路。共产党领导的陕甘宁边区的军队被国民政府改编为国民革命军第八路军，后又立即改为十八集团军；散处于长江以南八省的红军游击队被改编为新四军。根据抗战初期国民党军事委员会划分的 10 个战区，八路军属于晋察绥地区的第二战区，新四军属于苏南（江南）浙江地区的第三战区。1940 年 1 月 4 日，在第三战区发生了皖南事变，国共联合抗日的第二次合作遭到严重破坏。作为皖南事变的实际执行者，第三战区司令长官顾祝同自然不遗余力地想在华中地区继续歼灭共产党的军队。此时，共产党的敌后抗日根据地除了陕甘宁边区之外，还发展有晋察冀边区、晋冀鲁豫边区、山东根据地、晋绥边区以及 1938 年之后陆续建立的华中根据地。而在皖南事变前夕，国民党通过广播电台通宵广播，把新四军要北上抗日的军事机密公开传播了出去，日军立即封锁长江，把所有大小渡口的船只全部烧毁，延迟了新四军渡江北上的时机，酿成新四军皖南被困的危难局面。深知广播宣传之用的顾祝同自然积极配合中广处，在第三战区建立流动电台，以实现进一步反共、对日的宣传。

以上各台之详细情形参见表 1-8 与表 1-9。

表 1-8 抗战前期国民政府辖地国营、民营电台统计表（至 1938 年年底）

所属机关性质	电台所属系统			电台座数	电力总数（瓦特）
国营	中央	中广处（党）系统		4	10 790
		交通部系统		1	10 000
	地方	地方政府系统	省级	4 座省级电台	1 400
			市级		
		地方党部（只有县级）			
	国营台合计			9	22 190
民营	仅分布在上海"孤岛"地区，不能算作国民政府管辖				

说明：以上数据系根据《广播通讯》（特刊第 10 期，中央广播事业管理处刊行，1944 年 4 月 30 日出版）第 99 页之《各台业务概况》和附页《中央广播事业管理处沿革简表》提供的数据统计而成。

表 1-9　抗战后期国民政府辖地国营、民营电台统计表（至 1943 年 12 月）

所属机关性质	电台所属系统			电台座数	电力总数（瓦特）
国营	中央	中广处（党）系统		11	141 930
		交通部系统		1	10 000
	地方	地方政府系统	省级	4	1 400
			市级		
		地方党部（只有县级）			
	国营台合计			16	153 330
民营	基本没有				

说明：以上数据系根据《广播通讯》（特刊第 10 期，中央广播事业管理处刊行，1944 年 4 月 30 日出版）第 99 页之《各台业务概况》和附页《中央广播事业管理处沿革简表》提供的数据统计而成。

总之，到 1943 年年底，国民党中央和地方系统的国营广播电台，共有 16 座（发射功率共有 153 330 瓦）。中央系统由中广处直辖的有 11 座[①]（发射功率共有 141 930 瓦），交通部仅有成都台 1 座（发射功率 10 000 瓦）；地方有 4 座（发射功率共有 1 400 瓦）。尽管国营电台数量比战前少 7 座，但是发射总功率却是战前（116 240 瓦）的 1.32 倍。[②] 除了沦陷区外，国民党统治区几乎没有民营台，实现了战时体制下广播制度的完全国营化。

另外，国营电台除了以上中央和地方两级的广播电台外，还有军中播音总队。这是由于抗战爆发后，国民党政体不但没能从"训政"体制过渡到"宪政"体制，反而建立了"军政"意味的战时体制，即以国防最高委员会为决策和执行机关的党政军一体化体制。这种体制有很强的军事化成分。隶属于国防最高委员会的军事委员会成为战时大本营，是事实上的战时政府执行机关。抗战之初，国民党决定设立战时大本营，但未正式组成。后将隶属于国防最高委员会的军事委员会加以扩充，成为实际上的战时大本营，其组织和职权都有了扩大。1938 年调整后的军事委员会下属机关主要有：军令部、军政部、军训部、政治部，以及军法执行总监部、军事参议院、航空委员会、铨叙厅、侍从室等。以后又相继增设了抚恤委员会、战地党政委员会、知青从军编练总监部等。1944 年 12 月，又在昆明成立陆军总司令部负责西南战区部队的指挥和控制。[③] 其中军令部、政治部都是抗战正式开始后迁至重庆的中央广播事业指导委员会的重要单位委员。

自第三战区设置流动电台以后，国民党其他战区也都感到设置广播电台作战地宣传的重要性。1943 年 6 月 1 日，中央广播事业指导委员会第二十四次会议决议由中央广播事业

---

① 根据《十五年来我国广播事业之鸟瞰》[载《广播通讯》（特刊第 10 期），中央广播事业管理处刊行，1944 年 4 月 30 日出版，第 96 页]中记载，中广处直辖的地方分台还有西安广播电台。

② 根据《广播通讯》（特刊第 10 期，中央广播事业管理处刊行，1944 年 4 月 30 日出版）第 99 页之《各台业务概况》和附页《中央广播事业管理处沿革简表》提供的数据统计而成。

③ 荣晓燕.国民党抗战时期政治体制述评[J].山东大学学报，2000（4）.

管理处技术协助政治部，于军事委员会所在地成立军中播音总队，于各战区设立分队，"以办理对部队播音，及前线对敌喊话宣传等事项。并向资源委员会中央无线电机制造厂订购1000瓦短波广播机一部，10瓦小型流动广播机十四部，收音机一百二十架，请指导委员会指定短波频率三个使用"。①1946年军中播音总队复员至南京，1949年随国民党当局退至台湾。

笔者认为，在抗战中分布于各战区的"军队系统"的广播电台应该属于"党营系统"，而且是中央党营系统。这一方面是由于"党国"体制下，军队首先是"党军"，要接受党的总裁蒋介石的绝对领导；另一方面，根据曾虚白主编的《中国新闻史》的介绍，军中播音总队是由中央广播事业管理处技术协助政治部建立的。这种"技术协助"就使得军队广播有了"党军"一体的意味，由于抗战期间"以军治党"的理念，这些临时组建的军中广播大大提高了"党营"广播的覆盖面和威慑力。另据笔者查阅到的历史档案，中央广播事业指导委员会第二十四次会议记录②表明，建立军中播音总队的提案是政治部奉蒋介石的手令在会上传达的。会议决议中记载为"原则通过。技术方面由本会（中央广播事业指导委员会）协助，波长方面商同中央广播事业管理处及交通部办理"。曾虚白书中只提到中广处，而未见交通部和中央广播事业指导委员会。这种不同，看似是有意无意的忽视，其实是颇有些意味的。

根据笔者查阅的中央广播事业指导委员会第二十四次会议记录的档案记载，曾虚白作为国民党中央宣传部国际宣传处的处长，其本人就出席了这次会议。这种事件亲历者的记载大概可以反映出历史真实和事实真实的差别。历史真实也许是中央广播事业指导委员会下属的两个单位会员，即党政两系统的中广处和交通部都参与了军中播音总队的建立，但事实是，实际的承办者只有中广处。这种亲历者对"中央广播事业指导委员会"的忽视和"交通部"的避而不谈，恰恰说明了"中央广播事业指导委员会"的协而不调，以及中广处才是代表国民党中央（宣传部）乃至交通部实际执行掌控广播电台设立与管理大权的执行机构，也更说明了军中播音总队"党"与"军"不分的底色。

另外，在一处小细节上看出历史档案的记载与曾虚白书中的介绍也有出入，即军中播音总队的计划中有10瓦小型流动广播机40部，而不是曾书中的14部。这种细节出入，因没有第三方史料供确证，笔者无法对军中播音总队的规模作出具体判断。但即便是14部也是一个比较大的规模，中广处当时才有直属广播电台11座，军中播音总队的规模由此可见一斑。

---

① 曾虚白. 中国新闻史［M］. 台北：三民书局，1989：632.
② 国民党中央广播事业管理处档案［A］. 南京中国历史档案馆，全宗号368，案卷号680.

五、国民党广播系统在战后的扩充及走向末路

1945年8月15日,日本宣布投降,全国抗日战争胜利结束。国民党为了填补抗战期间在沦陷区的空白,并进一步延长对新闻事业"一枝独秀"的垄断,完善从国统区到沦陷区新闻事业的"国家决定型"体制的建构,在日本投降的当月即发出通令,决定各地敌伪新闻广播出版电影等文化事业的接收工作,应由各地国民政府机关统一负责。① 这种接收已经不是单纯的恢复,而是别有企图的扩张。

日本投降,胜利来得非常意外,中广处当即拟订广播复员计划,后根据形势发展多次修订改为"广播计划当前应行赶办事项"进行接收。同时"指派接收专员,分赴京沪、武汉、平津、广东暨东北等地,依照预拟计划,分别办理各地广播的一切接收事宜。在未出发之前,即经先电昆、筑(贵州省贵阳市的别称)、陕、甘、湘、闽、赣各台,发布胜利消息,加紧对沦陷区宣传,抚慰民众,稳定伪军,同时并急电沦陷区各广播电台工作人员,嘱其乘机立功赎罪,努力自效,并妥慎保护机件,静候接收"。② 国民政府以国家正统的名义,利用已有国营电台的宣传优势,名正言顺地占了"接收"先机,并将共产党领导的八路军、新四军和其他人民武装排斥在"接收"之外,独占日伪广播事业。

国民党一边收复沦陷区新闻事业,一边将战前迁移至重庆陪都等大后方各地的媒体在原地予以恢复。在政出多门、接收大员满天飞的忙乱中,1945年8月31日,国民党第六届中央常务委员会第九次会议通过了《管理收复区报纸通讯社杂志电影广播事业暂行办法》,9月20日,国民政府行政院公布了该项办法。这个战后最早的关于收复区(沦陷区)大众传播媒介接收管理法规,明确规定"敌伪机关或私人经营之报纸、通讯社、杂志及电影制片厂、广播事业一律查封,其财产由宣传部会同当地政府接收管理。但其中原属未附逆之私人及非敌国人民财产而由敌伪占用者,经查明确实,并经中央核准后得予归还"。③ 随后,行政院"收复区全国性事业接收委员会"又拟定了广播事业接收三原则:第一,凡广播电台原系国营或敌伪设立者,由中央广播事业管理处接管运用;第二,凡广播电台原系省(市)经营者,由各该省(市)政府接管运用;第三,凡广播电台原系民营者,暂由中央广播事业管理处会同原主接收。④ 在这样的"国营是国营,私营也是国营"的接收原则之下,中央广播事业管理处从1945年8月下旬开始的"接收"就成了对全国广播电台的一次大鲸吞,到1947

---

① 高郁雅.国民党的新闻宣传与战后中国政局变动(1945–1949)[D].台北:台湾大学,2002:26.
② 广播事业[G].南京:(国民政府)行政院新闻局,1947:6-7.
③ 管理收复区报纸通讯社杂志电影广播事业暂行办法案[A].1945年9月13日,钢笔原件,国防最高委员会档案,(台湾)国民党党史会藏,档号为003/3365.
④ 引自档案材料,原件存国家广播电影电视总局档案室。转引自赵玉明.中国广播电视通史:上卷[M].北京:北京广播学院出版社,2000:127.

年9月，两年间就将广播电台全部统一在国营化的制度之下，在国营化的招牌下中广处党营电台数量飙升，达到41座，交通部仅余成都1座，原属交通部的北平、上海两台也为中广处"接收"而去，地方省市办的电台仅有南京的首都广播电台、广东省广播电台、广州市广播电台、广州行辕广播电台4座。民营台约有49座，但是发射功率都在二三百瓦，最多500瓦，难与国营台，尤其是党营台（中广处）抗衡。详见表1-10。

表1-10 抗战后国民政府辖地公（国）营、民营电台统计表（至1947年9月）

所属机关性质	电台所属系统			电台座数	电力总数（瓦特）	电力数百分比
公营	中央	中广处（党）系统		41	406 315	95.3%
		交通部系统		1	10 000	2.3%
		军队		3	1 000*	0.23%
	地方	地方政府系统	省级	4*	1 050	0.3%
			市级			
		地方党部（只有县级）				
		公营台合计		49	418 365	98.1%
民营及美军广播电台	分布在上海、南京、北平、天津、青岛、广州、重庆、无锡、杭州、宁波等地（约含4座美军电台）			52*	8 000	1.9%
共计				101	426 365	100%

说明：根据《广播事业》（国民党行政院新闻局，1947：33—37）提供的数据匡算。标有*号的数据为估算数据。

中广处最先接收的电台为南京广播电台，据国民党行政院新闻局1947年11月编印的《广播事业》记载，之后即有北平、天津、河北、唐山、石家庄、青岛、河南、上海、徐州、江苏、浙江、汉口、广州、厦门、台湾、台中、台南、花莲、嘉义等19座，于民国三十四年（1945年）被接收；民国三十五年（1946年）接收者计有山西、运城、大同、归绥、包头、山东、沈阳、锦州、长春、安东、鞍山、抚顺、吉林、本溪、营口、张家口等16座；最后接收者，计有台东、察哈尔、承德等3座，总计39座。[①]

这中间上海美商创办的黄浦、东亚电台，物归原主，其余日伪电台和民营电台大多改建为国民党的官办广播电台。华北地区的广播电台除张家口、烟台两处的广播电台为八路军接收外，其余也由国民党当局收回。

在东北地区，已有日伪广播电台26座，包括"九一八"事变后落入敌手的沈阳和哈尔滨广播电台。由于苏联百万红军于1945年8月9日出兵东北，在中国共产党领导的抗日联军的配合下，迅速解放了东北广大地区，同时接管了一批尚未被日方毁坏的日伪广播电台，使得国民党当局在东北的广播接收工作毫无进展。1946年春天，苏联军队陆续撤出东北，

---

① 广播事业［G］.南京：(国民政府)行政院新闻局，1947：7.

国民党当局开始抢占锦州、沈阳、鞍山、长春、吉林等地的部分广播设备。[1]

在接收的同时，中广处又将原有地方分台迅速恢复，并加以整编。如西安广播电台撤销，归并于陕西电台；福建广播电台仍迁回福州；湖南广播电台仍迁回长沙；流动台撤销，归并于浙江广播电台；又另设江西广播电台。

1946年5月5日，国民政府"还都"南京。同一天，国民党中央台由重庆迁回南京继续播音。除面向全国外，因国际台还留在重庆，迁回南京的中央台又办起了短波广播以对国外宣传。

中央广播事业指导委员会迁回南京后，于6月、9月间先后召开第二十九、三十次会议，即行结束工作，有关广播事项移交交通部办理。由此，中央广播事业指导委员会亦完成了将"党系广播"做强做大的历史使命。

据1947年9月3日统计，国民党中央广播事业管理处所属电台的总发射功率达到406 315 瓦（41座电台，占全国电台总发射功率的95.3%），是抗战中（发射功率共有141 930 瓦，大约共有11座，占全国电台总发射功率的92.5%）的2.86倍，是抗战前（86 250瓦，5座，占全国电台总发射功率的70.2%）的4.71倍，有了大幅增长。

日本投降，内战危险加大，国共两党接受美国调停进行和谈，但是由于国民党无意放弃一党专政的独裁统治，在从战前的"训政"体制经过战时军事管制，直到战后也未完全走向孙中山所设计的"宪政"体制，致使和谈破裂，国共本有希望在"宪政"体制之下进行合法和平的博弈，最后却只能走向战场决一胜负。1946年6月内战全面爆发，共产党军队在不到3年的时间里就取得了决定性的胜利。从1948年9月至11月的辽沈战役开始，随着解放军的攻城略地，国民党在战后刚刚建立的广播系统逐渐瓦解，东北和华北地区的广播电台，其中包括发射功率较大的沈阳、天津和北平等地的广播电台被解放军接管。1948年11月6日淮海战役打响，南京岌岌可危，为了保存广播实力，同年11月15日中央广播事业管理处处长吴道一致函有关单位，询问南京中央广播电台先行撤迁的可能，并请当局紧急拨款协助。11月23日财政部徐堪回函认为中央台撤退会影响民心安定，"广播强力机件此时若匀配酌移，恐摇动人心，似应密商陈果老及吴秘书长伺候总裁请示办理"。蒋介石12月18日批准了撤迁案，并表示要搬就搬到安全的地方，"移置重庆部分，不如移置台北为宜"。[2]

1949年1月，北平傅作义部起义，华北局势一泻千里。中广处的北平、天津、唐山、河北（在保定）、归绥（今呼和浩特）5个台，都被解放军接管。南京中央台遂加紧撤离，在

---

[1] 赵玉明.中国广播电视通史：上卷[M].北京：北京广播学院出版社，2000：127-128.
[2] 中央广播事业管理处加强戡乱宣传及广播机件迁往台湾预算[A].1948年11月15日、11月23日、12月18日，中央广播事业管理处档案，中国第二历史档案馆，全宗号：368，卷号：684。转引自高郁雅.国民党的新闻宣传与战后中国政局变动（1945-1949）[D].台北：台湾大学，2002：223.

当时交通工具十分紧张的情况下,①还是凭总统府下发的密令,好不容易租得招商局 2000 吨登陆艇一艘,这艘"万国轮"于 1 月 22 日靠到南京下关煤炭港码头,不顾被资遣员工的阻挠,日夜赶装将已装箱的机件器材千余箱抢运上船。因为担心解放军锁江,该轮提早东下,许多器材不及装运被堆在江岸长余数里。②除随国民党当局南下的数十名职工外,在南京的员工大部分疏散回乡,原中央台更名为南京台继续播音,只剩下少数员工留守。2 月"万国轮"抵沪,加装上海台的重要机件一并运往广州,1949 年 7 月初才由台湾省政府主席陈诚电请联勤总部郭忏总司令派华孚轮,将这些器材视同军用品运往台湾。③4 月 23 日,南京解放。之后是杭州、上海、长沙、福州、广州。11 月重庆被占领,国民党军撤离前已将国际广播电台的全部重要设备炸毁。紧接着是贵州台,12 月是昆明台,另外西北、西南各台中陕西台于 4 月移往南郑、7 月迁至成都;湖南台 7 月移往芷江;兰州台 8 月移至张掖,但也随着解放军进攻西北、西南而丧失。至 1949 年年底中广处只剩下台湾地区原有的 6 座电台,及自南京、上海抢运而来的机件,员工仅余 227 人,与战后极盛时期的 1 861 人(1946 年 12 月)相比,仅剩了八分之一。④

表 1-11 中央广播事业管理处(中央广播电台)发展一览表(1928—1949 年)

年份	月份	电台数	机数	电力瓦数	职员数	每月经费
1928	1	1	1	500	14	
1929	1	1	1	500	26	
1930	1	1	1	500	39	
1931	1	1	1	500	56	18 600
1932	1	1	1	75 000	70	18 600
1933	1	1	1	75 000	79	18 600
1934	1	3	3	75 750	98	18 600
1935	1	3	3	75 750	115	21 800
1936	1	3	3	75 750	159	21 800
1937	1	4	4	85 750	136	21 800
1938	1	6	6	20 990	158	21 800
1939	1	6	7	46 790	227	51 118
1940	1	7	8	120 900	332	138 474
1941	1	11	12	124 470	405	402 946

---

① 吴道一.中广四十年(1928–1968)[M].台北:"中国广播公司",1968:250.
② 汪学起,是翰生.第四战线——国民党中央广播电台掇实[M].北京:中央文史出版社,1988:213.
③ 中央广播事业管理处有关拆运机件问题(含往来公函并附有"中央广播事业管理处运台湾器材清单")[A].1949 年 6 月 30 日,7 月 1 日,毛笔原件,中央广播事业管理处档案,中国第二历史档案馆,全宗号:368,卷号:151.
④ 吴道一.中国广播事业简史[M]//"中国广播事业协会",广播年刊编辑委员会.广播年刊.台北:光华印书馆,1955:47-48.

（续表）

年份	月份	电台数	机数	电力瓦数	职员数	每月经费
1942	1	11	12	128 550	520	402 946
1943	1	11	16	141 930	522	756 175
1944	1	11	19	169 940	614	3 302 092
1945	1	11	19	169 940	641	8 550 000
	12	31	60	327 080	1 504	（法币）23 000 000
1946	12	39	74	411 550	1 861	（法币）88 000 000
1947	1	39	4	411 550	861	（法币）2 000 000 000
	12	40	70	273 010	1 694	（法币）11 000 000 000
1948	7	38	77	444 950	1 449	（法币）98 000 000 000
	9	37	81	548 910	1 298	（金圆券）82 666
	12	31	68	404 450	1 051	（金圆券）1 740 000
1949	4	20	38	269 030	668	（金圆券）6 900 000 000
	7	15	26	248 100	275	（银圆券）13 000
	11	9	16	256 700	275	（银圆券）13 000

资料来源：吴道一. 中广四十年，[M].台北："中国广播公司"，1968：266.

第二章

党治"国家决定型"广播制度的建立

用现代通讯技术传播信息和新闻，是晚清时期国门洞开、在洋枪洋炮的威胁下中国被迫开放的产物。尽管有"舶来"的背景，但是并没有影响国人在器物层面予以充分利用的热情。从晚清政府到辛亥革命后民国的军阀政府，都利用强力的行政手段将这种技术控制在政府手中，即使这种技术投资巨大，国库"款项竭蹶"也在所不惜。从北京政府1915年的《电信条例》到南京国民政府1929年的《电信条例》，更是从法制的层面对这种"国家决定型"的电信制度予以了保证。有了法律条文的"制度表述"，在实际的制度化过程中又是如何实现的呢？这是本章要解决的问题。

在回答这个问题之前，需要在理论上阐明什么是制度化。根据社会学的解释，所谓制度化（institutionalization）就是指群体和组织的社会生活从非正式的、不固定的方式向被普遍认可的正式、固定化模式的转化过程。制度化是群体与组织发展、成熟的过程，也是整个社会生活规范化、有序化的变迁过程。制度化的具体过程可概括为：首先，确立共同的价值观念。制度行动者就制度的总体原则从上到下取得一致，是制度化过程的基础。其次，制定规范。将价值观念具体化为实体的法律政策，把人们的行为纳入相同的固定模式之中，它注重的是标准的普遍性而不是特殊性。最后，建立机构。规范的实施要由组织机构保证，制度化过程也是组织机构建立和健全的过程。①

这样本章就相应从以下三个层面对国民党"国家决定型"广播制度的建立进行阐释：第一，价值观念层面，由传播（娱乐、商业）工具到"党国喉舌"广播观念的形成；第二，规范制定层面，涉及广播联播、取缔，以及从传者、传播内容到受众严密控制的广播法规体系的建立；第三，机构建立层面，包括党营广播电台系统垄断地位的形成、巩固及广播管理政党机构对政府机构的取代。前一个层面形成的是国民党党治"国家决定型"广播制度中的"非正式制度"，后两个层面则合成为国民党党治"国家决定型"广播制度的"正式制度"部分。

---

① 中国大百科全书编辑委员会.中国大百科全书：社会学［M］.北京：中国大百科全书出版社，1995：477.

由于"国家决定型"广播制度的形成依赖于国民党南京国民政府建立的"训政"体制的制度环境,所以在进入制度层面的阐述时,须对制度环境进行说明。

一、党治"国家决定型"广播制度形成时的制度环境

1924年,国民党仿照苏共体制自上而下建立了一套新的党务组织系统。1928年后,国民党一党独掌全国政权,在"训政"体制下,其党务组织系统与行政组织系统双轨并进,揭开了中国政治制度史上"千年未有之变局"。从此,中国政治体制由帝治到党治、由王朝体制向党国体制转型嬗变。

这种党国体制,就是"训政"体制,是南京国民政府在1928年6月至1948年5月蒋介石出任"行宪"总统期间所实行的政治体制,几乎贯穿国民党政权在大陆统治的始终,更是伴随国民党广播事业在大陆从创办到发展乃至最后走向崩溃的全过程。在这样的制度背景下,国民党广播才形成了党治"国家决定型"的广播制度。

所谓"训政",旧时皇帝退位为太上皇,嗣皇帝仍须秉承训示处理朝政,或皇太后垂帘听政,皆谓之"训政"。在民国时期特指根据孙中山的革命程序论而设置的一种政体。早在辛亥革命以前,孙中山就借鉴西方国家的政治模式,萌发了将中国的革命与建设按一定程序与步骤逐步进行的思想。1906年孙中山在他亲撰的《中国同盟会革命方略》中,第一次明确将中国的革命与建设程序划分为"军法之治""约法之治"和"宪法之治"三个阶段,希望由此"俾我国民循序以进,养成自由平等之资格,中华民国之根本胥于是乎在焉"。辛亥革命以后,孙中山又在1914年颁布的《中华革命党总章》中将革命与建设程序确定为"军政时期""训政时期"和"宪政时期"三个阶段。1924年1月孙中山在为国民党第一次全国代表大会起草的《国民政府建国大纲》里把建立"民国"的程序分为军政—训政—宪政三个时期。这三个阶段前后既相互独立,又相互关联,层层递进,以最终实现民主政治为旨归。其中训政时期是由军政到宪政的过渡阶段,是国家建设的开始时期,承前启后,具有枢纽地位。①

1928年2月,蒋介石重回权力中心,成功主持召开了国民党二届四中全会,除通过一系列整理党务的议案外,还改组了国民党中央机构和国民政府,一如既往地贯彻其以军制党、以军驭政的方针策略。会议结束后即刻发动二次北伐。②6月,北伐进军顺利,攻克平津,战事结束。6月12日,国民政府宣布"今全国统一,训政开始"。之后南京国民党政权以孙中山的训政思想为理论基础,并在一定程度上按照这一理论进行了政治架构,实行了以党治国与五院制,由政府主导进行了地方自治建设。

---

① 王兆刚.国民党训政体制研究[M].北京:中国社会科学出版社,2004:15.
② 杨奎松.中国近代通史:第八卷[M].南京:凤凰出版传媒集团,江苏人民出版社,2007:13-15.

这种"训政"体制的实际架构在根本精神和根本原则方面，与孙中山的"训政"构想相去甚远。其表现为：第一，以党治国。这种"党国体制"构成了南京国民政府"训政"体制的核心内容和鲜明特色。其主要内容为：国民党全国代表大会及其中央执行委员会代替人民行使政权，国民党在国家政治体系中居于领导核心地位。由此，在南京国民政府的"训政"体制下，国民党牢牢控制着诸多的具体权力，代表人民行使政权，指导国民政府行使治权，负责训政建设的规划设计，决定着训政的方向，是整个体制的权力核心。但是孙中山主张以党治国的方式应是"党义治国"而非"党员治国"，即国民党主要对国家进行政治指导，对人民行使政权进行训练，而不是由党或政府代替人民行使政权，直接参与国家的具体管理。第二，五院制。1928年10月，南京国民政府颁布了五院制的政府组织法，此后五院先后成立。南京国民政府的五院由行政院、立法院、司法院、监察院和考试院组成，分别行使五项职权。五院院长由国民党中央政治会议选任，对国民党中央负责。国民政府的五院制虽然形式上按照孙中山的五权宪法思想建立，但是仅取其皮毛而已。从五院制的实际运行看，国民政府五院的权力受到国民党中央的制约过多，不能独立行使。在现代政治中，政党与政府有着不同的职能与分工，南京国民政府强将二者合二为一，不但破坏了五权分立原则，也造成了政府的低效。同时，在国民党政权中，蒋介石的个人威权不断加强，他可以将个人威权凌驾于五权之上而使五权形同虚设。第三，地方自治。1929年国民党中央将地方自治列为训政建设的中心工作，宣布在6年内完成地方自治，但结果却以失败告终。国民党标榜的实行地方自治的目标主要有两个：一为民主目标，即按孙中山的设计对人民进行政治训练，在一县之中实现行使"选举权、罢免权、创制权和复决权"四项直接民权，使县自治成为宪政的基础。二为在农村进行经济、文化等方面的重建，对农村社会进行整合。对于前者，国民党主要停留在宣传阶段并不热心实行；对于后者，国民党由于没有根本调整农村的经济结构与触动传统的地方势力，再加上措施的失当和无力，结果亦无所成就。地方自治的发展趋势是自治机构一步一步向行政机构退化，最后走向了传统的保甲制。①

　　因此，在一党专政的党治政体下，国民党牢牢掌握着国家的最高领导权，从国家现代化的角度来看，在当时中国现代化之路刚刚起步，经济文化落后，政治分裂，各种社会矛盾复杂尖锐，缺乏民主传统的情况下，这种一党制的集中领导是一种客观需要，是实现国家治理和社会发展的有力手段，但国民党却把集权与专权当作目的加以维护和强化，抛掉了推行训政实现宪政的职责。②

　　国民党的这种党治模式又是非常独特的，其特殊性表现为：在中央实行以党统政，在地方则实行党政分开。因为根据这个时期国民党上层精英人物蒋介石、胡汉民等人的政治理

---

① 王兆刚.南京国民党政府训政体制论［J］.天津师范大学学报，2001（2）.
② 王兆刚.国民党训政体制研究［M］.北京：中国社会科学出版社，2004：82.

念，他们希冀地方行政系统能独立有效地行使管理职能，以免地方党部介入行政事务而造成地方政治的紊乱。由此国民党党治在地方层级的运作，与中央判然不同。地方党部与地方政府分别自成系统，党政分离，互不统属，形成一种双重衙门体制。这种党政分开的地方党治体制，在很大程度上削弱了国民党的党治权威和党治基础。加之战前国民党党员对政治资源的有限控制，国民党最终只建立了一个脆弱的党治国家秩序。①

到了抗日战争时期，国民党实行的依然是"训政"体制，但是这种以军治、人治为特征的一党专政的党治政体有了更极端的表现，即在原有的以党治国和五院制政府的训政体制上，形成了以蒋介石为领袖、以国防最高委员会为决策和执行机关的党政军一体化战时体制。尽管这种战时体制有利于集中各方面的力量进行全面抗战，同时也设立了各级民意机关，如国民参政会，有民主的成分，但这个体制的主流和发展趋向是不断强化国民党的一党专政和蒋介石的个人独裁。

国民党战时政治体制的形成，依据"训政"体制的三个内容表现在：第一，"党国体制"极端化为"以军治党"的党政军一体化。（1）在党中央内部确立了领袖制。1938年3月在武汉召开的国民党临时全国代表大会于31日通过的《改进党务并调整党政关系案》中规定："确立领袖制度。中央党部应在制度上明确规定全党之领袖，俾此革命集团有一稳固之重心"，并在修改的党章中加上"总裁"一章列为第五章，规定"总裁代行第四章所规定总理之权"。大会选举蒋介石为总裁。总裁为全国代表大会主席，同时也是中央执行委员会主席。大会发表的宣言中还明确表示：授权蒋介石"统一党政军之指挥，负抗战建国之大任"。这样，在以党治国的原则下，国民党总裁就成为集党、政、军一切大权于一身的头号人物。②（2）设立党政军统一指挥机构，即成立国防最高委员会。抗战全面爆发后，为适应战时体制，强化国民党统治的能力与效率，1937年8月，设立了国防最高会议。规定该会议代行中央政治委员会职权，拥有对国防方针、经费、国家总动员及与国防有关重要事项的决定权，是"全国国防最高决定机关"，在"作战期间关于党、政、军一切事项，国防最高会议主席得不依平时程序，以命令为便宜之措施"。③1939年1月，国民党中央五届五中全会又决定以国防最高委员会代替国防最高会议，国防最高委员会的权力较之国防最高会议更大，它只向国民党中执会负责，"统一党政军之指挥，并代行中央政治委员会之职权，中央执行委员会所属之各部会，及国民政府五院、军事委员会及其所属之各部会，兼受国防最高委员会之指挥，总动员委员会直隶于国防最高委员会"。"国防最高委员会设委员长一人，由本党

---

① 王奇生.党政关系：国民党党治在地方层级的运作（1927-1937）[J].中国社会科学，2001（3）.
② 荣晓燕.国民党抗战时期政治体制述评[J].山东大学学报，2000（5）.
③ 朱会森.中华民国史事纪要（初稿）：1937年7-12月分册[G].台北："国史馆"，1987：266-267.转引自崔之清.国民党政治与社会结构之演变（1905-1949）：下编[M].北京：社会科学文献出版社，2007：1243.

总裁任之"。"国防最高委员会委员长，对于党政军一切事务，得不依平时程序，以命令为便宜之措施"。① 2月7日，国防最高委员会正式设立，蒋介石任委员长。它的设立，标志着战时党政军一体化的开始。这一人事安排，使蒋介石成为战时党政军的最高领袖。国防最高委员会则成为凌驾于国民党中央执行委员会和国民政府之上的最高领导机构。1938年11月抗日战争进入第二期，隶属于国防最高委员会的军事委员会加以扩充，成为战时大本营即事实上的战时执行机构。这就赋予了国民党战时政治体制以军事化的性质。

国防最高委员会委员由党政军三方面人士组成，总数40余人，常务委员由于右任、居正、孔祥熙、孙科、戴季陶、王宠惠、何应钦、白崇禧、陈果夫、邹鲁、叶楚伧11人组成。秘书长为张群。事实上，1937年11月16日，国民党中常会第五十九次会议通过非常时期党政军机构整调及人员疏散办法后，就决定将中央党部之组织、宣传、训练三部暂归军事委员会指挥。之后，战时新闻检查局于1939年4月成立，隶属于军事委员会并受国民党中央宣传部指导，办理抗战期间全国新闻检查事宜。再加上戴季陶、陈果夫、叶楚伧等人成为国防最高委员会委员，就使得国民党的战时宣传也被直接纳入战时军事管制体制中，受到了绝对的重视和控制。

第二，五院制名存实亡。作为国民党总裁、国防最高委员会委员长，蒋介石在其职权范围内"得不依平时程序，以命令为便宜之措施"，其侍从室就成为国民党的"中枢"，不仅具有蒋介石私人办公室的功能，而且还具有党中央秘书处甚至中央政治会议的能量。因此，侍从室成为战时党政军一体化机制的核心。正如当时的上海市市长吴国桢所言："他的内阁还不如他的私人班子重要。"② 特别是1943年9月蒋介石继林森任国民政府主席后，政府的行政权已集中于主席之手，五院要向主席负责，独立行使职权已名不符实。

第三，除了中央政治体制的变动外，国民党还对基层政权作了调整。为了改进党务与调整党政关系，统一县各级组织，强化地方政权，1939年9月，南京国民政府颁布了《县各级组织纲要》。根据纲要，在全国实行"新县制"，要求各级党政部门作为抗战期间国内政治上最重大、最切要之问题来抓。新县制实行"管教养卫合一"，乡（镇）、保、甲三位一体的统治，把乡（镇）行政区域同教育、警察、卫生、合作、税征等区域合一。再加上县一级的民意机关即县参议会设立，由乡（镇）及职业团体"选举"参议员组成。县参议会的职权是议决地方重要行政事项及单行法规，对县政兴革提出建议，听取县政府施政报告及向县政府询问，接受人民请愿以及其他法律赋予的职权。这就具备了"自治"机关的雏形。这是由

---

① 国防最高委员会组织大纲案（1939年1月28日）[G]//荣孟源.中国国民党历次代表大会及中央全会资料：下册.北京：光明日报出版社，1985：563-564.

② 裴斐（Nathaniel Peffer），韦慕庭（Martin Wilbur）.从上海市长到"台湾省主席"（1946-1953年）——吴国桢口述回忆[M].上海：上海人民出版社，1999：26. 转引自崔之清.国民党政治与社会结构之演变（1905-1949）：下编[M].北京：社会科学文献出版社，2007：1248.

"训政"向"宪政",即向"法治"过渡所必需的,是国民党战时政治体制在组织设置上的民主因素。①

在抗战结束后,国民党尽管极不情愿但也不得不顺应形势,开展了各党派的政治协商运动及民主宪政活动。可是制度惯性依然在作祟,出于个人独裁和"一党专政"的政治理念,在党派利益与国家利益之间,蒋介石国民党放弃了政治解决国共问题的努力,一变而为强硬的武力解决,集权压倒民主,国共从谈判桌走向了决战的战场。尽管 1948 年后迫于局势,国民党宣布由训政走向宪政,蒋介石出任"行宪总统",但是这已挽救不了国民党颓败的残局,被迫结束 22 年对大陆的统治,退守到台湾孤岛。

在这样的制度背景之下,由于中国有史以来政治控制体制由单轨制向"党与政"双轨制的重大转变,就使得国营广播体制也呈现出从中央到地方的"党营系统"②和"政府系统"双轨并行的体制格局,加上数量颇多、分布集中、功率极小的"民营系统",从 1928 年到 1949 年国民党统治时期的广播电台呈现出"金字塔"般的发展形式,而且这三个系统各自的权重随着战前、战中、战后三个不同历史时期呈现出一种动态的、方向单一的发展趋势。

战前"训政"前期的十年中,在中央层面,诸多党政官职同为一人兼任,党政之间为争夺权势资源的冲突还不明显,即中央的双轨制其实是一套人马的双轨制,本质是以党代政。而在地方层面,则大多为党政两套人马,两个"衙门"在权力竞争中时起冲突,国民党中央又倾向于将地方政治交由地方政府主控,党治在地方层级几乎处于一种虚拟状态。在这种上强下弱的党治政治体制下,作为宣传利器的广播事业,在中央层面,"党营系统"的实力远远大于"政府系统",中广处"党营系统"的广播电台分布于南京、长沙、西安、福州等地并且功率强大,同时有整套的收音体系作接收效果的保证,而属于国民政府行政院交通部"政府系统"的广播电台则只有北平、上海、成都 3 座;在地方层面,则是"政府系统"的实力远远大于"党营系统",地方党营广播电台只有两座,分属于江苏常州武进县党部和浙江嘉兴县党部,发射功率只有 75 瓦和 15 瓦,而地方政府办的广播电台有 13 座之多,分布于江苏(2 座)、浙江、江西、山东、山西、河南、四川、广西、云南,和上海、汉口、广州九省三市。③民营广播电台尽管有数量上的优势,多达 54 座,但发射功率仅占全国总发射功率的 5.3%。

但是经过抗战,地方层面的广播电台无论是"党营系统"还是"政府系统",以及民营

---

① 荣晓燕.国民党抗战时期政治体制述评[J].山东大学学报,2000(4).

② 笔者认为,在抗战中分布于各战区的"军队系统"的广播电台应该属于"党营系统",原因前文已经探讨过,此处不再繁述。

③ 根据吴保丰《十年来中国的广播事业》(中国文化建设协会.十年来的中国[M].北平:商务印书馆,1937:693-737)中的数据统计而来。

广播电台都随着日军的南侵而逐渐丧失，加上战时特殊的军事控制体制，就使得中央"党营"广播电台一系独大。到 1943 年 12 月，国营广播电台有 16 座，中广处"党营系统"的广播电台就占了 11 座，属交通部的只有成都 1 座，地方政府办的广播电台有 4 座。民营电台几乎没有。到 1947 年 9 月，49 座国营广播电台①中有 41 座是中央直接控制的"党营"广播电台。

因此，从这个意义上讲，1928 年至 1949 年国民党统治区域内广播制度形态是"国家决定型"的，其本质是党营化的意识形态型广播制度。具体参见图 2-1 所示。

二、"党国喉舌"广播观念的形成

（一）从"消遣工具"到"普及文化、传播商情"广播观念的形成

近代通讯传播事业的发展是从（有线）电报技术的发明开始的。1844 年 5 月美国肖像画家莫尔斯（Samuel Morse）首先发明了实用型电报。人们用"空间和时间的消灭者"来形容这种新型通讯技术，这其实反映了人们对现代新型媒介的最根本的认知，也是现代传播观念的起点。20 多年后，这种传播技术被强行"舶来"中国，中国人传说中的"顺风耳"就变成了真实的"西洋景"，有线电报、无线电报、有线电话，开始周期越来越短地迅速进入。但是无论是晚清政府还是民国北京政府，都把这些新型传播技术当作军用品一般对待，除非有官方特许，这种技术是很难由民间商营的。但是无线电话—广播—传播的接受者不止一人，而且这些人的收听是同步的，这种新型传播技术从一开始就直接进入到了民用方面，因为这不但是一种新的通讯技术，更是一种与大众报刊类似的新的大众传播媒介。伴随着欧美人为广播兴奋发狂，第一座向美国政府登记获批准后开办的广播电台（联邦商业部颁发的营业执照）——美国匹兹堡 KDKA 广播电台于 1920 年 11 月 2 日开始播音，这也是学界承认的世界上最早的合法的广播电台的诞生，但有人在此之前就已经把对广播的认识介绍到了中国，形成了中国人最初的广播观念。

---

① 根据（国民政府）行政院新闻局 1947 年 11 月编印的《广播事业》中提供的数据估算。

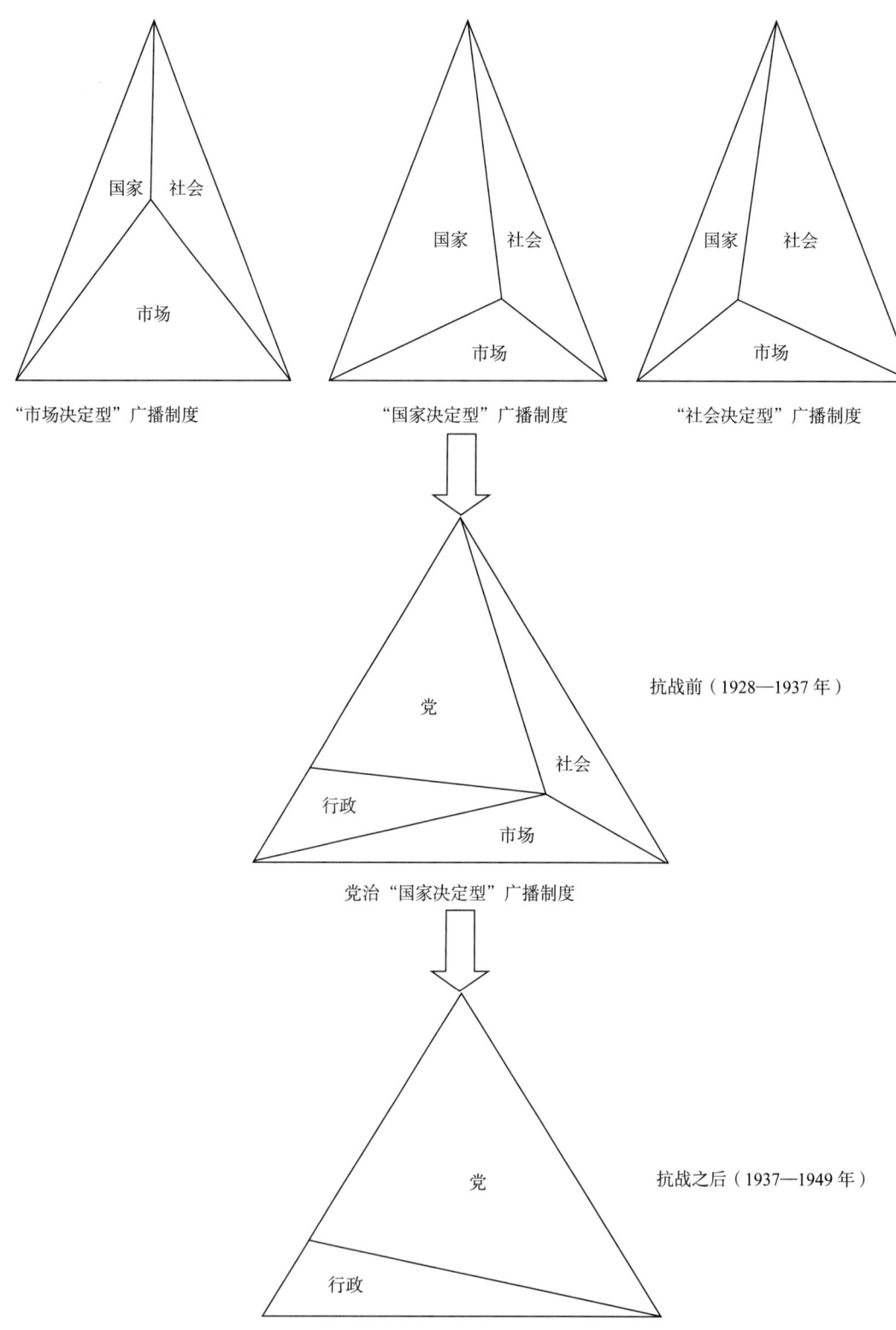

图 2-1 国民党党治"国家决定型"广播制度形成过程示意图

1920年8月10日出版的《东方杂志》（第17卷第15号），就有人撰文《用无线电传达音乐及新闻》，文中谈到"自无线电发明后，交通事业获大进步。科学家犹以为未足，必使日常生活皆能利用无线电以获改善而后可。……因有此种发明，故将来可有许多之新用途。例如晚间八时半，为人民音乐跳舞之时间，此后可由中央无线电局于此时自无线电传出音乐，则跳舞之家，但将受音器开动，音乐立时大作。跳舞者可以应声而舞，不必更雇音乐班矣。又于晨间，由中央无线电局将是日所得新闻，发出报告，则家家仅须开动受音机，即可亲聆新闻。且可于早餐时，且食且听之。较诸披阅报章，便利多矣"。一语中的，广播被天然地当作一种消遣的手段，可以远距离传达音乐与新闻。此后三年，十里洋场的上海"居然有多数无线电话之播送站及收话机"。《东方杂志》（第21卷第18号）又于1924年8月15日发表了我国早期无线电专家曹仲渊先生的长文《三年来上海无线电话之情形》，这篇文章"爰此三年之中，上海无线电话经过之情形，沿革之历史，私人之电台，经营之行家，制造之场所，播送之种类，公会之内容，以及北京政府之态度言论、法令之结果效力等等，举凡见闻所及，无不旁搜博引"，其中就提到"江浙两省之居民，因上海报纸之鼓吹，争先购置收话机以供家庭娱乐者亦不在少数，尤以上海方面为多"。

所以尽管"民国四年大总统公布《电信条例》（1915年4月）第二条规定：凡有线无线电信均由国家经营。第三条规定：无线电信，除第四款船舶航海时所用者及第五款供学术试验上之用者行经政府之许可由个人或团体私设外，其余皆不准私设"，这些规定对于上海这样的"三界"分治的政治特区来讲几乎是不起作用的。在这个环境之下，人们的广播观念与欧美国家是比较接近的，认为广播就是一种"大众消遣"工具——向家庭传送信息与娱乐。

之后是东三省境内的官办（国营）广播电台的创立，在1926年9月东北无线电长途电话监督处颁布的《广播无线电条例》中将官方认可的广播观念进行了概括，即"东北无线电长途电话监督处为普及文化、传播商情起见，于东三省境内择相当地点设立广播无线电台办理广播无线电事业"。① 这里的"普及文化、传播商情"就比"向家庭传送信息与娱乐"有了些许"广播以载道"的含义，但是由于当时的政治环境缺少统一的向心力，"大多数军阀是守旧的，和传统的社会准则是很协调的。自相矛盾的是，他们所促成的不统一和混乱却为思想的多样化和对传统观念的攻击提供了大量机会，使之盛极一时。中央政府和各省的军阀都不能有效地控制大学、期刊、出版业和中国智力生活方面的其他机构。在这些年代里，中国知识分子对中国可能以什么方式实现现代化和增强实力进行了极其激烈的讨论，这在一定程度上是对军阀主义弊端的反应。共产党于1921年建立和国民党于1924年改组，在一定程度上是基于思想的繁荣。因此，一方面，军阀时代是20世纪政治团结和国家实力的低点；另一方面，这些年代也是思想和文学成就的高峰。在一定程度上作为对军阀的反应，从这个动

---

① 广播无线电条例：第六条［A］.黑龙江省档案馆，全宗号：62，目录号：5，卷号：1628.

乱而血腥的时代涌现出了终于导致中国重新统一和恢复青春的思想与社会运动"。①因此从这个角度来讲，北京政府时期的这段历史，是近代史上较少有意识形态灌输，较少有思想文化禁忌和控制的时代，对于与期刊、出版等智力生活有关的"广播"事业，军阀政府也就只能止于"普及文化、传播商情"，其实就是这一点也由于中央政权的频繁更迭，用"黩武主义"取代宪政，而使官办广播无法坚持，最后随着"九一八"事变的爆发，东三省被侵华日军所占而最终销声匿迹。

（二）从"普及文化、传播商情"到"党国喉舌"广播观念的形成

国民党在1928年开始由革命党向执政党过渡，在南京建立了大致统一的国民政府，开始训政时期。在这个阶段，广播观念发生了异变。国民党中央广播事业管理处处长吴保丰在训政十年后、全面抗战爆发前写的《十年来的中国广播事业》（1937年6月），开篇就谈到"（广播）以前仅为一种新奇玩品，供一般有闲阶级，酒后茶余消遣之工具而已，今则其效能已超乎寻常娱乐之上，进而为推进文化建设之有力工具"。事实上，这里的"推进文化建设之有力工具"已经有了很强的意识形态灌输和宣传的色彩，"举凡主义之研究，理论之阐扬"都需要广播这样的现代大众传媒的介入，"以广播无线电为宣传工具，则所宣传也广而且速！善用之，足为国内宣传之脉络，国际宣传之喉舌"。这是1929年12月20日老牌宣传家、国民党中央执行委员叶楚伧为《国民党中央广播无线电台年刊》写的出版序言中对广播的定位。到了抗战期间，这种"党国喉舌"的观念进一步异化成为"除海陆空三战线之外，大家都把广播称作第四战线，"②尽管在后来的宣传过程中，对于广播的功能有了比较全面的认识，"加强节目，以尽宣传教育娱乐三大广播目的"，③但是在实际的广播中，却将党化宣传渗透在各类节目中，由此服务于国民党主流意识形态，即"一个主义、一个政党、一个领袖"的建构。

这种从"普及文化、传播商情"到"党国喉舌"广播观念变化的原因主要有两方面：一方面，是由于"训政"体制建立后，"党国"体制需要将（三民）主义这个立党、立国的基础顺利地传达到通都大邑、穷乡僻壤，尽管这个主义已经与孙中山的原初精神貌合神离，但是至少可以在价值理念层面为动荡不已、四分五裂的中国社会注入一种"黏合剂"，使这个统治部分区域的中央政权能发挥社会整合、社会控制和社会动员的政治功能。虽然在当时国民党宣传主义的新闻网络已经有中央通讯社（1924年4月创办于广州，1928年迁到南京）和《中央日报》（1927年3月22日创办于武汉，1928年2月1日复办于上海，第二年迁往

---

① 费正清.剑桥中华民国史（1912-1949）：上卷［M］.北京：中国社会科学出版社，1994：356.
② 广播事业［M］.南京：（国民政府）行政院新闻局，1947.
③ 1947年3月6日送国民党中宣部稿。

南京出版）两大体系，但是"我国幅员广阔，文化悬殊；环境不同，风俗各异；普及宣传，良非易事！若仅赖文字一途，则既不能及于大多数不识字之民众，而编撰印刷，手续周折，事过境迁，每遭漠视"，所以才会得出"今欲求一传递敏捷灌输普及兴味浓深之宣传方法，其惟广播无线电话而已"。① 正是广播这个"空中媒介"在传播周期、传播范围、传播方式以及传播受众方面相较于报刊有天然的优势，所以才会有陈果夫认为的"统一中国第一个主要问题便是宣传，而广播则是将主义普遍宣传的一个好方式"。②

另一方面，可以追溯至源于晚清时期寻求自救出路的各方人士重视舆论宣传的革命历史传统。在1903年8月7日由章士钊、张继等创办的《国民日报》发刊词中云："舆论者，造因之无上乘也，一切事业之母也"，"盖舆论者，必具有转移社会、左右世界之力者也。大凡一国家之成立，当无不有一种无名之舆论，隐据于工规师谏之巅，而政治之发见，亦间受其影响。"③ 借助进入中国的现代报刊传媒，无论是维新派还是革命派，为"达民隐""开风气"，形成社会舆论，都"倡设报馆"，将报馆作为组织机关和宣传据点来发展。康有为、梁启超就认为，要通风气，"非合大群不可"，要合大群，又"非开会不可"（即形成政治组织），而要想开会，"非有报馆不可"。④ 政党与报馆在近代史上之因果互动关系由此拉开序幕。而孙中山则认为报刊是"舆论之母"。⑤ 早在第一次广州起义失败（1895年），孙中山亡命海外时，他就意识到了现代报刊的重要。1896年孙中山在英国伦敦被清使馆诱捕，孙中山贿赂使馆英籍仆人求援于自己在香港求学时的导师英国人康得黎，康投书《环球报》《泰晤士报》等报纸揭露此事，英政府在舆论压力下出面干预，使孙中山奇迹般地获得释放。经此事件，孙中山深切体认报纸有左右社会的力量，故其后赴日本推动革命时，即命陈少白开办《中国日报》。1900年"中国革命提倡之始祖"《中国日报》在香港创刊，该报一般被视为国民党党报的嚆矢。

1905年8月同盟会成立，革命党从晚清会党性质的兴中会、华兴会、光复会，发展到有自己明确的政治目的、政治纲领和组织章程的现代意义的政党组织，其最突出的特征就是对现代报刊传媒的利用。继《中国日报》之后，又于同盟会创立后的3个月在日本东京创办了《民报》（同年11月），明确称其为同盟会的"机关报"，由此开始利用现代报刊进行广泛的社会宣传，并以此代替之前的集会、撒传单、发小册子等宣传形式。现代报刊传媒以专业

---

① 陆以灏.广播无线电话宣传之重要[G]//中国国民党中央执行委员会广播无线电台.中国国民党中央执行委员会广播无线电台年刊，1929：25.陆以灏当时系中央执行委员会广播无线电台文书。
② 高郁雅.国民党的新闻宣传与战后中国政局变动（1945–1949）[D].台北：台湾大学，2002：20.
③ 张之华.中国新闻事业史文选（公元724年–1995年）[M].北京：中国人民大学出版社，1999：108.
④ 康南海自编年谱[M].北京：中华书局，1992：29–30.转引自葛兆光.1895年的中国：思想史上的象征意义[J].开放时代，2001（1）.
⑤ 张之华.中国新闻事业史文选（公元724年–1995年）[M].北京：中国人民大学出版社，1999：119.

化、组织化的传播方式,定期性的传播周期,以及以现代印刷技术为基础的广泛的公开性,帮助革命党赢得了社会舆论的广泛支持。

在此过程中,国民党中脱颖而出一大批(报刊)宣传家,这其中有创办《民报》的胡汉民、汪精卫、廖仲恺,就连当时被人称为笔下"大有魔力""有左右社会之能"的"舆论界骄子"梁启超,在与革命派的论战中也主动举起了白旗。此处,还有19岁成为《天锋报》总编辑,与清政府有"不共戴天仇"的戴季陶。1916年,与邵力子合办《民国日报》,任总编辑,抨击袁世凯称帝的叶楚伧。12岁(1904年)便在杭州陆军小学与同学共同创办三日刊《励言》的陈果夫,追随其叔父"同盟会在上海的主干将"陈其美在上海从事革命活动期间,又跟着叶楚伧做《民国日报》的报纸编辑,后又为戴季陶创办的《星期评论》积极投稿,宣传社会建设。这些人中,戴季陶成为蒋介石的文胆之一,为蒋介石立国奠定了理论基础(戴季陶主义),并在南京国民党政权成立后兼任首任国民党中央宣传部部长;而叶楚伧则在国民党党报《中央日报》从上海迁往首都南京出版后担任首任社长,还四次出掌中宣部。尤其是陈果夫在之后的从政经历中,配合蒋介石"三分军事七分政治"的策略,重点帮助蒋在党务、宣传方面赢得了领导地位,其本人也成为国民党组织部部长,及掌控国民党中央通讯社、党报和广播电台宣传网的幕后核心。

这些宣传家出身的国民政府党政要员,自然会把政治宣传作为头等使命去完成。1923年年初,在"一战"的欧洲战场上就已经发挥过相当大作用的无线电广播,机缘巧合,技术刚刚成熟,就被颇具商业头脑的美国人从太平洋彼岸传到了"十里洋场"的上海。广播不再像无线电报,或是无线电话那样,只有一个收听者,而是采取大量听众同时收听节目的形式,这个形式本身就是一种社会进步,而不仅仅是技术创新。但是美国人办广播却实在是别有用心,只为推销无线电器材赢得商业利益罢了。然而说者无意,听者有心,当时正在上海为蒋介石筹办黄埔军校军务的陈果夫听到了美商开洛公司的广播,立即便将它与党的宣传工作联系到了一起,晚年病榻上的陈果夫手记的《广播随笔》(1949年9月13日,陈于1951年8月25日病故),还念念不忘"(民国)十三年(1924年),我听了上海的(美国人办的)商业电台,已想到本党宣传,如利用此工具必能发生大效"。① 正是由于陈果夫、戴季陶、叶楚伧等人,尤其是被称为"(国民党)广播的保姆"的陈果夫的亲力亲为,才使得广播在中国有了"党国喉舌"的使命。

广播传播对于当时中国的意义是非凡的。正如传播大家伊尼斯在其名著《帝国与传播》中所言:"时间观念和空间观念,反映了媒介对文明的重要意义。倚重时间的媒介,其性质耐久,羊皮纸、黏土和石头即为其例。……倚重空间的媒介,耐久性比较逊色,质地却比较

---

① 徐咏平.陈果夫传[M].台北:正中书局,1980:466.

轻。后者更适合广袤地区的治理和贸易。"① 而在空间媒介中，广播的作用则是非凡的，"喇叭和广播的使用促成了希特勒的上台……在利用民族主义方面，口语提供了一个新的基础，它可以述诸更多的人，是一个更加有效的工具。文盲状况不再是严重的障碍"。②

因此，如果从媒介本质，即打破人类时空上的限制来看，《中国日报》和《民报》的诞生是同盟会（国民党）成为现代政党的标志。现代报刊专业化、组织化的出版方式，使得"报馆"成为一个公开的政治活动场所和组织机关，大规模公开、定期出版的刊物使得政党的活动、纲领在社会上具有广泛的传播告知性，以及相当规模的影响力，由此革命也就从帮会式的、隐蔽的、非正式的阶段走上了现代政党相对公开的（这些报刊大多分布在中国香港、日本等地，在境内大多是在租界内；创办人多以外籍身份为主）、正规的斗争阶段。而广播电台的创办则是国民党从朝不保夕、颠沛流离的革命政党变成执政党，而且是一党专政下的执政党的强势证明。由此也就造成了广播观念的"党化"异变。

三、"以党代政"二元广播法规体系的建立

制定有关的法律法规对无线电广播进行管理，是从北京政府到国民党南京政府都面临的很重大的国家议题。尽管兵荒马乱，政权更迭，但是任何当权的执政者都已经意识到电信事关国家安全，电信主权是国家主权的重要组成部分。尤其是根据"华盛顿限制军备会议③第十八决议案规定：各种无线电机非经中国政府允准，不得在中国境内经营或建设。即吾国现行律，视无线电机原与军用品同列一项，倘未领得陆军部特许之护照，亦不准任何一国自由输入"。④ 所以，当权者的立法，一开始就是以维护国家安全的名义，对中外任何私设

---

① 伊尼斯.帝国与传播［M］.何道宽，译，北京：中国人民大学出版社，2003：5.
② 伊尼斯.帝国与传播［M］.何道宽，译，北京：中国人民大学出版社，2003：80.
③ 第一次世界大战后，美、英、日等战胜国为重新瓜分远东和太平洋地区的殖民地和势力范围，于1921年11月12日至1922年2月6日在华盛顿召开会议，又称太平洋会议。有美、英、法、意、日、比、荷、葡和中国北京政府的代表团参加。华盛顿会议实质上是巴黎会议的继续，其主要目的是要解决《凡尔赛和约》未能解决的彼此间关于海军力量对比及在远东太平洋地区特别是在中国的利益冲突。会议最后签订了三个条约：《四国条约》《五国条约》和《九国公约》。
1922年2月6日，出席会议的九国代表签订《九国关于中国事件适用各原则及政策之条约》，通称《九国公约》。规定尊重中国之主权与独立及领土与行政之完整；给予中国完全无阻碍之机会，以发展并维持一有力的巩固的政府；施用各种之权势，以期切实设立并维持各国在中国全境之商务实业机会均等之原则。这就确认了"门户开放""机会均等"为列强对华政策的基本原则。
华盛顿会议签订的各项条约和通过的决议案构成华盛顿体系。这一体系是在承认美国占优势的基础上，确定了远东、太平洋区域的帝国主义国际关系体系，它是凡尔赛体系的补充。此后，美日两国之间在远东及太平洋地区的争夺愈演愈烈。
④ 曹仲渊.三年来上海无线电话之情形［J］.东方杂志，1924，21（18）.

的无线（广播）电台予以严格的取缔；之后，随着广播无线电台数量的增加，以及人们对无线广播电台与无线电台在认识上的逐渐厘清，国民党南京政府一边着手建立"党国喉舌"的国营广播电台，一边对既成事实的民营广播电台进行有条件的管制。事实上，到抗战全面爆发前的1937年，国民党南京政权已经建立了涉及广播联播、取缔，以及从（广播）无线电器材的进口、销售、广播电台的装设、传播内容到受众都严密控制的广播法规体系。

由于政体的"党国体制"二元结构，导致了国营广播体制同构的二元化，这种宣传体系的法律保证是二元化的广播管理法规体系，即对所辖区域广播事业的管制也是"党政双轨"——"行政规制"和"党法规制"二元的，而且，以1936年2月中央广播事业指导委员会的建立为标志，之前是二元并行："行政规制"是交通部颁布的法令，以"行政系统"广播电台、民营电台和各收音机用户为规制对象，对"党部系统"的电台少有染指的可能；"党法规制"则是中央广播事业管理处通过国民党中央执行委员会下达给地方各党部（设置收音员），以及所辖地域各台，包括民营台和"行政系统"广播电台。1936年2月之后，中央广播事业管理处"借"中央广播事业指导委员会之名，以党代政，出台了一系列法规，将"行政规制"对象全部纳入了党营广播的系统范畴。

根据历史制度主义的制度变迁理论，旧制度构成了新制度变迁的环境，新制度的形成与变迁受旧制度的影响与制约，旧制度构成了新制度变迁的路径和方向。在广播法规层面，这种制度路径依赖的痕迹是非常突出的。本节首先就从北京政府时期颁布的广播无线电法规切入，再探讨国民党广播"党政双轨"的二元制法规体系。

（一）国民党"党政双轨"广播法规的前身——北京政府颁布的"管而不制"的广播无线电法规

晚清末年，有线、无线电传播技术伴随着欧风美雨登陆中国。1906年，清政府即设立邮传部，下设电政司掌管电报、电话事宜。这种掌管更多的是官营垄断，受两千年的中央集权压制的民间力量，只能依附"公营"官办体制有限涉足这些新兴行业。辛亥革命之后，中华民国新政府接管了清政府邮传部，改组为交通部，设电政、邮政、路政、航政四个司。电政司的职能依然是掌管电报、电话事宜，但是"电报电话不论有线无线均称为电信"，所以电政司就是掌管电信大权的官方部门，与晚清的电政司没有本质的差别。

除了部门的设置，北京政府颁布了一系列法令法规。这其中有：

1915年4月18日，民国大总统公布的关于电信的"根本大法"——《电信条例》。

1923年11月，交通部发布了禁止无线电机进口命令，分发津沪各海关严行搜查。

1923年11月，交通部对上海中外居民所设造无线电机颁布了严禁的命令。

1924年8月，交通部正式颁布了《装用广播无线电接收机暂行规则》。

另外，北京政府还出台过关于无线电广播机器进口、制造，以及私设（广播）电台的规则。

这些法规确定了"电信由国家经营"的基调，成为后来国民党广播制度形成"国家决定型"广播制度的渊源。但是需要注意的是：

其一，这些法规并没有绝对地禁止民间力量进入无线电领域，比如《电信条例》在规定"电信由国家经营"的同时，却有六种例外情形，经由政府许可后，个人或团体可以私设电台：(1) 供铁路矿山及其他特别营业之专用者；(2) 个人团体或官署因图递送之便利设于其所居之处与电报局相接续者；(3) 个人团体或官署专供一宅地范围内通信之用者；(4) 船舶航海时所用者；(5) 供学术实验上之用者；(6) 电话之通信范围限于一定区域者，但以该区域尚未有电话之联络者为限。

其二，这些法规对外国人私设电台难有威慑力，无法确保国家的电信主权，但由此也使得国人在这种内外不一的电信法规中有了发展的空间。这种管而不制的电信管制局面为国民政府时期民间广播电台的发展提供了必要的制度环境和制度基础。

1923年初，美国人奥斯邦对华盛顿限制军备会议上制定的《九国条约》置若罔闻，更置中国的《电信条例》及有关法规于不顾，在上海的公共租界建立了中国境内的第一座广播无线电台；后在北京、天津等地的公使馆和领事馆陆续有了更多的外国人建立的广播电台，江浙等地也有国人购机私装的广播电台出现。1923年11月交通部恍然大悟，赶忙发布禁止无线电机进口之命令，分发津沪各海关严行搜查。

在禁止无线电机进口的同时，1923年11月，交通部对上海中外居民所设造之无线电机也颁布了严格禁止的命令："案准外交部咨开：准英国公使函称：据上海某领事报告，在沪日有传播无线电之事，于私人寓所内装设无线电收音机，并可向许多商店购买材料，自造机器全具等语。查私设无线电机，早已是为禁例，历来中外人民违例私设者，无论在租界或内地，均经查明拆除有案。诚以人民知识尚未普及，不谙广播无线电用途，若听少数人私自设立，破坏禁例，窃听音波，必使国有电信权利蒙莫大之损失。现本部对于广播无线电事业，一律照电信条例定为国有，并拟在各通都大邑次第筹设广播电台，颁布领照条例。是将来有志研究者，不患无实验机会。在此项条例未公布以前，无论何人均不得私自购造无线电报接受机，藉以营业，或私自传播。相应咨请贵省长迅饬上海军警暨地方长官严密查访。如确有制造无线电收音机，或商人贪利干禁售卖者，一律禁止，以维电政。"①

交通部以此项命令，于1924年5月向上海护军使发出了取缔美商开洛电话材料公司（Kellogg Switchboard Supply Co.）所办的广播电台（1924年4月开始播音，台址在法租界

---

① 曹仲渊.三年来上海无线电话之情形 [J].东方杂志, 1924, 21 (18).

福开森路）与《申报》馆的广播电台①的公文。但是这种公文不过纸上谈兵，"营业者依旧营业，广播者依旧广播"，②没有能达到实际取缔的目的。

其三，在这些规则中，都通过请领执照、交纳一定数额执照费的形式，对无线电广播传播的首尾环节进行了严密的控制。这就为之后国民党"党政双轨"的法规体系提供了规制的模式，即从电台管制（传）—收音机登记（受）的"传受"两头立法进行管制。

1924年8月交通部正式颁布了《装用广播无线电接收机暂行规则》，这个规则有23项条款，是对广播的"传播终端"——"听众"的权利与义务的具体规定。内容涉及私人装设无线电接收机的条件和申办手续，以及关于天线的长度、各类接收机需交纳的执照费和广播费用，③还有违背本规则后的处罚方式。甚至在这个没有绝对禁止、有限管制的规则中，还将广播无线电接收机 Receiver、真空管 Vacuum tubes 等专业英语名词给予了明确的"命名"。如此简便的收音工具却要经过如此繁复的申报手续，实在是广播事业发展之大不幸。难怪，之后稍稍懂一些无线电常识的人，花几个大洋就能自己装置一架矿石收音机，收听简便，还不必交纳昂贵的执照费，导致民间收音机难以统计，北京政府的这个《装用广播无线电接收机暂行规则》（1924年8月）也就成为一纸空文。

对于电台管制的法规，笔者翻检国家图书馆典藏室的各类中华民国北京政府时期的电信条例汇编，都没能找到关于无线电广播机器进口、制造以及私设（广播）电台规则的具体条文。但是根据《旧中国的上海广播事业》中转载的北京政府交通部档案（原件藏中国第二历史档案馆）《交通部电政司总务科关于广播电台及接收机征费的签呈（1924年）》，内容有"查前所订规则对于收费一层约分数种：一、机器进口执照费及号牌号票费；二、制造机器执照费及号牌号票费；三、私设电台执照费；四、装用接收机执照费及广播费"，而且该公文最后还有建议："对于征收广播费一层，金以为颇有弊病，不如将是费取消而增加装用接收机之执照费，遂拟收装用接收机规则第十二条。关于执照费之规定甲种者增为十二元，乙种者增为二十四元，而取消第十四条关于征收广播费之规定。惟私设电台与装用接收机有连带之关系，遂拟将私设电台规则第十二条关于私设电台执照费甲种者增为二十五元，乙种者

---

① 根据曹仲渊长文《三年来上海无线电话之情形》中的介绍，《申报》馆并没有自办广播电台。它的具体运作方式为：开洛公司提供播送站的技术服务，不播出节目，但《申报》馆则利用从开洛公司播送站接到报社的电话线设置播音室按时播出节目。这样的广播电台主要是为了推销开洛公司的无线电收话机，《申报》则可以在报上登出节目表扩大来自报社的节目内容的宣传。这大概是最早的一种"制播分离"运作模式。这也可以看出广播商业经营体制下，市场带来的活力。

② 曹仲渊. 三年来上海无线电话之情形［J］. 东方杂志，1924，21（18）.

③ 根据《装用广播无线电接收机暂行规则》（1924年8月），广播费即收听政府广播电台要交纳的费用。当时北京政府还无力创办广播电台，但是已经预想到广播需要巨大的日常费用，须通过征收广播费这样的筹款途径来解决。但是不久就意识到这样的途径可行性比较差，还是通过执照费的形式比较可靠。如下文提到的《交通部电政司总务科关于广播电台及接收机征费的签呈（1924年）》。

增为五十元。"①

如是观之，除了《装用广播无线电接收机暂行规则》（1924年8月）之外，北京政府一定还出台过关于无线电广播机器进口、制造以及私设（广播）电台的规则。在这些规则中，都规定通过请领执照、交纳一定数额执照费的形式，对无线电广播传播的首尾环节进行严密的控制。尽管这种监督貌似严格，但是毕竟打破了《电信条例》中近似垄断的控制，给民间进入广播行业开辟了合法的通道。

正是在这个有限准入条件下，开洛公司办的广播电台持续开办了5年之久，直到1929年10月才由于自身"营业不振而停顿"，②成为早期外商在上海开办的广播电台中时间较长、影响较大的广播电台。

1927年3月18日，中国第一座民营广播电台——新新公司广播电台在上海公共租界的南京路开始播音。同年底，在国民革命军北伐的战火中，北京也出现了一座民办的燕声广播电台。

除了以上的中央法规外，北京政府奉系军阀统治时期还在东三省颁布了一系列有关广播的地方法规。这就是在1926年10月经奉系军阀镇威上将军（即张作霖）公署批准、颁发的《广播无线电条例》（有总则性质，共9条）、《装设广播无线电收听器规则》（有装设收听器方面细则性质，共16条）和《运销广播无线电收听器规则》（有运销方面细则，共19条）三项法令。③

如果说1924年交通部颁布的一系列无线广播电台的规则是针对上海等地的中外民间人士私设广播电台、私购收音机而颁布的，那么在东三省实施的这一系列地方法、规则是为了维护电信主权，取缔日本人谎称收听广播而私设的无线电台颁布的。在这共计44条的规则中，与上述中央颁布的电信法规非常相似，都是对广播事业本身，及广播传播终端——收听器的运销和装设两个环节进行具体规定，贯穿其中的一个核心的理念就是：东三省的广播无线电事业要服从官方的绝对管制（regulation），无论收听器（收音机）的装设还是运销，都要由东北无线电长途电话监督处督导、批示，"无论何人或任何机关不得在东三省境内私运、私售或私设任何无线电机器并经营广播无线电事业"。④在这些法令中，除了装设、运销收音机两个环节有条件地放开之外，广播电台是一定要国营，不能民营，更不能"外营"的。这就比中央政府颁布的广播法令更为严格，在实际的执行中也有一定的效果。至少在这三个条款出台后，日本人私设的XOY无线电台无法再谎称收听广播而不得不关闭。但是弱国无主

---

① 交通部电政司总务科关于广播电台及接收机征费的签呈（1924年）[M]//上海档案馆，北京广播学院，上海市广播电视局. 旧中国的上海广播事业. 北京：档案出版社，中国广播电视出版社，1985：5253.
② 殷讷. 上海广播无线电台之经过[J]. 无线电问答汇刊，1932（19）. 转引自上海档案馆，北京广播学院，上海市广播电视局. 旧中国的上海广播事业[M]. 北京：档案出版社，中国广播电视出版社，1985：99.
③ 陈尔泰. 中国广播之父——刘瀚传[M]. 北京：中国广播电视出版社，2006：112.
④ 广播无线电条例：第六条[A]. 黑龙江省档案馆，全宗号：62，目录号：5，卷号：1628.

权,自然也没有电信主权,日本政府于 1925 年 8 月 9 日在大连创办的广播电台(受日本政府"关东州递信局"管辖)却一直在播音,直到抗战胜利的 1945 年 8 月 23 日才为苏联红军接管。①

由此可以看出,北京政府为应对日益增多的外国人私设广播电台问题而出台的一系列从中央到地方的广播管理法规,尽管条款完备,规定具体,但是在实际的执行过程中却是"管而不制"的,既不能对外国人官办或是商办的广播电台有丝毫的约束力,又无法对中国普通商人在租界私设的电台有任何控制力。然而这种"管而不制"的法规体系,却为后来国民党南京政府对广播电台的管制提供了"路径依赖(path-dependence)"的制度基础。

另外,北京政府管制广播的起点是基于"消遣工具"的理念,自然只是管硬件,管广播电台频率的分配、天线的长度,以及收音机的售卖、装设,还没有涉及对软件即广播内容的管制,致使许多民间商业电台"有电皆啼笑,无台不说书",直到 20 世纪 30 年代南京政府交通部才开始出台一系列的政策法规对民间电台的广播内容进行管制。

(二)"以党代政"二元广播法规体系的建立

南京政府在 1928 年 6 月二次北伐取得胜利后,就开始了"党国"体制的建立,这种中国有史以来政治控制体制由单轨制向双轨制的重大转变,产生了广播体制同构的党政二元体制,即在国营广播系统中分为"党营系统"和"政府系统"二元广播体系,这种二元体系反映在广播管理上也是二元结构的,即"党国"电台除交通部所辖电台之外,基本上都由中央广播事业管理处管制,所有的民营电台则由五院制中行政院下属的交通部管辖。广播法律法规也是政出两门,除了行政系统(或是行业系统)交通部的法规律令之外,国民党中央执行委员会(通过行政院)也颁布相关政策命令,这一双重的法规体系不仅针对"党政"两系统的广播电台,就连各地的民营电台也要被纳入国民党的宣传体系之中。

1."行政规制"广播法规体系的建立

前一章提到,国民政府在南京定都之后,没有沿袭北京政府旧制,由交通部主管电信,而是将无线电广播事业的管制权交给了 1928 年 2 月成立的建设委员会,这是南京国民政府成立后设立的一个专门从事全国实业建设的机构。该委员会下设无线电管理处(同年 11 月 24 日建设委员会公布了《建设委员会无线电管理处组织大纲》②),并颁布了一系列法令推动无线电事业在全国的民用,包括广播电台的设立。这些法令法规主要有《中华民国无线电台管理条例》(1928 年 7 月)、《中华民国无线电台呼号条例》(1928 年 11 月)、《中华民国广播

---

① 哈艳秋.伪满广播简论[D].北京:北京广播学院,1987:11.
② 徐百齐.中华民国法规大全(1912–1936):第 4 册[G].北平:商务印书馆,1937:4647–4648.

无线电台条例》（1928年12月13日）、《无线电收音机登记暂行规则》（1928年）。

对于无线广播的管制，建设委员会无线电管理处沿袭北京政府的旧制，从电台的设置到收音机的登记两个环节入手，但是看上去已经不再内外有别，对于国人创办广播电台也赋予相对宽松的条件，除了技术上有"广播时须常用周率表计量其电波之周率，对于执照内载明之数值上下不得逾百分之一"这些基本的限制外，还将广播电台按照是否收取"（收）听费"划分为甲乙两种，甲种不收（收）听费，要交纳的执照费也低（40元）；乙种要收（收）听费，还要交相对高一些的执照费（100元）。除了技术及收费的控制之外，这些条款还对广播的内容，甚至广告时间都有比较具体的规定，如《中华民国广播无线电台条例》（1928年12月13日）第十一条规定："广播电台之业务范围为：一、公益演讲；二、新闻、商情、气象等项之报告；三、音乐、歌曲及其他娱乐节目；四、商业广告，但不得逾每日广播时间十分之一。"第十二条规定："广播电台不得广播一切违背党义、危害治安、有伤风化之一切事项，违者送交法庭讯办。"① 这样的法律规定，使得政府对广播的规制从技术转向了内容。这是广播由"普及文化、传布商情"向"党国喉舌"过渡的开始。

在交通部再三要求和激烈攻讦后，1928—1929年间，南京国民政府第一任交通部部长王伯群以辞职相要挟，硬是从建设委员会手中夺回了无线电事业的管理权。虽然当时建设委员会的主任是国民党元老张静江，副主任是CC系的骨赶干曾养甫，国民党广播的"保姆"陈果夫也是建设委员会的常务委员。国民党成为具有合法性的执政党后，无法再像革命时期那样一切都不依章法，自然要"制度依赖"地恢复北京政府时期交通部无线电事业（含广播事业）的行政控制权及立法权。于是经由国民党三届二中全会议决（1929年6月10日至18日），无线电事业（含广播事业）归由交通部管理，并从1929年8月1日起开始移交。1929年8月5日，南京国民政府公布了关于电信的"根本大法"——《电信条例》，至此才真正开始了南京国民政府广播事业行政法制建设之路。

这个《电信条例》与北京政府1915年的《电信条例》一样也有22条，其最大的不同就是取消了"电信由国家经营"的垄断性规定，并明确了电信的主管部门是行政院下属的交通部，这种"电信"包括有线、无线的电报、电话，其中有"用电波于空间传递语言声音名曰无线电话"，② 即广播也属于交通部管辖的内容。

根据南京国民政府的这个《电信条例》，交通部的权限为"凡国家经营之电信（包括有线电、无线电通信在内）由国民政府行政院交通部管理之，惟海陆军及航空机关为军用起见自行设置者不在此例"。③ 同时，对于由地方政府、公私团体或个人设置的电信事业，除了前

---

① 徐百齐.中华民国法规大全（1912-1936）：第4册[G].北平：商务印书馆，1937：4638-4639.
② 电信条例：第一条[G]//国民政府文官处印铸局.国民政府法规汇编：第一编，1929：1035-1038.
③ 电信条例：第二条[G]//国民政府文官处印铸局.国民政府法规汇编：第一编，1929：1035-1038.

文提到的 6 项，还增加了关于广播的 1 项，即"专供广播有益于公众之新闻讲演气象音乐歌曲之用者"。① 这 7 项关于电信，还有无线电收音机的设置、执照费及取缔规则，都由交通部制定。这就保证了交通部管理电信的权威性和合法性。

不久，为了对民营电台和外国人自由私设电台进行管制，交通部颁布了关于装设收音机和设置广播电台的一系列法令法规。这其中有《装设广播无线电收音机登记暂行办法》（1930 年 7 月 1 日公布，1931 年 4 月 10 日修正，1934 年明令废止第十二条）②、《限制民营电台暂行办法》（1932 年 1 月 22 日修正）③ 和《民营广播无线电台暂行取缔规则》（1932 年 11 月 24 日公布，1936 年 3 月 17 日修正）。④

这些法令依然是从传者和受众，即广播电台的装设和收音机的登记两个方面入手加以控制，但已经没有北京政府时期交通部颁布的法令那样烦琐，尤其是对于广播"听众"装设收音机的条件大为放松，除了必要的登记手续外，甚至不再收取任何费用。这就极大地推动了民间收音设备的普及和推广，从而为广播事业的发展奠定了基础。

对于民营广播电台的设置，则与北京政府和建设委员会公布的法规一脉相承，依然还是"登记制"——要登记请领许可证和营业执照，交相当数量的执照费和保证金。这样的制度继承，在外部环境上为民营广播电台的发展，为社会力量和商业力量进入广播事业提供了相对稳定的制度条件。

这些法令最突出的地方在于对外国人私设广播电台限制的变化。1932 年 1 月的《限制民营电台暂行办法》规定"（民营电台包括试验及广播二种）设置之团体公司或个人应以中华民国国籍及完全华人资产为限"，但是到了 11 月 24 日公布的《民营广播无线电台暂行取缔规则》则变为"凡中华民国之公民，完全华商之公司，经在国民政府立案之学校团体或其他合法之组织，得在中国境内设立广播电台，但须呈由交通部领得许可证后始得装置；其非完全华商之公司及非完全华人国籍之团体，须经在国民政府注册领有注册证书者始得请领许可证，在中国境内设立广播电台"。这就将绝对禁止外国人在华创办电台的限制，进行了一定程度的调整和放宽。这种管制的放松主要是由于国民政府广播规制的环境已经不再是取缔外国人在华创办电台、维护中国电信主权的广播事业草创时期，而是处于外国人创办电台较少，中国人自己的民营电台风起云涌的发展时期。以上海为例，1932 年 10 月曹仲渊先生所著《从上海播音到国际纠纷》中记载"以前六个年头，上海共有播音台四座，到了最近的一年，播音台有四十余座，平均每年增加了十座"。在这样的环境下，曹先生认为出现了两种弊病：在节目内容上"有电皆啼笑，无台不说书"；在技术方面则是"工程调配差"，"彼此

---

① 电信条例：第三条 [G]// 国民政府文官处印铸局. 国民政府法规汇编：第一编，1929：1035–1038.
② 徐百齐. 中华民国法规大全（1912–1936）：第 4 册 [G]. 北平：商务印书馆，1937，4640.
③ 徐百齐. 中华民国法规大全（1912–1936）：第 4 册 [G]. 北平：商务印书馆，1937，4643.
④ 徐百齐. 中华民国法规大全（1912–1936）：第 4 册 [G]. 北平：商务印书馆，1937，4643–4644.

扰乱"。① 在这种情况下，如何管制国内数量众多的民营电台，而不仅仅是取缔数量有限的外国人办的电台，就成为当时司法应对的主要内容。当然对外国人办的电台管制相对宽松，也是由于国民党不仅对内是上强下弱的脆弱的独裁统治，对外也一直执行的是比较软弱的外交政策，正如民国史专家高华所言："在实施民族主义方面：国民政府除了收回权利，邮政国有等方面取得若干成就外，其他表现微不足道。"②

随着民营台的畸形发展，1932 年 11 月 24 日公布的《民营广播无线电台暂行取缔规则》中将技术指标的限制进一步提高，要求"广播电台所用之周率须由交通部指定并须随时测验调整，使上下相差不得逾指定数量 2‰"。比 1928 年 12 月建设委员会颁布的《中华民国广播无线电台条例》严格了 5 倍。同时对广播内容也继续进行管制，即"广播电台之业务以下列为限：一、公益演讲；二、新闻报告（必要时交通部得制止之）；三、音乐歌曲及其他节目；四、商业报告（不得逾每日广播时间十分之二）"。显然，放宽了广告的播出时长，有利于民间商业电台的生存。如果进一步探究，这其实也可以算作是一种避免电台"啼笑""说书"的举措。在这个规则中还废掉了"有背党义宣传"的直白条款，改为"广播电台不得触犯下列之任何一项：一、扰乱或妨害国有海陆空及公众通信电台之业务；二、不服从交通部所派检察员之指导与监督；三、播送不真确之消息或新闻；四、与任何一电台叫通有类如通报情事；五、传递私人消息；六、播送危害治安或有伤风化之一切言论消息歌曲文词；七、扰乱其他广播电台之播音"。但是却要求"交通部得将政府机关之政令消息布告以及宣传品之与民众有关者发交广播电台播送，其重要者并得令其提前播送"。

这种条款完备，从技术到内容的广播"行政规制"体系，其规制对象只能是民营广播电台和民间私人所购的收音机，对于国民党党营的广播电台却是没有约束力的。

2. "党法规制"广播法规体系的建立

在南京国民政府交通部出台一系列"行政规制"广播法规的同时，国民党中央党部系统也在一边建立广播电台，一边将自己的控制力指向交通部管制的民营广播电台，甚至交通部、各省市政府所办的广播电台。这种控制最早的形式，就是通过要求转播中央台节目的方式实现的。

1933 年 3 月 29 日，中国国民党中央执行委员会第四届第六十三次常委会决议要求："凡国府交通部各省政府各市政府所设之广播电台及交通部所管辖之民营广播电台，其电力满 100 瓦特者，除播发本地新闻外，均应转播中央广播电台之中央纪念周及重要新闻两项节

---

① 曹仲渊．从上海播音到国际纠纷 [J]．无线电问答汇刊，1932（19）。转引自上海档案馆，北京广播学院，上海市广播电视局．旧中国的上海广播事业 [D]．北京：档案出版社，中国广播电视出版社，1985：246．
② 高华．关于南京十年（1928–1937）国民政府的若干问题 [J]．南京大学学报，1992（2）．

目，其时间由中央广播无线电台管理处规定通知之。"①《中央纪念周》和《重要新闻》是中央台非常重要的两档节目。《中央纪念周》是现场直播每周一上午9点到10点在南京国民党中央党部大礼堂举行的纪念孙中山、宣传三民主义的纪念会"特别节目"。从中央台1928年8月开播一直到1935年年初都有这个节目。《重要新闻》每天两个时间档，分别是：15点30分到16点、19时30分到21点时，周日晚上改为19点15分至20点，大约共有两个小时的内容。②这就是说，转播中央台的节目时间一般为两个小时，周一为3个小时，周日为1个小时15分钟。根据有关人士的统计，《中国无线电》杂志1934年4月5日刊出的节目时间表，上海28家民营电台，共播出新闻节目6档（一档约45分钟到1小时），每天平均播出的新闻时间最多20分钟，每日每家平均播送七八小时的娱乐节目。③根据行政院的命令，各民营台的新闻节目就被延长了4—9倍，几乎达到娱乐节目的一半时间，终于改变了民营广播节目"娱乐太多，学术与教育太少"的播出局面。采用这样的方式，党营广播组织系统间接控制了民营广播电台和行政系统的广播电台。

三年后，为了进一步"提高社会常识，或非常时宣传中央意志，齐一民众观念起见"，1936年3月27日中央广播事业管理处又函请国民党中央执行委员会转函行政院通令饬各地公私电台转播中央台的节目，公文云："自四月二十日起，每日于二十时起至二十一时〇五分止（即下午八时至九时〇五分止，星期日除外）一律须转播本处节目：现为（一）简明新闻（二）时事评述（三）名人演讲（四）学术演讲（五）话剧（六）音乐。如无转播设备者应于此节时间，暂行停播以免分歧，俾声教遐被，听感一新。"获得批准后，4月13日，由中央执行委员会秘书处致函行政院，"除电令各省市政府公署遵照，并令行交通部转饬各地民营电台遵照"。④4月21日，《新闻报》即发表了关于行政院令饬全国广播电台一律转播中央台节目的报道。这样，民营台不仅要转播中央台的新闻节目、宣传节目，还要转播话剧（即广播剧）和音乐等娱乐节目。

事实上，中央广播事业管理处（前身是中央广播无线电台管理处）不但在内容上插手对全国广播电台的管制，而且在之前还出台了一系列的法规，以加强"党部广播系统"对整个广播事业的控制力度。

---

① 中国国民党中央执行委员会函国民政府——各机关及民营之广播电台应转播中央电台之中央纪念周及重要新闻两项节目，请分饬遵办 [J]. 中央党务月刊，1933（56）：1332.
② （中国国民党中央执行委员会广播无线电台）现行播音时间表 [G]// 中国国民党中央执行委员会广播无线电台. 中国国民党中央执行委员会广播无线电台年刊，1929：22.
③ 俞子夷. 谈广播节目 [J]. 中国无线电 1934，2（9）。转引自上海档案馆，北京广播学院，上海市广播电视局. 旧中国的上海广播事业 [M]. 北京：档案出版社，中国广播电视出版社，1985：252-254.
④ 本处（中央广播事业管理处）呈（国民党）中央执行委员会请转函行政院通令饬各地公私电台转播中央电台节目文，中央执行委员会秘书处致行政院的批准执行公函 [J]. 广播周报，1936（82）：51.

因为根据中央广播无线电台管理处（后改为中央广播事业管理处）的组织条例，除了管理中央大电台之外，中广处还有三项重要职责："本处依事实之需要，得呈准中央常务委员会设立收音员训练班，无线电机制造厂等特种机关"（以下简称"设班和厂"）；"本处得酌派收音员至国内外各级党政机关负责收音，其计划规则另订之"（以下简称"派员"）；"本处得通盘筹划逐渐成立全国广播播音网，在必要时并得申请政府主管机关协助及领导各地广播电台共同进行"（以下简称"建网"），即"设班和厂""派员"和"建网"。①1932年8月11日，经国民党第四届中央执行委员会第三十三次常委会通过了《中央广播无线电台管理处设置各地党部收音机办法》和《中央广播无线电台管理处派往各地党部无线电话收音员服务规则》②（以下简称"八月双法规"），10月27日，又经第四届中央执行委员会第四十四次常委会通过了《各地设置收音机办法》《中央广播无线电台管理处设立收音员训练班办法》和《各县市保送中央广播无线电台管理处收音员训练班学员办法》③（以下简称"十月三法规"）。

在中央广播无线电台管理处出台的这一系列增进收音效果的规则、办法中，最先出台的"八月双法规"，从法规名称就可以看出，都是以"中央广播无线电台管理处"的名义从中央到地方装设收音机，派出收音员的。具体要求为"各省各特别市党部各设收音机一架，由本处酌量情形陆续设置之"，当然"收音机之装置，管理，使用，由本处选派收音员负责担任，其生活费用由各该党部支给"。如此大面积地由中央广播（宣传）单独一个系统在全国各地推广（中央）广播，从实际财政支出来看一定所耗不菲。因为当时无线电技术、零部件大多依赖进口，成品收音机"六真空管机价二百余元，三真空管机价约百元，晶体机价约十元"，④在此情况下，抗战前的大约23个省党部⑤、1000多个县党部、6个国府六院直辖市特别市党部，装设收音机和派出收音员，是需要一定财力才能办到的。

两个月之后，这种从上到下的推广方式就发生了变化，不再由中央广播无线电台管理处大包大揽，中央广播无线电台管理处只管培训，收音机的购置、人员的选派则改由地方承担。这次出台的《各地设置收音机办法》再也不提"中央广播无线电台管理处"之名，而且

---

① 中央广播无线电台管理处组织条例（1932年8月）[J].中央党务月刊，1932（49）：392–397.
② 中央广播无线电台管理处设置各地党部收音机办法，中央广播无线电台管理处派往各地党部无线电话收音员服务规则[J].中央党务月刊，1932（49）：404–407.以下引用该文内容不再特别注明出处。
③ 各地设置收音机办法，中央广播无线电台管理处设立收音员训练班办法，各县市保送中央广播无线电台管理处收音员训练班学员办法[J].中央党务月刊，1932（51）：652–656.以下引用该文内容不再特别注明出处。
④ 吴道一.我国之广播事业[G]//中国国民党中央执行委员会广播无线电.中国国民党中央执行委员会广播无线电台年刊，1929：1–11.
⑤ 根据崔之清主编《国民党政治与社会结构之演变（1905–1949）》[（中编），社会科学文献出版社，2007]，"（国民党）省党部与省政府兼职一览表（1935年）"统计资料估算而来。该资料来源为1935年《申报年鉴》第112–114、145–147页。

"各地"也不再有"党部"之名,将设置收音机的行政区域由省(还有特别市)缩小为县或市,即要求"国境以内以县或市为单位,至少先设收音机一架"。这些大批量的收音机"由中央广播无线电台管理处选择适用机械,与制造厂行订立廉价供给办法,整批代购,分发各县应用"。机器、人员费用则由各地方政府而不是党部自筹,"每县或市应缴经费四百元,以三百元为收音机价款,以一百元为学员膳宿材料费,县市政府得就地方建设教育及其他公款项下划拨,或商同当地机关团体如党部、学校、教育馆、商会、报社等摊筹,解经省政府汇转中央广播无线电台管理处支配"。在这个《办法》中,还规定了各地普设收音机的实施步骤,"依地方情形分四期举办,以各省所属市及一等县为第一期,二等县为第二期,三等县为第三期,等于县之行政区域为第四期"。各县市培训收音员设置收音机的时间期限,即从"民国二十二年一月缴款保送学员,第二、第三、第四期依次递沿三个月办理之"。

这一系列的办法,从省党部、特别市党部乃至各县(政府)的收音推广,其实是国民党"训政"体制下建立的上强下弱的"党治"体制的又一反映。国民党政权在中央实行以党统政,在地方实行党政分开,就使得中央的决策层以党系为主,到了地方的执行却不得不依靠地方行政部门。省党部与特别市党部加设收音机尽管所费不赀,但是毕竟数量有限,中央(党部)可以承担。但是到了县级一层,那可有近2 000个县(1 935个县),一个县党部每月的全部经费还不及县长一人的月薪。① 这样,出台的这三个推广《办法》,不再强调在各县(市)党部装设收音机,对于400元的经费,则要求"县市政府得就地方建设教育及其他公款项下划拨,或商同当地机关团体如党部、学校、教育馆、商会、报社等摊筹"。这就使得一个本属党内推广收音机的规定,越出了党组织内部的应用范畴,以党干政,要求地方行政部门也予以执行。

至于执行的结果,根据吴保丰《十年来的中国广播事业》的记载,这几种推广办法出台后,中央广播无线电台管理处依照所颁办法,在1937年前"分期举办收音员训练班三期,均经先后举行毕业考试,颁发机件,分送回籍工作。计先后毕业者达四百四十人"。该处所办一、二、三期收音员训练班的时间、人数,及其分发服务情形,转引如表2-1所示。

---

① 根据王奇生《党政关系:国民党党治在地方层级的运作(1927–1937)》的文章,在地方党部,除党务经费不能独立外,党政人员的薪俸相差过远,也是导致地方党权低落的一个重要因素。战前一个省政府委员的月薪为500元,外加办公补贴,合计多达一两千元;而一个省党部委员的月薪仅150元,尚不及一个省政府科员的月薪(180元)(注:《浙省指委会呈请核减党员服务于行政机关者的薪给》,1928年7月21日《中央日报》)。王奇生从国民党江西省党部档案中检阅到一份叫刘己达的党务人员的履历,履历显示,战前一个省党部书记长的月薪尚不及一个县长月薪的一半,大约相当于一个专员月薪的1/3 [注:江西省党务工作人员履历调查表(1944年)[A].江西省档案馆藏,卷号:7/2/82]。

表 2-1　国民党中央广播无线电台管理处承办收音员训练班情况一览表之一：训练时期

期组别		开学日期	结束日期	训练时间	备注
第一期甲乙组		民国二十二年二月二十日	民国二十二年七月二十日	五个月	
第二期	甲乙组	民国二十二年八月二十日	民国二十三年一月十九日	五个月以上	
	丙组	民国二十二年八月二十日	民国二十三年三月三十日	七个月以上	
第三期甲乙组		民国二十三年三月十日	民国二十三年八月十日	五个月	

国民党中央广播无线电台管理处承办收音员训练班情况一览表之二：学员数额

期　别	由各省市县保送者	由各法团保送之旁听生	人数合计	备　　注
第一期	129人	14人	143人	分甲、乙两组训练
第二期	180人	18人	198人	分甲、乙、丙三组训练
第三期	86人	13人	99人	分甲、乙两组训练
总计	395人	45人	440人	

国民党中央广播无线电台管理处承办收音员训练班情况一览表之三：服务情形调查（1934年12月调查统计）

保送机关	服务情形				训练期满人数	备　　注
	收音员	报务员	其他工作	未据报告		
江西省	31	1		19	51	
青海省	1			4	5	
湖南省	47			18	65	
湖北省	23			5	28	
安徽省	9		1	7	17	
甘肃省	22	1		14	37	
江苏省	18	3	2	13	36	内一人因第一期未毕业，复于第二期继续训练，故仅作一人计算
河北省	45			12	57	
河南省	7			4	11	
陕西省	8			3	11	
四川省	9			17	26	
贵州省	1			4	5	
宁夏省				1	1	
绥远省	2				2	
福建省	3			13	16	
山东省				2	2	
云南省				2	2	
广西省	8				8	
威海卫行政区	1				1	
旁听生		12	10	20	42	
总计	235	17	13	158	423	未毕业17人

资料来源：这三个表格原载吴保丰. 十年来的中国广播事业[M]// 中国文化建设协会. 十年来的中国. 北平：商务印书馆，1937：693-737。关于中央广播无线电台管理处收音员训练班的有关内容、表格数据载《十年来的中国》第727—729页。

由以上列表可以发现，在这一系列的推广办法施行之后，基本上按照规定时间在全国28个省中的18个省（除了山西、浙江、新疆、辽宁、吉林、黑龙江、热河、察哈尔、广东、西康省之外）及威海卫行政区①设置了收音员，可以保证近五分之一的县（市）收听到国民党的中央广播，并能将广播中的新闻消息通过当地报刊印发传播出去。据1934年年底的统计，各地刊载中央台广播消息的报纸有140多家。②

中央广播无线电台管理处在管理中央大电台的同时，还一南一北接办了福州广播电台和河北广播电台（在北平，后迁西安），后又建造了长沙电台，而且还在加急筹备中央短波电台（原定设于南京，后因抗战形势变化而改装重庆）。

因此可以看出，为了加强"党营"广播的宣传效果，中央广播无线电台管理处也是从广播电台和听众头尾两个环节入手进行推广的，即从南到北地建立广播电台；同时意识到"无线电广播与收音，关系至为密切，彼此有相辅为用之效"，③就以在各省、县市普设收音机，为各地训练收音员进行定点接收为立法的主要内容，但是并没有放弃对民营台乃至国民党所辖区域（全国）广播事业的管制。

3."以党代政"的广播规制体系的建立

当党的广播传播系统及规则办法初具规模之后，随着抗战形势的骤变，为了统合相关单位管理的权限，更为"以党代政"地管理全国广播宣传系统提供合法的途径，1936年1月，经国民党第五届中央执行委员会第三次常委会通过，将"中央广播无线电台管理处"改名为"中央广播事业管理处"（简称"中广处"）。这样改名，本身就意味着中广处不仅仅要管理国民党的中央广播电台，同时要以国民党"中央"之名掌管全国的广播事业。2月6日，经国民党第五届中央执行委员会第五次常委会通过《中央广播事业指导委员会组织大纲》，④成立

---

① 南京国民政府时期的特别行政区有两个：东省与威海卫。东省特别区原为中国与俄国合办的中东铁路的附属区域，以哈尔滨为中心，南至长春，东至绥芬河，西抵满洲里，亦即中东铁路沿线两侧各30公里的土地。北京政府划出这一地区为特别区，系出于司法上的考虑，见于1920年11月公布的《东省特别区域法院编制条例》第一条："东省铁路界内，为诉讼上便利起见，定为东省特别区域。"因之初仅为一司法区域，还不是行政区域，未设行政长官。1922年12月，中国收回了中东路主权，由于该地中俄杂居，关系复杂，故特设行政长官主管区内行政、军警、外交、司法等事项。南京国民政府成立后，内政部曾向东北政务委员会征询对东省特别区的改组意见。后因该区外交及地理上的原因，决定暂不作改变。

威海行政区的设立是国民政府1930年10月从英国政府手中收回了被强租30余年的威海卫军港，将其定名为威海卫行政区，设威海卫管理公署，直隶于行政院。管理公署设专员一人，政务由专员召集行政会议议决执行。1945年10月，威海卫行政区被撤销，改为省辖市。详见袁继成，李进修，吴德华.中华民国政治制度史［M］.武汉：湖北人民出版社，1991：455.

② 赵玉明.中国广播电视通史：上卷［M］.北京：北京广播学院出版社，2000：24.

③ 吴保丰.十年来的中国广播事业［M］//中国文化建设协会.十年来的中国.北平：商务印书馆，1937：725.

④ 中央广播事业指导委员会组织大纲（1936年2月）［J］.中央党务月刊1936（91）：175-176.以下引用该文内容不再特别注明出处。

了由中广处、中宣部、中央文化事业计划委员会、军事委员会、交通部、内政部、外交部、教育部代表组成的跨部门的领导机构——中央广播事业指导委员会。中央广播事业指导委员会成立后，国民党所辖区域（全国）广播电台，无论公营民营，均须受该会之指导、监督。这个委员会的主任委员是陈果夫，副主任委员是中广处的处长吴保丰。其他部委，包括广播行政管理的最高部门——交通部的代表不过是其八位代表委员之一。更重要的是，这个委员会在休会期间所有的职能执行工作都是由中广处代办的。即国民党中央系统的中广处借"中央广播事业指导委员会"之名，在全国行广播管理之实。

中央广播事业指导委员会的主要任务有如下十项：（1）广播网之计划与统制事项；（2）广播电台之筹设与取缔事项；（3）广播事业法规之订定事项；（4）广播电台波长之分配，与呼号之规定事项；（5）广播电台机械测验与程式之规定事项；（6）广播电台播音节目之审核与支配事项；（7）收音机之调查与登记事项；（8）国内外广播电台播音节目之侦察与交换转播事项；（9）广播机件材料之自给计划事项；（10）国际广播会议之参加事项。

根据第三项任务：广播事业法规之订定事项，中央广播事业指导委员会在成立之后颁布了一系列的法令法规，形成了国民党统治大陆22年间完整的"以党代政"广播法规体系。在这个体系之下，民营台在抗战爆发后逐渐失去了存在的市场，到抗战胜利后，几乎都被整合进"党国喉舌"的外围宣传机构。交通部所属的国营台也被中广处蚕食殆尽。

这些法规主要是针对电台的节目进行限制的，包括1936年10月的《指导全国广播电台播送节目办法》及《暂定民营电台播音节目时间标准表及说明》，[①]辅以《节目内容审查标准》及处分方法《民营广播电台违背〈指导播送节目办法〉之处分简则》（1937年4月12日交通部令公布施行），[②]这之后还出台了《教育节目材料标准》（1937年4月），[③]这些法规集以往联播与取缔法规之大成，在执行上有了更明确的规定。

《指导全国广播电台播送节目办法》（1936年10月）主要有三部分内容：首先，是节目时间表和节目内容预报表的送审制度，即节目表一定要事先"送请中央执行委员会广播事业指导委员会审查后核准施行"。同时将前文提到的民营台要转播中央台的重要节目也纳入了这个法规体系中，明确要求"各广播电台播音节目时间内应照交通部之规定，转播中央广播电台播音。其暂无转播设备者，得报明停播"。这些节目即前文提到的每周一上午9点

---

① 指导全国广播电台播送节目办法，暂定民营电台播音节目时间标准表及说明[J].广播周报，1937（132）：27–29．以下引用该文内容不再特别注明出处。见附录二。

② 节目内容审查标准，民营广播电台违背《指导播送节目办法》之处分简则[J].广播周报，1937（135）：31–32．以下引用该文内容不再特别注明出处。

③ 教育节目材料标准[J].广播周报，1937（136）：34–36．以下引用该文内容不再特别注明出处。该标准出台的时间没有标明，本书就以该标准中提到的有关内容截止到1937年4月底，进行有关内容的说明。见附录三。

到10点的《中央纪念周》，每天两小时的《重要新闻》节目，还有，每晚8点到9点05分的"（一）简明新闻（二）时事评述（三）名人演讲（四）学术演讲（五）话剧（六）音乐"等六类节目。除此之外，该《办法》还进一步提出"凡遇中央广播电台有特别重要节目，经中央执行委员会广播事业指导委员会认为有转播之必要时，得随时通知办理之（但至多每日一节目为限）"。

其次，就是关于节目的内容规定。对于节目成分要求"关于教育演讲及新闻报告方面，公营广播电台应占多数，民营广播电台亦不得少于20%，但以转播中央广播事业管理处所属各电台之节目为限，其娱乐及广告节目至多不得超过80%"。同时，明确规定播音语言为国语播送，"各广播电台除娱乐节目外，对于教育演讲及新闻报告节目应以国语播送为原则，暂时兼用当地方言者，应另加教授国语节目"。当然，有关"禁例或偏激之言论、诲淫诲盗迷信荒诞之故事及歌曲唱词"是一定在禁止内容之列的。

最后，就是对各广播电台播送时间的统一。各个电台每日何时开播、何时停播，不再各行其是，而是要求"各广播电台播送节目之时间，应以规定各区标准时间为标准。此项标准时间，应与中央广播电台每日播音校对之"。并开始对小功率的未满100瓦特的电台播出时间进行限制，规定"在同一市县以内已有100瓦特广播电台5座以上者，该地未满100瓦特之广播电台，其播送之时间应有限制，由交通部随时规定饬知不得逾越"。

与此同时，中央执行委员会广播事业指导委员会又制定了《暂定民营电台播音节目时间标准表及说明》（见附录二），具体规定了不同发射功率广播电台的播音节目时间，"各民营电台播音节目时间以电力大小为比例，暂定如下：50W以下的，每日播音时间10小时为限；50W—1000W的，每日播音时间12小时为限；1000W—10000W的，每日播音时间15小时为限"；"各电台播音时间每日最少不得少于5小时"。通过播出时限的规定，有力地控制了各类小型民营台的各种"无政府"乱象。

节目内容标准则详细到从早晨6点开始到子夜时分，每个节目时间档可以播出的节目内容及其属性。更有甚者，还具体规定："各台欲在规定播音时间内就其便利与需要而另支配开始休息及停止时间者，须按照表列时间内节目安排之（假定8:00开始则检视表内仅有7:30—8:10之说书、弹词、话剧或音乐节目，然8:00—8:10仅有10分钟，当然安排音乐为适宜），但至少须连续播音两小时方可休息。"还有对于教育节目与娱乐节目时间的相互补充要求，"如教育节目时间感觉不足时，可占据娱乐节目时间，但娱乐节目不得侵占教育节目时间"。

另外，还具体规定了一些特殊节目内容的处置方式，"关于商情、气象、新闻、警策语等，其报告时间在5分钟以上者，可用教育节目之时间；不足5分钟者，均于娱乐节目中插播之"；"广告节目由各商家自雇艺员担任者，所播讲或奏唱之书曲，其性质不得逾表内节目规定之范围"；"各种广告词句均在娱乐节目中讲播之"；"宗教宣传节目可列为教育节目之一种，惟不得超过普通教育节目全部时间之半，如认为有增加宣传之必要者，可排入娱乐节目时间内播讲之，但亦不得超过娱乐节目全部时间之半"；"娱乐节目内十项节目（滑稽、趣谈、申曲、苏滩、维扬文戏、维扬清曲、小曲、四明南词、四明文书、宣卷），每日播音时间之总数不得超过两小时"。

在如此具体的要求之下，民营台各节目内容的比例，一般为教育占38%，娱乐占62%，从法规层面严格限制了民营台过多的"啼笑"与"说书"。这些规定之后，还出台了具体的广播内容审查标准和违反标准后的惩罚措施。即在《节目内容审查标准》（1937年4月12日交通部令公布施行）中，要求："各广播电台节目其演说歌曲歌词广告等，如有下列各项情形之一者，应予修正或全部禁止：一、违反本党主义者；二、危害本国安全者；三、妨害社会治安者；四、违反善良风俗者；五、侮辱他人或先哲者；六、宣传迷信者；七、词句猥亵者；八、违禁物品或违禁出版品之广告；九、危害身心之药物或场所之广告；十、其他违背政府法令者。"

处分措施在《民营广播电台违背〈指导播送节目办法〉之处分简则》（1937年4月12日交通部令公布施行）中分为警告、停播和取消执照。其行为处置分为：

（一）警告，适于以下行为者：

甲、不遵规定寄呈各项表格及稿件送请审查，经中央广播事业指导委员会通知后，而仍不遵守者；

乙、不遵指导办法第一节第四条之规定者；

丙、播音稿本及歌曲唱词等，未经核准或许可，擅自播放者；

丁、播音节目内容与审定稿本不符者；

戊、不遵中央广播事业指导委员会关于广播节目指示者。得予以警告。

（二）停播1日至7日，若有以下行为者：

甲、接到指导办法第一节第五条所规定之通知，并不遵照办理或遇中央通令停止娱乐而依然播放娱乐节目者；

乙、经警告后而仍犯本简则第二项任何一款之情事者；或播送节目之内容未经审查核准，擅自播放，而有下列各项情形之一者：

子、破坏民族固有道德；

丑、侮辱国人共同敬仰之先哲或时贤；

寅、鬼神妖异荒诞不经之故事；

卯、词句鄙俚粗秽及诲淫诲盗；

辰、违禁物品或违禁出版品之广告；

巳、危害身心之药物或场所之广告；

午、违反民族平等之旨引起国际恶感。得予以停播之处分。

（三）取消执照或停播一月，若有以下行为者：

甲、为他国宣传危害本国安全；

乙、诋毁或违背政府法令；

丙、诋毁或违反本党主义；

丁、妨害社会治安。

如果《节目内容审查标准》（1937年4月12日交通部令公布施行）只是一些原则性的条款，那么中央广播事业指导委员会颁布的《教育节目材料标准》（1937年4月）（见附录三）则对电台经常设置的八大类节目内容提出了非常具体的要求。这些节目包括：（1）体育知识或其他卫生品德修养；（2）国语教授或其他适合后期小学或初中程度之教育节目；（3）外国文教授；（4）教育及常识演讲；（5）防卫知识或其他国防知识；（6）家庭节目及儿童教育；（7）长篇或短篇故事；（八）新闻。对这八大类节目的播出范围，列出了从具体出版机构的出版物，到各报章副刊等有关刊物的明确要求，对于"长篇或短篇故事"节目，甚至列出了一长串多达29项包括《廿四史通俗演义》《三国演义》《洁本今古传奇》《国耻史》等在内的细目。值得注意的是对"新闻"节目的严格规定，要求"国内外重要新闻均根据中央社稿或采用当地报纸上之'中央社电'或收录中央电台之广播新闻"，而且"如关于时评、讨论政见、发表宣言、批评政党或团体，及讲述主义均须将讲稿呈会核阅，批准方可播讲"。还有就是，在该标准的附注后面还附加了该会颁发的"各台播音材料一览（截至民国廿六年四月底止）"11种，其中4种是"蒋委员长安内演讲集""总理遗教要义（蒋委员长讲）""蒋委员长言论辑（三）""蒋委员长最近演讲集"。这就从根本上限制了广播电台的新闻自由，而且还将各类电台，特别是商业属性的民营电台纳入"一个主义、一个政党、一个领袖"的"党国喉舌"的宣传范畴。

这一系列的法规，涉及非常全面，对节目的内容、节目的转播以及电台的取缔都作了详细具体的规定。这些法规尽管是以交通部的名义颁布的，但是实际的执法者却是中央广播事业指导委员会，而根据《中央广播事业指导委员会组织大纲》（1936年2月）第六条明文规定，"本会工作以中央广播事业管理处职员兼办之"。因此，该会颁布的这一系列法令的实际执行，比如节目时间、节目内容的预先审查，都要落实到"党系部门"的中央广播事业管理处。

根据中央广播事业管理处编辑出版的《广播周报》第122期到147期（1937年1月30日至7月24日）上刊登的中央广播事业指导委员会21次"已审播音稿本一览"（节目内容播出时间从1937年1月4日到7月18日）（见附录四），可以发现，在这半年多的节目内容中，主要以检查娱乐教育休闲节目为主，涉及评话、南词、剧类、讲稿、弹词、四明讲卷等 32 种类型 1302 件文艺作品。审查结果分为准播、暂准、禁播、改编①等档。完全同意播出，不做任何修改的节目，即准播节目共有 900 件，占全部作品的 69.1%。有些文艺节目因为"有涉迷信，毫无意义，意义欠当，粗俗鄙俚，词义猥亵，诲淫诲盗，淫邪残杀，奸盗邪淫"，招致不准播出，或禁播。还有些节目出于意识形态统一的目的不准播出，比如 138 期、139 期《广播周报》上审查节目中刊出的民营台"上海航业广播电台"和国营台"交通部上海电台"送审的"歌曲"类节目《祖国进行曲》《保卫马德里》《救亡进行曲》《怀乡曲》《中国人不打中国人》《五月的鲜花》《一致奋起》《中国的新青年》《囚徒的呐喊》《前进的西班牙》等歌曲，因"不合国情""词意欠纯正"而"不准"播出。这些歌曲大约在 1937 年 5 月 9 日至 5 月 22 日播出，正是在"七七"抗战全面爆发之前，中日关系即将陷入危机的关键时刻，不难看出，这些歌曲宣传的意义是与国民党"攘外必先安内"的反动政策格格不入的。

这些播音稿按照法律规定应呈送中央广播事业指导委员会，但实际是由中央广播事业管理处审查的。接受审查的广播电台一共有 55 座，其中有 6 座国营台，49 座民营台。根据吴保丰在《十年来的中国广播事业》中的统计，到 1937 年 6 月，全国共有 78 座广播电台，其中民营台 54 座，国营台 24 座，也就是说，90.7% 的民营电台接受了节目审查，只有 25% 的国营电台接受了节目审查。在 24 座国营电台中有 7 座党营电台，16 座中央和地方政府办的电台，1 座军队办的电台，但是接受节目检查的党营台只有西安台 1 座，中央和地方政府办的电台 5 座，而军队办的电台一次都没有被审查。在这 21 次的节目审查中，国营台在这半年（1937 年 1 月 4 日到 7 月 18 日）中大多只有一次，只有交通部上海电台有两次，而民营台少则一次，多则（比如苏州百灵电台）多达 14 次。

由此可以看出，中央广播事业指导委员会成立后出台的这一系列法律法规，规制的对象矛头直指民营电台，尽管各项法规名义上是对所有电台而言的。规制的内容，除了早被《教育节目材料标准》（1937 年 4 月）统一了的包括新闻在内的八大类教育节目外，还有娱乐性的节目内容，可以说是"疏而不漏"。到抗日战争全面爆发前，这一年多的时间里，民营广播电台因违反上述有关规定，被明令撤销者有 9 座，暂停播音者 4 座，受警告处分者 3 座。②国民党"国家决定型"广播制度中"以党代政"的二元立法体系也就正式建成并启动了。

1937 年"八一三"淞沪战起，上海陷落，民营台大多沦陷日伪敌手，就是在国统区的民营电台也大多因供应不济而凋敝停业，这一系列完备的法规体系也就失去了规制的对象。与政府西迁重庆的中央广播事业指导委员会继续"以党代政"，在抗战期间的 1940 年，还颁布了《各省普设收音机及运用办法（修正案）》（1940 年 3 月 7 日）（见附录五），指导协助各

---

① 改编：包括照修改词句播出、暂准删减试播等方式。
② 赵玉明. 中国广播电视通史：上卷 [M]. 北京：北京广播学院出版社，2000：52.

省训练收音员,廉价售与收音机,按半价供给应用。然而在抗战过程中,为种种条件所限,这些计划落实起来非常迟缓,①中央广播事业指导委员会不过成为重建党营广播系统的一个协调部门而已。抗战胜利后,中央广播事业指导委员会于1946年9月17日开完第三十次会议后,宣告结束。而此期间"行政系统"的交通部则成了一个徒有其表,只是机械审批广播电台波长呼号,执行中广处检查结果的广播管理的傀儡部门,直到1946年才开始真正恢复既有的管理职能。

4. 抗战胜利后"行政规制"广播法规体系的"回而不归"

抗战胜利后,在党营广播系统一系独大的广播环境中,因为几乎没有其他力量需要统合协调了,中央广播事业指导委员会于1946年也结束了历史使命,交通部得以恢复管理职能,先后颁布了《广播无线电台设置规则》(1946年2月14日交通部公布施行)和《广播无线电收音机登记规则》(1948年4月,见附录六)。

这两个法令是30年代交通部颁布的三项法规,即《装设广播无线电收音机登记暂行办法》(1930年7月1日公布,1931年4月10日修正,1934年明令废止第十二条)、《限制民营电台暂行办法》(1932年1月22日修正)和《民营广播无线电台暂行取缔规则》(1932年11月24日公布,1936年3月17日修正)的大整合,也是从传者和受众,即广播电台的装设和收音机的登记两个方面入手加以控制的,而且适用范围扩大,除了民营台,其他公营电台也一并遵照执行。在《广播无线电台设置规则》(1946年2月14日交通部公布施行)中对电台进行了这样的分类,即全国电台分为国营、公营和民营三类。国营广播电台,即交通部所办电台;"公营广播电台,即凡中华民国政府机关所办广播电台,除交通部所办者系属国营电台外,其余均称为公营广播电台;民营广播电台,凡中华民国公民或正式立案完全华人组织设置之公司、厂商、学校、团体所设广播电台均称为民营广播电台"。这个法律看上去仅对后两类电台有效,包括中广处直辖的一系列党营电台,对于交通部自己办的所谓国营台却没有明确的规定,因为该规则第五条"本规则各条所称广播电台于文内叙明公营或民营者外,均系包括公营民营两类电台而言"。

这两个法规与之前三个法规的区别主要在于:第一,使用范围扩大,如上所述。第二,在装设收音机的登记手续和一般要求方面没有更多变动,但是领取执照不再是免费的,需交纳执照费10元整。第三,明确规定了外国人不得在中国境内私设电台,"凡外籍机关人民非完全华人组织设置之公司、厂商、学校、团体一律不准在中国境内设立广播电台",甚至"前项公司厂商、学校、团体之职员虽全系华人而其行政权系由外籍机关或人民掌握或其行政权虽操于华人而其资产之一部属于外籍机关或人民者亦同(亦不得私设)"。第四,具

---

① 广播事业[M].南京:(国民政府)行政院新闻局,1947:21.

体规定了各个省市可以设置的电台数量，如"广播电台之分布，每省不得超过10座并以散布各市县为原则，特别市除上海市不得超过15座，南京市不得超过10座外，其余每市不得超过6座。民营广播电台在上列各项数目中上海市不得超过2/3，其他各省市不得超过半数。综上各项数目，交通部仍得随时酌量减少核准之"。第五，在之前节目内容规定的基础上，对民营台和公营台的节目内容比例有了更具体的要求，即"广播电台播音节目应以下列各项为限：1.教育及公益演讲；2.新闻报告（以上两项之每日播音时间公营电台应占多数，民营电台亦不得少于全日播音时间20%）；3.音乐歌曲及其他娱乐节目；4.商业报告（民营电台播送以上两项节目至多不得超过每日播音时间80%，公营电台应不予播送商业广告）"。第六，还规定了节目播出语言"以中国语言为主"。

这两个条款，从字里行间透出的是交通部大权旁落后的挑衅与争斗，比如将党营台，甚至其中的"龙头老大"——中央广播电台，划归公营系列纳入执法范围；同时，置之前的中央广播事业指导委员会制定的一系列关于广播节目内容规制的法规、办法于不顾，规定"关于广播电台播音节目，交通部得在不与本规则抵触之范围内另订详细章则管理之"，之后却又不得不明言"交通部得将政府机关政令消息以及其他有益民众之节目发交广播电台播送或派员前往自行播送或规定转播另一广播电台之节目，各广播电台均应照办，不得托故拒绝"。显然，这"另一广播电台"之特殊地位只能是众人皆知的"中央广播电台"，如此直白的矛盾和无奈，反映出交通部这个广播事业的管理者，在党政二元并立，实际是"以党统政"的管理体制中，从来都是形式上的"行政者"而已，在国民党统治走向没落的最后时刻也没有实质性的改变。

四、国民党"党政"二元广播机构

（一）从"党政"二元广播机构到"以党统政"广播系统的建立

从1927年到1949年，国民党政权建立了训政时期的"党国"体制，国民党政权广播机构的体制也是党政二元地平行发展着。在这"党"和"政"的二元系统中，又都存在着"（事业）管理部门"和"电台"两个层级机构系统。

这就使得国民党政权广播机构的管理体制也是"党政"二元地平行发展着。在"行政系统"是以行政院交通部作为管理部门，下辖各类民营电台、各级政府办理的省市地方电台，同时，交通部自身还先后创办过上海、北平、成都3座电台；"党务系统"则以中央广播电台（1928年成立，1932年扩建）为核心，后以此台人员为基础成立了"台处合一"的中央广播无线电台管理处（1932年），直属于国民党中央执行委员会，并开始在各地建立直辖分台，主要有福建、河北（后转移至西安）、长沙，包括中央的中、短波台，共5座电台，并在全国 18 个省近 500 个县设置了收音员。这种"(一座)电台管理"与"管理(所有)电台""权责不明"的管理方式成为"党营广播系统"最大的体制特点。但是这种"权责不明"是别有深意的。1936 年 1 月,中央广播无线电台管理处(1932 年)改名为中央广播事业管理处,就为这种"台处合一"的管理体制跨出"党营"范围,向控制与管理全国广播事业的权力顶峰过渡埋下了"伏笔"。1936 年 2 月,借全国局势危在旦夕之机,以整合各方力量、统一宣传口径为由头成立了中央广播事业指导委员会,一直到抗战胜利结束一年之后的 1946 年 9 月,这期间完全实现了名义上"党政"二元体制并行,实际上是"以党统政"的、以党系的"中央广播事业管理处"凌驾于行政系统"行政院交通部"之上的广播管理体制。如图 2-2 所示。

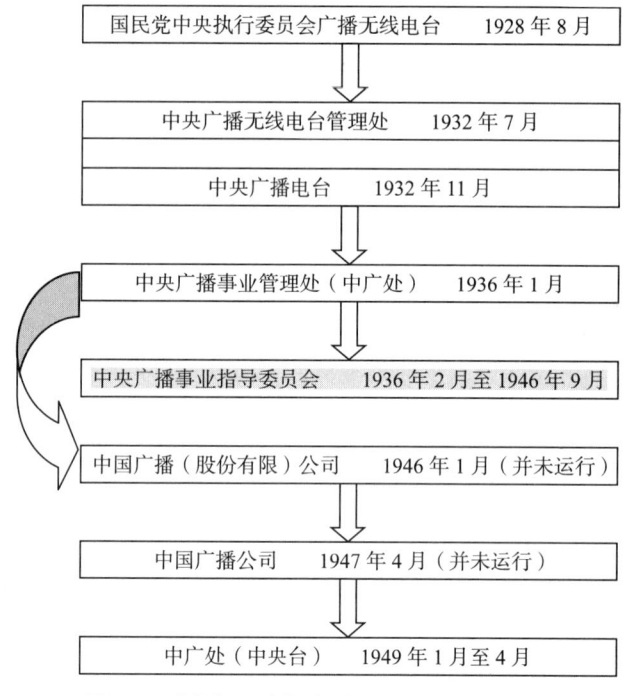

图 2-2 "党部系统"广播机构发展历程图示

在这样的管理体制下,行政系统的广播体系逐渐萎缩,同时又通过电台频率的分配、节目内容的审查、大时段地转播中央台的重要节目等法令规定,将民营电台"党化",纳入了"党国喉舌"的宣传外围组织。1937 年"七七"事变,抗战全面爆发,各类民营电台,甚至各地省市政府办的地方电台都逐渐停顿,交通部所直辖的广播电台也仅剩成都一台,[①] 没有

---

① 1937 年 11 月 27 日,日本侵略军接管交通部上海广播电台(XQHC)。12 月 1 日,亚美公司上海广播电台因上海战局变化,宣布拆机停播,以免为敌所用。同日,华美电台亦拆机停播。在此前后停播的还有鹤鸣电台(1937 年 9 月)、元昌电台(1938 年 4 月)、麟记电台(1937 年 8 月从南市迁入租界后停播)、富星电台(1938 年)、佛音电台(1938 年底)、大中华电台(1939 年 7 月前后)和大陆电台(约 1939 年底)。资料来源于 http://www.shtong.gov.cn/node2/node2245/node4510/node10154/ 上海市地方志办公室/上海广播电视志/大事记。

了管理的对象，交通部管理广播事业的意义也就仅限于"纸上谈兵"了。而"党营"的广播系统却迎来了发展的"黄金时代"，抗战期间发展到11座电台，战后飙升到41座电台（1947年9月统计）。①尽管战后也有诸多的民营电台挣扎复生，但是由于交通部出台的《广播无线电台设置规则》（1946年2月14日）中对电台的频率、分布地区、数量的严格控制，使得许多民营台都无法保证一台一频率，而是两个台甚至三个台合用一个频率（党营台却可以一个台有三四个频率②），加上战后民生凋敝，物价高涨，工商业衰败，靠广告维持生存的民营台无法与靠国家财政拨款的"党营广播"争锋，甚至连交通部也无法在战后重建北平和上海的直辖电台。有一个细节是，行政院新闻局在1947年11月出版的小册子《广播事业》中，公布了截止到1947年9月全国广播电台的统计数据，竟然直接分成了两个表，其一是"中央广播事业管理处所属广播电台概况"（41座），其二是"现有各省市公营民营及盟军所设广播电台概况"（60座），把交通部所属的成都台、国民党军队电台、民营台和美军台放到一起，而将中广处所属电台单独列表。行政院自身就把"党系广播"放到了一个特殊的位置，可见广播在党的组织建设中已经与党报、党通讯社一起成为党的直属机构，行政院也只能面对党营广播尾大不掉的现实了。直到1948年年底中央台随着国民党当局撤迁台湾，这种党营广播一系独大的局面都没有改观。

（二）"党营"广播机构的特殊性

这种"党营"广播机构的优势还可以从它的一些特殊性中表现出来。这主要是指三个方面：其一，机构领导者和组织隶属的特殊性；其二，机构职能的特殊性；其三，经费来源完全倚仗国家支持，以及体制改革有名无实。从这个意义上讲，正是"党营"广播机构的这些优势，才使得"党营"广播系统能在整个中国的广播事业中一系独大，并能取得高于党报《中央日报》、"党社"中央通讯社的特殊优势。

其一，机构领导者和组织隶属的特殊性。本属于党的宣传媒介，应该由党的宣传部直接操控才对，然而却是由中央党务工作中组织部门的负责人陈果夫为幕后的实际领导者，直接隶属于国民党最高权力机构中央执行委员会。中央台设立之初，与《中央日报》、中央通讯社一样都属于国民党中央宣传部。在1931年7月颁布的《中央广播无线电台管理处组织条例》第一条就规定"中央广播无线电台管理处直隶于中央执行委员会，关于宣传事项并受中央宣传部之指导"。1931年11月，国民党举行第四次全国代表大会的前夕，第三届中央执

---

① 广播事业[M].南京:(国民政府)行政院新闻局.1947.
② 根据《广播事业》[南京:(国民政府)行政院新闻局，1947：8-12]附表《中央广播事业管理处所属广播电台概况》(1947年9月3日止)，国民党党营中央台、党营上海台、国际台、天津台、北平台各有4个频率，党营昆明台、兰州台、太原台、浙江台、汉口台、福州台、广州台、台湾台等各有3个频率。

行委员会特地召开临时全体会议，通过了《改进宣传方略案》和《改进中央党部组织案》两项决议，规定广播电台"由宣传部划出，成为独立机构，直属常务委员会"。① 于是 1932 年 8 月修改后的《中央广播无线电台管理处组织条例》第一条即变为"中央广播无线电台管理处直隶于中国国民党中央执行委员会"，在宣传上不再受中央宣传部的"指导"。1936 年 1 月改名之后的组织条例《中央广播事业管理处组织条例》也承续了这个规定，"中央广播事业管理处直隶于中国国民党中央执行委员会"。也就是说，在组织上中央广播事业管理处以及其下的"党营"广播电台，从 1932 年中央大电台建成后就不再受中央宣传部节制，而是直属于国民党最高权力机构中央执行委员会，有了相当鲜明的独立性和直属性。如图 2-3、2-4。

其二，机构职能的特殊性。同为党内的宣传媒介，中央广播电台（即中央广播事业管理处）比《中央日报》、中央通讯社具有特殊的优势，即"台处合一"的双重身份，不仅是中央"党营"电台的运行者，还是全国广播事业的规划者和实际管理者。关于这一点上文已经比较详细地进行了阐述。这里要说的是中广处（中央台）一种更特殊的职能。1932 年 8 月的《中央广播无线电台管理处组织条例》第三条规定"本处设总务、技术、传音三科，编译、报务二室"，第五条则规定报务室之职务有四项，即"甲 关于中央党部与各地党部间公电之收发事项；乙 关于中央通讯社与各地分社间新闻电之收发事项；丙 关于通报时间之支配及波长之变更事项；丁 关于训练实习收发电报事项"。1936 年 1 月改名之后的组织条例《中央广播事业管理处组织条例》也承续了这个规定，只是删去了"乙"项。由此可以发现，中广处（中央台）还是中央党部和各地党部进行通讯联系的一个重要枢纽。

关于中广处报务室的这一特殊职能，在中广处编印的《广播周报》（总 104 期，1936 年 9 月 19 日出版）"两周年纪念特刊"中刊载的《谈谈报务室》一文中多有介绍。这篇文章自揭老底，"距今六年以前（1930 年），中央开始创办短波电台，隶属于中央秘书处。此短波电台即今报务室之始基也"。这个短波电台的呼号为 XHZ，历来为无线电界所熟知。因为 1932 年 75 千瓦大电台建成前，当时的中央广播电台发射功率只有 500 瓦特，而且是中波发射，覆盖区域有限，这个短波电台在这几年（1928—1931）的工作范围非常广泛："拍发广播新闻，传递党务命令，抄收各地情报，联络边远电台"。对于"中央政令政情之传布，各地党务之指挥与促进，国内反动阴谋之监视与举发，本党党权之维护，边地生息之沟通，实有特殊之贡献"。

---

① 方汉奇.中国新闻事业通史：第 2 卷［M］.北京：中国人民大学出版社，1996：364.

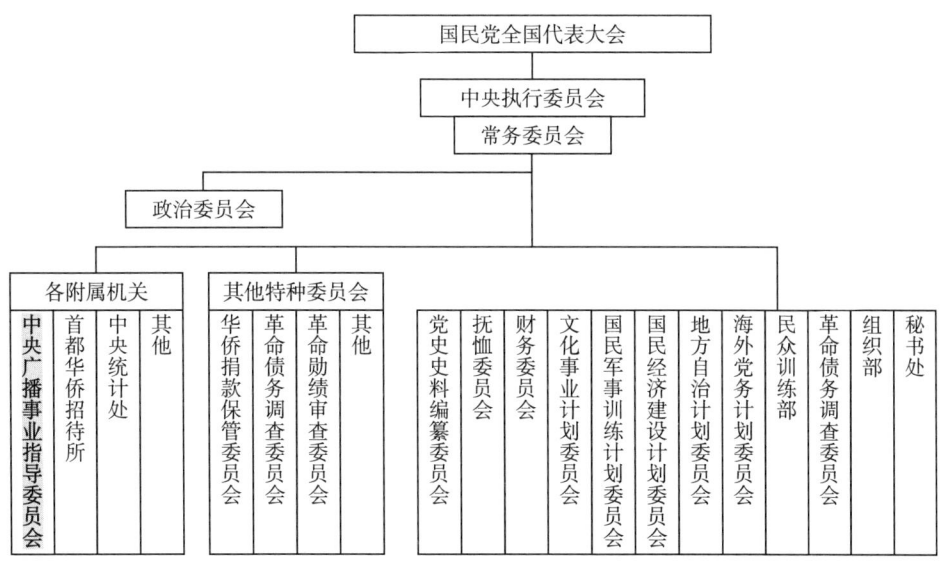

图 2-3　国民党中央执行委员会组织图（1936 年 12 月 6 日通过）

本图引自崔之清.国民党政治与社会结构之演变（1905—1949）：中编［M］.北京：社会科学文献出版社，2007：875。

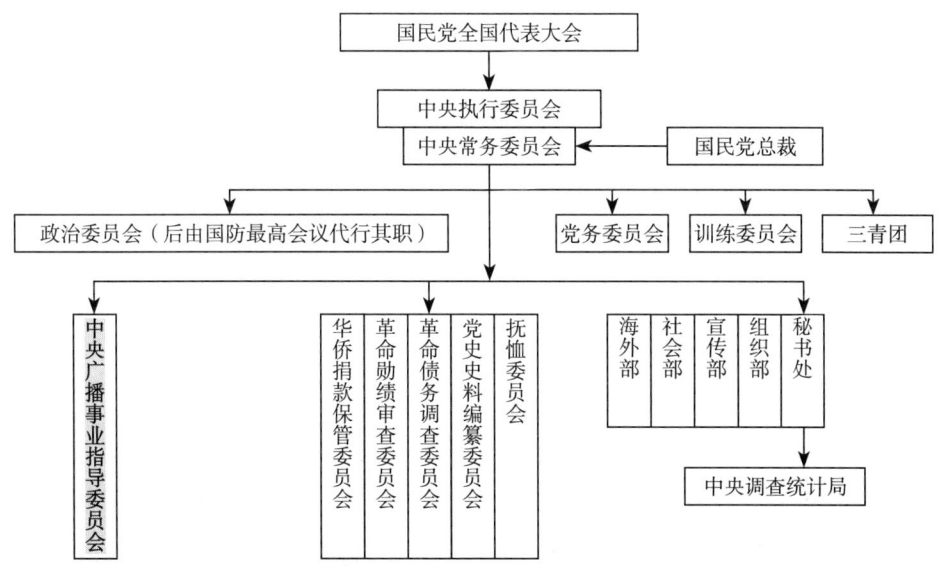

图 2-4　1938 年 4 月初国民党"临时全国代表大会"后国民党战时党务系统图

根据崔之清《国民党政治与社会结构之演变（1905—1949）：下编》（北京：社会科学文献出版社，2007：1162）有关内容绘制。

事实上，从孙中山 1925 年去世到 1931 年间，也是蒋介石同党内胡派、汪派、太子派，以及西山会议派等诸政治派系进行"党统"之争最激烈的时期。1929 年 3 月，国民党召开建立南京国民党政权后的第一次全国代表大会，即（国民党）三全大会。这是为了达到制服各派的目的，蒋介石不顾党内各政治派别和军事集团的反对而操纵的大会，在会后马上举行的三届一中全会上，形成了由蒋介石、叶楚伧、戴季陶和陈立夫组成的中央党部，推举蒋介石为中组部部长，叶楚伧为宣传部部长，戴季陶为训练部部长。陈果夫为组织部副部长，年仅30岁刚刚从美国匹兹堡大学拿到硕士学位的陈果夫之弟陈立夫则出任中央常务委员会秘书处的秘书长，由此开始了"蒋家天下陈家党"的局面。可以推测，正是通过广播及广播电台中的台中台"XHZ电台"这种先进的现代联络手段，才使得代替蒋介石行使党务大权的陈果夫得如大脑指挥四肢般将全国各党部都掌控在蒋系之下，真可谓"朝廷以一纸下郡县，如身使臂，如臂使指，无有留难，而天下之势一矣"；也才能有"在1933年以前，即使没有名为'中央俱乐部'或'CC团'之类有形组织的存在（或有，但与陈氏兄弟无关），也不能否认陈氏兄弟在执掌国民党中央组织大权后，在全国各地逐渐凝聚了一股以国民党地方党务干部为基础的庞大的政治派系势力"。① 也正是依靠这种强力的支持，五年后的蒋介石才能排挤党内各种派系，力克群雄，确立党政军三位一体的领袖地位。

1932年之后，随着中央大电台的建成，在这个台中台中央短波电台（XHZ电台）的基础上，又发展出中央通讯社总台和中央情报总台。中央通讯社总台，即中央通讯社，负责全国新闻网的发展工作，而中央情报总台则负责全国情报网的组织工作，逐渐形成单一的特务色彩。"XHZ电台"则保留改为中广处（中央广播电台）报务室，其任务也缩减为一些有限的工作，比如"辅助播音事业，供给沪市商情（后为中央通讯社供给）、黄河水位——大部分工作则为有关系的各机关义务传递消息"。② 这个大部分的工作，主要还是指中央党部与各地党部之间的联系，因而1936年1月改名之后的《中央广播事业管理处组织条例》中，报务室职责之下对此项任务仍予以保留。此间，该台还对红军苏区电台以及"两广事件"中李济深、陈铭枢、蔡廷锴在福建成立的"中华共和国人民革命政府"通讯电台③实行干扰。需要注意的是，中央情报总台是由身为组织部调查科科长、中央广播电台首任台长的徐恩曾直接插手扩建的，并分设三处：在南京丁家桥中央党部内XHZ短波电台即中广处（中央广播电台）报务室是其中一处，另外由调查科拨出经费，分别在南京中央路、香铺营设立收发报台。在这项工作中，这个中组部调查科与中央电台混合为一了。当时在中央电台内部，直接称报务室为"中央情报总台"或"中央情报电台"。至1938年春，国民党当局正式组成以陈立夫为首的"中国国民党中央执行委员会调查统计局"，简称"中统"，中组部调查科亦归于其中，报务室与有关情报电台便正式扩编成交通处，直接隶属"中统"，由"中统"特务徐

---

① 王奇生．党的派系化与派系的党化：CC系的组织形态与政治理念（1933-1938）[C]．台北：辛亥革命90周年国际学术研讨会，2001．根据王奇生的研究，这股"以国民党地方党务干部为基础的庞大的政治派系势力"于1933年初正式组建为以"青白团"和"中国国民党忠实党员同盟会"为核心的有形组织，成为"二陈"操纵国民党党务系统的核心力量。

② 谈谈报务室[J]．广播周报：两周年纪念特刊，1936（104）：84-85．

③ 该台前文已经提到，即国民党中央广播事业管理处（中央广播电台）福州广播电台的前身。

白光任交通处第一任处长,才脱离了中央广播电台。①

另外,中广处还为"中统"培训了大量谍报人员。前文提到,中央台正式开播前,就开始举办收音员训练班,仅是出于收音工具稀少的考虑,将收音员分派到各省市党部收听中央台播发的新闻并记录传播。但自1932年开始举办的几期收音员训练班,性质发生了根本变化,主要是训练收发无线电信号的谍报人员。实际上,是"中统"与中央台两家携手合办的。到了1937年,徐恩曾强调"抗日需要",以更快的速度培训谍报人员。在南京沦陷前不久,还招收了五六十人。待日军向南京进逼,训练班转入湖南益阳。这些训练班的学员毕业后,由徐恩曾分派工作,渗入全国各地(包括东北沦陷区),构成了一个庞大的"中统"情报网。②

与培训人员相配合,徐恩曾还指令中央台技术科负责设计、制造便于暗藏、携带的小型收发报机。同时,徐恩曾还假公济私,同中央台传音科科长范本中合伙,在南京新街口开了一家"中益电气公司",经营电讯器材;南京沦陷前,趁着中央台西迁重庆,他们将这个公司随同转移,设在重庆劝工局街,改名"中益电工研究社",先后为"中统"和其他机构制造了不少无线电收发报机。徐恩曾当上"中统"局副局长后,更加肆无忌惮地盗买盗卖,大量利用"中统"公款,有时假称"中统"报务电台器材,由"中统"自请外汇,自请免税;有时由"中统"转中央广播事业管理处代请免税。在重庆期间,国民党当局严禁私人贩卖军用物品,包括无线电通讯器材,但他们凭借"中统"的势力从印度、缅甸(仰光)运进大批无线电器材,大发其财。③

由此可以看出,中广处与"中统"有着千丝万缕的联系,通过公开的宣传和秘密的特务行动,这两个特殊部门就成了CC系陈氏兄弟控制国民党党权的有力工具,不但使得蒋介石在未来"党争"中的地位越来越高,最终在1938年4月武汉召开的第五届四中全会上成为国民党的总裁,拥有了对全党的绝对领导权,而且也成为在之后的拥蒋派内各系党争中,二陈的CC系与"黄埔系""政学系""朱家骅系"的斗争取得持续性优势的重要保障。

其三,经费来源完全倚仗国家支持,以及体制改革的有名无实。因为运营成本巨大,广播电台的经费来源起初都是由国民党中央党部解决的。尤其是大电台的建成,第一期15万

---

① 汪学起,是翰生.第四战线——国民党中央广播电台掇实[M].北京:中国文史出版社,1988:17.
② 汪学起,是翰生.第四战线——国民党中央广播电台掇实[M].北京:中国文史出版社,1988:17–18.
③ 汪学起,是翰生.第四战线——国民党中央广播电台掇实[M].北京:中国文史出版社,1988:18。关于中广处与"中统"的关系,《第四战线——国民党中央广播电台掇实》一书的描写非常具体,但是因为是"孤证",没有找到其他可以互相印证的史料,所以不能坐实。不过笔者于2006年9月去南京第二历史档案馆查阅资料时,9月29日顺道拜访了已经退休的该书第一作者汪学起,了解到他们为写作此书曾采访了国民党中央广播电台的诸多"老广播",作为一种亲历者口述历史的变体,本书还是愿意引用这些翔实的描写,至少从一个侧面揭示了中广处职能的特殊性和复杂性,以及之后取得相当特殊政治地位的由来。

元来自于爱国华侨捐款，之后二、三期由国民党中央特别保留的事业基金支付，江东门机房等建筑费则在党务经常费内匀支，历次中央委员全体会议结余款项、爱国华侨捐款和各级党部征收的所得捐利息，则拨充购地筑路及内部设备之用。最后尚欠35万元，陈果夫不得已乃写英文信给当时的财政部长宋子文设法解决。由此可见，在党务经费中支出如此庞大的款项其实是不可能的，很多时候必须由财政拨款才能救急。直到抗战结束前，近20年间，广播电台倚重背后的CC系，以"党之骄子"的特殊身份，过着"娇生惯养"、不断向党（其实是向政府）伸手要钱的优越生活，[①] 少有经费支绌的担心。真是名实相符的"党营"广播。

隶属于国民党中央宣传部的《中央日报》和中央通讯社，从1932年开始采用社长（负责）制，"（《中央日报》）与中央通讯社同时成为独立经营的党的新闻事业单位，为中央党报奠定一完善之制度"。在1936年1月30日颁布的《中央通讯社组织规程》中，也提到"本社经费以稿费收入充之，不足时由中央执行委员会及其他国家机关给予补贴"。也就是说，同为党营媒介的《中央日报》和中央通讯社并不完全依赖财政"津贴"，还有一些广告费和稿费收入。

抗战胜利后，中国要结束"训政"步入"宪政"[②]，"一党治国"的局面要被多党制的议会民主形式所取代，国民党的党务经费不能再从国库中直接支取，党营新闻事业即将企业化。"不能再以国库开支党费，党报不但应自立，且应进而养党"。1945年5月17日国民党第六次全国代表大会通过关于宣传问题之决议案，第二项第四点规定"实行国内外党报企业化，以巩固本党新闻事业之基础"。在党营新闻事业进入企业化的体制改革过程中，党营新闻事业的管理机构中央宣传部也将由党务系统改属政府系统的行政院。大势所趋，党营的广播事业自然也不能例外。可是作为广播事业的"保姆"，陈果夫在这个体制改革中却又为

---

① 麦克疯.崩溃前夕的党营广播事业［J］.新闻天地，1948（47）.

② 在1943年9月，国民党五届十一中全会制定了通过宪法的时间表，决定抗战胜利一年后通过宪法，实行宪政。1946年11月15日南京国民政府不顾共产党、民主党派及无党派民主人士的反对，召开国民大会，通过了《中华民国宪法》，1947年1月1日公布，同年12月25日实行。所谓"行宪"，就是开始实行所谓民主宪政，并按照宪法规定选举总统，实行总统制。1947年11月，国民党政府成立了以孙科为主任的国民大会筹备委员会，在国民党内成立了"选举指导委员会"，具体负责大会代表的选举和筹备事宜。1948年3月29日，行宪国大在南京举行，出席大会的代表有1 679人。蒋介石主持会议并致开幕词。4月19日，国民大会选举蒋介石为中华民国总统。其后，国民党内部各派经过激烈的争夺，大会经过4次投票，于4月29日选出李宗仁为副总统。5月1日，大会闭幕。5月20日，蒋介石、李宗仁就任总统、副总统。其后，组成了行宪后的政府，由翁文灏、孙科、王宠惠、张伯苓、于右任分任行政、立法、司法、考试、监察五院院长。根据《中华民国宪法》，规定总统统率陆海空军，有发布紧急命令和在立法院休会期间处理重大变故等权。国民大会之权仅限于选举或罢免总统府总统、修改或复决宪法两项。政府保持五院形式，其监察院和立法院略似资本主义国家的参议院和众议院，行政院略似内阁。国民大会、立法院、监察院三机构职权的相加，相当于西方国会。

"党之娇子"搞了一些"特殊化"。①

1945年6月7日,陈果夫给蒋介石密呈一份《对于广播事业前途之意见》,表示党营事业划归政府之原则虽已为定见,但广播一项性质特殊,与其他党营事业不同,必须特别加以考虑。陈果夫从党势推测、党方经济、历史观点、国际联络、政治部门、广播前途等方面详细论述,认为广播事业不应划归政府,"宜专设独立部门,或仍隶本党,或以特种广播公司性质,密属于党,作为民营,均由政府按供应节目之性质分担,补给经费,专给特权,俾资发展。俟其本身能媲美于列强,再议更张"。

该文上呈后,蒋介石面谕陈布雷,将广播事业指导委员会存废问题交秘书长吴铁城与中央宣传部改隶政府实施办法并案研究。于是陈果夫在6月12日致函吴铁城,对广播事业管理委员会应否继续存在之问题提出他的三点考虑:

1. 本会内部组织人事经费及业务并入中央广播事业管理处,本会则仍隶本党,由职等指导之,其政府关系部门亦照旧参加以资联系;

2. 如广播事业改组公司,仍属于党(密),则本会似可改组类于董(或理)事会,由关系部分推定其首次长任董事,而由钧座指定董事长;

3. 如广播事业划出党部,则本会可单独改组,作为本党运用广播参加意见之机构,以期把握要点。

陈果夫不断强调广播是宣传利器,党部一定要切实主导利用;若考虑宪政现实必须有所回避,至少背地里党方仍应暗中掌握,可用改组董(或理)事会的方式派相关人士入主,以达到实际操纵的目的。

6月20日,南京国民政府中央宣传部假中央党部开会审核《宣传部改隶行政院实施办法草案》,关于陈果夫所上之广播隶属问题,因为考虑宪政即将实行,依旧决定照前项草案划归行政院宣传部直辖,经费列入国家总预算,并由宣传部设广播事业管理委员会负设计指导之责,②10月中常会根据宣传部所拟原则亦认为广播事业宜采英国办法由国家经营。③但陈果夫并不死心,1946年2月又和孔祥熙、居正等人向国防最高委员会陈情,建议改组中

---

① 以下关于中国广播公司成立的内幕,源出陈果夫、蒋介石、吴铁城的往来函件:《对于广播事业前途之意见》,附陈果夫呈蒋总裁文一件,中央秘书处便笺一张,重庆,1945年6月7日,毛笔原件,(台北)国民党党史会藏,档号:6.3/5.6-2。《关于广播事业指导委员会存在改组问题意见》,附呈总裁文、蒋中正致吴铁城函,重庆,1945年6月12日,毛笔原件,(台北)国民党党史会藏,档号:6.3/5.6-3。

② 宣传部改隶行政院实施办法要点[A].附中央秘书处呈总裁文,重庆,1945年6月22日,毛笔原件,(台北)国民党党史会藏,档号:6.3/5.6-1。

③ 六届第十二次中常会会议日程[A].重庆,1945年10月15日,毛笔原件,(台北)国民党党史会藏,档号:6.3/22.2;拟定管理广播事业原则[A].附中央秘书处复中宣部函稿一件,1945年9月29日,毛笔原件,(台北)国民党党史会藏,档号:6.3/22.3。

央党部广播事业处为中国广播股份有限公司,①最后这项提议获得各方同意。草拟中国广播特种有限公司章程时,由于各方意见颇多,结果陈果夫放弃特种公司性质,改采普通公司和政府签订合约的方式进行。12月,公司章程通过,选出董事及监察人,陈果夫为免树大招风,推请戴季陶担任董事长。1947年1月,中央党部广播事业处改组为中国广播股份有限公司,陈果夫以中国广播(股份有限)公司代表的身份与行政院秘书长蒋梦麟(院长为宋子文)签订了合同,行政院委托代办传布政令的工作,期限五年,政府每月补助国币20亿元,约相当于美金20万元。表面上看,中国广播股份有限公司的章程,从总则、业务、资本及股份、股东会、组织、决算及盈余分配到附则,各项俱全,与一般"独立经营,自负盈亏"的企业化经营的公司并无二致,更无明显党国色彩,但是仔细分析该公司选出的董事和监察人员名单(如表2-2、2-3),几乎清一色的国民党要人,可见这不过是个换汤不换药的名义上的幌子。公司成立后董事长戴季陶因病未到职,一切业务仍由原中央党部广播事业处人员负责。②

表2-2 中国广播股份有限公司董事名单

姓名	别号	年龄	籍贯	通讯地址	电话	备注
戴季陶		58岁	浙江吴兴	试院路待贤馆		
孙哲生		55岁	广东中山	武彝路七号		
陈果夫		55岁	浙江吴兴	常府街四八号		
彭浩徐		49岁	江西安福	牯岭路十五号		
张道藩		50岁	贵州盘县	中央文化运动委员会		
陈辞修		51岁	浙江青田	普陀路八号之一		
吴保丰		48岁	江苏昆山	上海交通大学		
曾养甫		49岁	广东平远	平仓巷十五号		
周至柔		48岁	浙江临海	琅琊路九号		
桂率真		47岁	江西贵溪			
吴铁城		60岁	广东中山	颐和路九号		
吴道一		51岁	江苏嘉定	中央广播事业管理处		
吴稚晖		83岁	江苏武进	西华门四条巷一二四号		
陈立夫		48岁	浙江吴兴	常府街四八号		
徐可亭		60岁	四川三台	傅厚冈三十号		
叶秀峰		47岁	江苏江都	中央调查统计局		

---

① 中国广播股份有限公司条例案〔A〕.1946年2月,钢笔原件,国防最高委员会档案,(台北)国民党党史会藏,档号:003/3721.

② 吴道一.培植中国广播事业之果公〔C〕//陈果夫先生百年诞辰纪念会筹备会.陈果夫先生百年诞辰纪念集.台北:国民党党史会,1991:296–298.

（续表）

姓名	别号	年龄	籍贯	通讯地址	电话	备注
董显光		50岁	浙江鄞县	纽约中国总领事馆转		
蒋经国			浙江奉化			
方希孔		51岁	安徽桐城	上海特别市党部		
朱家骅		56岁	浙江吴兴	赤壁路十七号		
狄君武		52岁	江苏太仓	中华路锦绣坊李家苑十三号		

表2-3 中国广播股份有限公司监察人名单

姓名	年龄	籍贯	通讯地址	电话	备注
陈畏垒	57岁	浙江慈溪	湖南路五〇八号		
何敬之	57岁	贵州兴义			
李范一		湖北遮城			
陈溥泉	65岁	河北沧县	厚载巷二十四号		
谭伯羽	47岁	湖南茶陵	汉口路徐府巷七三号		
吴挹峰	56岁	浙江杭县	工作竞赛委员会		
闻理天	48岁	湖北蕲水			

有关筹组中国广播股份有限公司的文件[M]// 赵玉明.中国现代广播史料选编.汕头：汕头大学出版社，2007：201-209.

这之后，不但没有什么实质性变动，由于内战吃紧，供应不足，在经费来源上反而更加依赖国库支持。关于这一点，在吴道一到台湾后于1955年所写的《中国广播事业简史》以及1978年由"中国广播公司"编印的《中国广播公司大事记》中都有相当生动的描写："由于与政府订定合约每月补助国币20亿元（约当美金20万元），较当时实际需要甚多，乃陆续添购不动产设备。之后通货膨胀电价调升补助渐感不足，陈果夫呈请增加补助，行政院最后同意自1947年5月起每月增加30亿元。然物价攀升远较经费增加快，所领经费只够两千余名员工的薪水，其它开销毫无着落，只好裁减各台员工，并改采重点宣传，除京沪地区外其余各台暂时紧缩。10月起行政院又增60亿元经费，1948年1月再增50亿元，并另拨一次补助费1000亿元。7月起又增加经费，每月已达980亿元，但当月仅员工薪资一项即需1619亿元，根本入不敷出。8月政府实行金圆券，但不久即失效，中广每月寅吃卯粮，11月政府再拨100万元，但依旧只及员工薪资的半数。薪资拖欠员工情绪浮动，眼看党营广播事业就要崩溃，当时行政院副院长吴铁城乃将中广公司'姑且视同公营'，自1949年1月员工薪资列入国库支付，才勉强渡过难关。"① 这个党营广播的企业化就这样名存实亡了。

---

① 吴道一.中国广播事业简史[G]// 广播年刊，1955：46；"中国广播公司"研究发展考训委员会.中国广播公司大事记.台北：空中杂志社，1978：70.

(三)"党营"广播机构特殊性的深层原因探析

从以上分析可以发现,国民党"党营"广播机构以"党国喉舌"的名义,在组织隶属上却不属于中央宣传部,而是直属于国民党中央执行委员会;同时,实际的最高领导者又是组织部资深部长陈果夫;在部门职能上又与组织部下属的"中统"有着潜在的联系;在运营经费上也总是由党费、国库中直接开支,少有经费不足之虞,甚至在"行宪"后改组为企业化经营后也没有失去国民政府和国民党中央组织的"庇荫"。这种特殊性其实是南京国民政府"训政"体制背景下国民党广播党治"国家决定型"制度得以实现的直接原因,但是笔者认为,还有一些更深层次的原因招致了这种制度设计在实际运行中的实现。主要的原因就在于国民党从1925年就开始的派系斗争,以蒋派的胜利和蒋派之下的CC系对党务的绝对控制,成就了国民党CC系把持的"党营广播"异乎寻常的政治宣传地位。

关于国民党的"党争",归纳起来有两类:一类是同蒋介石的"党统"之争;另一类是"拥蒋"各派系之间的相互竞争。这两类斗争以1932年"一·二八"淞沪抗战后蒋汪合流,和1938年4月武汉召开的国民党临时全国代表大会上蒋介石当选为国民党总裁,拥有了对全党的绝对领导权为界,共分为三个阶段:第一阶段(1925—1932年),派系斗争的焦点主要集中在蒋派与党内平行各派系之间的相互纠结。第二阶段(1932—1937年)则是一个明显的过渡时期。在这个时期,一方面反蒋的西山会议派和改组派等"单纯"的政治派系几乎偃旗息鼓,而地方实力派一部分或归附南京,或发生分化,比如西南反蒋势力等仍与南京分庭抗礼,先后出现过1933年的福建事变和1936年的两广事件。另一方面,蒋派内部CC系、力行社(黄埔系)与政学系这些次生派系为争夺政治资源而开始发生激烈的冲突。第三阶段(1938—1949年),蒋介石确立了党内领袖地位后,派系之争就主要表现为蒋派之下的各系争斗,如党团之争,CC系与政学系之争等。①

经过这样的"党争",到20世纪30年代,国民党组织形态的一个最显著特征是"党的派系化"和"派系的党化"交相并举。所谓"党的派系化",乃指国民党党机器由北伐前后指导全国政治军事的核心权力组织,逐渐蜕化为一个由特定的政治派别独掌和垄断的带有浓厚"私性"色彩的权力工具。所谓"派系的党化",是指在党机器沦为派系工具的同时,党内的一些派系,借助一套独立于国民党党机器之外的从中央到地方乃至基层社会的组织系统,发展成为自主性和独立性的准政党组织。而陈氏兄弟一手组建的CC系就具有这样的双重属性:一方面它控制党机器,在1929年至1949年的20年间,国民党的党机器基本上控

---

① 王奇生.党员、党权与党争:1924–1949年中国国民党的组织形态[M].上海:上海书店出版社,2003:214–215;金以林.有质有文 新意迭见——评王奇生《党员、党权与党争:1924–1949年中国国民党的组织形态》[J].近代史研究,2004(5).

制于 CC 系之手，从而使国民党派系化；另一方面它又在党机器之外另立一套自主独立的组织系统，也即在国民党原有组织躯壳内形成一个更具组织能量的核心组织，从而兼有"派系党化"的特征。①

事实上，在第一个阶段的"党争"中，陈果夫就由于在清党过程中的鼎力支持，成为蒋介石取得国民党党内控制权的嫡系力量。1929 年 3 月召开的国民党中央三届一中全会上，蒋介石出任组织部部长，任命陈果夫为组织部副部长，他的亲弟弟、比他小 9 岁的陈立夫为中央秘书处秘书长，真正开始了"蒋家天下、陈家党"的政治局面。这也是在 1926 年 5 月国民党中央二届二中全会上"整理党务案"后，蒋介石再一次夺得对"党务"的正统控制权，并在建立了南京国民政府后开始走向"党政军"三位一体独裁专制。陈果夫也在此期间，正式扶正成为组织部部长。1930 年 10 月，陈果夫因患严重肺病辞去国民党中央组织部部长职务，前往杭州莫干山养病，国民党中央组织部部长一职就由陈立夫接任。然而 1935 年 12 月国民党五全大会后，蒋介石手中三个彼此制衡的砝码——黄埔系、CC 系、政学系平衡的政治气候遭到了破坏。大会选出的 100 个中央执行委员中，CC 占五分之一强；50 个中央候补执行委员中，CC 占了三分之一强，尾大不掉的局面已经显露端倪，这是蒋介石不愿看到的。于是借着部分元老级人物的发难，同意陈立夫把中央组织部部长的位置"让"了出来，专任中央调查统计局工作。陈立夫丢掉中央组织部部长的乌纱帽，退居幕后，开始了中央调查统计局的秘密活动。但是，无论蒋介石对陈氏兄弟如何不满，毕竟是"内部罅隙"，不会影响这兄弟二人处于国民党中央权力核心的基础地位。

国民党的最高权力机关是每一届全国代表大会选出的中央执行委员会、中央监察委员会。全国代表大会每两年举行一次，在全国代表大会闭会期间代行权力的机关是中央执行委员会；中央执行委员会每半年至少开会一次，闭会期间由常务委员会行使职权。中央执行委员会常务委员会设秘书处，置正、副秘书长各一人，承主席或中央执行委员会和常务委员会的决议，掌理一切事务。可以说，秘书长在国民党中央的地位非常高，负有具体领导中央党部的责任。同时还设有组织、宣传、海外、民众训练部，分掌党务；设政治委员会为政治最高机关；设调查统计局处理党务之统计及调查。根据国民党以党治国、以党治政的原则，国民政府的各种法令，都须先由中央执行委员会决定，再交由国民政府执行。② 秘书处、组织部、民众训练部、宣传部这四个党部机关是国民党中央党部的核心，基本上涵盖了党务方面的人事、组织安排，党员训练，宣传工作。掌握了这些部门，也就控制了整个国民党党务。在这四个职位中，"中央党部秘书长有左右事情的影响力，而且对整个党部都有这种力

---

① 王奇生.党的派系化与派系的党化：CC 系的组织形态与政治理念（1933–1938）[C].台北：辛亥革命 90 周年国际学术研讨会，2001.

② 陈旭麓，李华兴.中华民国史辞典[M].上海：上海人民出版社，1991：96.

量"，①"中央训练部长一职远不如组织部来得重要"。②因此，秘书处和组织部又是党务部门中核心的核心。

考察国民党历届中央常务委员会这四个部门的人事安排，可以发现从三届一中全会（1929年3月）到三届五中全会（1931年6月13日至15日，南京），一直由二陈兄弟，及与陈果夫交好的国民党元老戴季陶、叶楚伧等人执掌。但是，"九一八"事变之后的国民党四全大会（1931年12月22日至29日，南京），随着蒋介石的第二次下野复职，汪精卫、胡汉民与蒋介石的"党权"之争基本实现了一种形式上的平衡局面。国民党中央的核心组织系统发生了变化，部会组织得以扩大，"汪、胡、蒋"系统都有人入主中央党部核心部门，中央宣传部和组织部都改组为委员会的形式，原先的部长制改为9—17人的委员制。此时叶楚伧出任秘书长，组织部由张厉生和谷正刚负责，宣传部由方治、邵力子负责。③组织部和宣传部尽管都是CC系的大将主之，但是陈氏兄弟已无组织部和宣传部的具体负责身份。此时因身体不好养病在家的陈果夫，虽然是国民党中央常务委员会委员，还依照中央台的旧体制（即宣传内容上受宣传部指导，并由组织部部长陈果夫控制）越职操控中央台，但这在法理上是难以服众的。于是在四全大会前夕，1931年11月，第三届中央执行委员会特地召开临时全体会议，通过了《改进宣传方略案》和《改进中央党部组织案》两项决议，规定广播电台"由宣传部划出，成为独立机构，直属常务委员会"。一开始成立时就命名为"国民党中央执行委员会广播无线电台"的中央台，在这种情况下，就不仅属于中央执行委员会，而且还要非常突兀地直接隶属于国民党中央执行委员会常务委员会，具有高于隶属于宣传部的党报与"党社"的重要政治地位。这种隶属，尽管体制不顺，却非常方便作为中央常务委员会委员的陈果夫（包括秘书长叶楚伧）直接插手中央广播事业管理处（中央广播电台）的事务。事实上已经不再是组织部部长的陈果夫，在1932年7月，还被任命为国民政府导淮委员会副委员长（蒋介石为委员长），在此任上，他可以依靠中央台隶属于国民党中央执行委员会常务委员会的特殊体制直接管理中央台。

再者，中央台台长、处长的任命，以及电台内部职能的划定都由陈氏兄弟一言定夺，比如从1928年的第一任台长徐恩曾，继任台长吴道一，以及1932年中央广播事业管理处的首任处长吴保丰等人，要么与"立老"（陈立夫）有留美同学之谊，要么与徐恩曾是上海交大的前后同学，并曾供职于组织部"果公"（陈果夫）手下。1943年中广处处长吴保丰脱离广

---

① 李海生，张敏.民国两兄弟陈果夫与陈立夫[M].上海：上海人民出版社，2000：136。转引自崔之清.国民党政治与社会结构之演变（1905-1949）：中编[M].北京：社会科学文献出版社，2007：877.

② 崔之清.国民党政治与社会结构之演变（1905-1949）：中编[M].北京：社会科学文献出版社，2007：879.

③ 崔之清.国民党政治与社会结构之演变（1905-1949）：中编[M].北京：社会科学文献出版社，2007：774.

播界，吴道一升任处长，副处长一职就由中统局交通处处长彭精一继任。"电台内上自台长，下至播音、事务人员，很多人与二陈及徐恩曾有直接或间接的关系：老同学、老朋友、老部下……可谓千丝万缕"。①如此，也才会有广播电台报务室那样特殊的部门，以及中央和地方党部之间重要通讯枢纽的"特务"职能。

事实上，1932年"一·二八事变"爆发后，下野一个月不到旋即复职的蒋介石就提出："先安内而后攘外，抗日必先剿共，绝对拥护一个党、一个领袖。"实行军事法西斯专政，加强特务统治，以黄埔军校毕业生为核心，仿效德国希特勒的国社党，在南京成立"中华复兴社"，简称"复兴社"，又名"蓝衣社"，蒋介石亲自任社长。之前于1931年6月至12月出任组织部部长的陈立夫，在组织部内成立了一个"调查科"，在蒋介石的要求下，新成立的复兴社就与这个调查科集中统一于国民党军事委员会下属的军事委员会调查统计局，即国民党的特务组织军统局。这个局的局长不久就由陈立夫担任（最初是贺耀祖）。这个局，下辖三个处：第一处为党务处，即CC系特务，处长由国民党中央组织部调查科科长徐恩曾兼任；第二处为军警处，即复兴社特务处，处长戴笠；第三处为邮电检查处，处长为丁默邨。（注意这时候的"军统局"并非以后以戴笠为头子的"军统局"）②

"军统局"第一处，又称"特务工作总部"（简称"特工总部"），这是军事委员会下的一个有编制的机构，由之前成立的组织部"调查科"改组而来。"特工总部"始终是一个完全的秘密组织，在国民党中央党部、军事委员会及其他任何机关的组织条例规章中都找不到，对外活动是用代号、化名，从不挂招牌，其编制可随时间和活动的需要而变更。徐恩曾既是总部主任，又是"军统局"第一处处长。下辖书记室，训练、情报、总务三科，以及设计委员会、总督察、电讯总台、密电研究室和特务室等。电讯总台负责进行特工联系，逐渐普及扩大到全国各省、市、铁路所属单位，该台负责人是范本中（与吴保丰、吴道一、徐恩曾是上海交大的前后届同学），此人也是之前提到的中央广播电台传音科科长。③

正是这样一种管理体制，"党营"广播电台逐渐成为CC系的一个坚固的阵营，甚至连主管宣传大权的中宣部都奈何它不得，抗战期间，在重庆"他（董显光）曾以中宣部副部长的地位、主管国际宣传的身份，加上蒋总裁的支持，把（中广处的）国际电台夺过去管理了一个时期，最后终于因了工程人员在吴道一、冯简的带动下，来了一个甘地作风，我们的Hollinton董也只有对不合作主义低头了"。④

1936年之后，二陈的政治命运发生了改变，他们对广播机构也不能再像之前那样直接

---

① 汪学起,是翰生.第四战线——国民党中央广播电台掇实[M].北京：中国文史出版社,1988：15.
② 袁继成,李进修,吴德华.中华民国政治制度史[M].武汉：湖北人民出版社,1991：561.
③ 袁继成,李进修,吴德华.中华民国政治制度史[M].武汉：湖北人民出版社,1991：561-563.
④ 麦克疯.崩溃前夕的党营广播事业[J].新闻天地,1948（47）.

把持，必须有新的控制策略出台。前文提到，1935年12月国民党五全大会以后，蒋介石手中三个彼此制衡的砝码——黄埔系、CC系、政学系平衡的政治气候遭到了破坏。CC系有尾大不掉的嫌疑，于是借着部分元老级人物的发难，同意陈立夫把中央组织部部长的位置"让"了出来，专任军事委员会调查统计局局长之职。尽管二陈依然是国民党中央执行委员会常务委员，但是30年代中期以后，随着蒋介石的个人威权日益集中，中央委员会的法理权威被严重侵蚀，"中委逐渐成为一个名誉性的职衔，除了在中央开会时喧嚣一阵外，并无多少实际职权。一些没有实职的闲散中委几乎尝不到拥有权力的滋味，更不用说参与重大政治决策了"。① 另外，病后复职的陈果夫于1933年10月出任江苏省政府主席，其一手创办的电影一场一厂——中央电影摄制场和中国电影制片厂——也就是中国电影的领导权也不得不归还国民党中央宣传部。于是，在这之后，为了保持对一手创办的党营广播的控制权（包括对从中央到地方全国国民党组织系统通讯运作的监控权），乃至进一步控制全国所有的广播媒介，以便CC系保持长期的政治影响力，在陈果夫的直接运筹下，1936年2月成立了一个包括中央广播事业管理处、中央宣传部、中央文化事业计划委员会、军事委员会、交通部、内政部、外交部、教育部八部委代表组成的"中央广播事业指导委员会"，该委员会与之前的中央广播事业管理处的隶属性一样，依然由国民党中央执行委员会直接领导，由中央执行委员会指定主任委员为陈果夫，副主任委员为吴保丰，并在组织大纲中写明是为了"指导推进及整理全国广播事业"。

通过这个新策略——凭空设置的"中央广播事业指导委员会"，作为江苏省政府主席，② 陈果夫依然可以在法理上对党营广播机构乃至整个中国的广播媒介有绝对的控制力和影响力。因为这八个部委的代表中，有一些就是陈氏系统的嫡系。比如中央广播事业管理处，其实是中央广播事业指导委员会实际职能的具体承担者，像前文指出的负责审查全国各个电台的节目内容等；中央文化事业计划委员会则是根据国民党第五次全国代表大会（1935年12月）之决议，而组织的一个研究社会风俗、音乐、艺术、戏剧、电化教育、出版等文化事业的委员会，主任委员为陈果夫，副主任委员为褚民谊和CC系主将张道藩；另外，教育部也是陈氏兄弟着力控制的机关，1938年到1944年，陈立夫大部分时间不在权力中枢，却干了

---

① 王奇生.党员、党权与党争：1924-1949年中国国民党的组织形态［M］.上海：上海书店出版社，2003：167.
② 陈果夫于1933年10月至1937年11月任江苏省政府主席；1938年2月至1941年8月担任中央政治学校代理教育长；1939年7月至1945年10月任军事委员会委员长侍从室第三处主任，负责掌理人事调查、登记、考核、分配等事宜，后兼管中央训练团党政班、党政高级毕业班学员之联系与管理事宜。1944年5月被推为中央组织部部长。1945年10月被推为中国农民银行常务董事，兼董事长；1945年11月任中央财务委员会主任委员，此时，国民党六全大会以宪政行将实施，本党党费亟待自筹，因而通过筹措党费之决议案，其要旨在建立党营事业，以期自给。于是，中央财务委员会为执行上项决议，实行改组。12月中央财务委员会开始改组成立。资料来源于徐咏平.陈果夫传［M］.台北：正中书局，1980：817-831.

7年的教育部部长。这样的人员组成，就使得"中央广播事业指导委员会"顺利成为陈果夫控制全国广播媒介的执行机关。

这里有必要交代的是交通部的几位部长与CC系的千丝万缕的关系。1928年至1929年间，南京国民政府第一任交通部部长王伯群以辞职相要挟，硬是从建设委员会夺回了无线电事业的管理权，而当时的建设委员会主任是国民党元老张静江，副主任是CC系的主力曾养甫，国民党广播的"保姆"陈果夫也是建设委员会的常务委员。对此主管干部任命的中央组织部部长陈果夫当然不会善罢甘休。于是，这之后的交通部部长就有了明显的CC系的特征。交通部1932年10月至1935年12月由朱家骅出任部长，朱也是与CC系关系甚密的人。正是以戴季陶的个人关系以及与CC系的密切联系，朱家骅才深受蒋介石器重，1938年4月6日至8日，在武汉召开的国民党五届四中全会上，蒋介石当选国民党总裁，朱被选为中央秘书长。因此，在朱担任交通部部长之时，"对CC的要求，有求必应。还引用CC干将张道藩充任该部次长，相处甚欢"。①之后，朱家骅虽与CC系交恶，并成为后期与CC系进行激烈政治斗争的朱派掌门，但是通过朱家骅在交通部部长一职上的"有求必应"，管理全国电信包括广播事业的交通部却失去了对国家第一大台的管理权力（1935年12月中央广播事业指导委员会成立，即在朱家骅交通部部长任上）。朱家骅之后，交通部部长由汪精卫"改组派"的嫡系顾孟余短暂兼任。1937年3月起由俞飞鹏担任，俞乃蒋介石的亲信"后勤总管"，年轻时受到陈氏兄弟的叔父陈其美的保举进入北京军需学校，由此得以系统地学习了军事交通运输、后勤补给等方面的知识，为他日后长期从事军需后勤、交通运输等方面的工作奠定了基础。此人从1930年9月起，历任交通部次长、常务次长、代理部长、部长，直到1938年初，国民政府将迁至重庆的铁道部与交通部合并，俞飞鹏才专任后勤部长。②

1942年12月，CC系主要成员曾养甫出任国民政府交通部部长兼军事委员会工程委员会主任委员。1945年2月，曾养甫辞职，俞飞鹏再次执掌交通部。1946年5月，在内战即将全面爆发前夕，年事已高且身体日差的俞飞鹏，由于不能胜任工作繁忙的交通部部长职务，改由俞大维继任。可见，从1928年中央广播无线电台成立到1932年中央广播无线电台管理处开始组成，乃至1936年初中央广播事业指导委员会成立，政府行政部门交通部任由自己的权力辖区为党营部门蚕食的直接原因就在于：交通部的部长是"陈家党"系的干将。

综上所述，对于"党营"广播电台的控制，从管理权限上应该说有两个部门涉及其间，这就是管理国家电政通讯的行政部门——交通部，还有就是掌控党的宣传机器的宣传部。这两个部门从职能归属上说，无论是对民营广播、国营广播还是党营广播都具有理所当然的掌

---

① 郭绪印.国民党派系斗争史［M］.上海：上海人民出版社，1992：599.
② 王勇.蒋介石的"后勤总管"俞飞鹏［N］.团结报，2006-11-7.

控权，但是这两部门总是无法染指实力最强的党营广播，甚至在中央广播事业指导委员会成立后沦为了管理全国广播的陪衬角色，这是由于陈果夫、陈立夫利用自己CC系的派系党化之便，在党内形成了一个更有组织力量的小团体，使中央秘书处、宣传部，乃至交通部、教育部都成为CC系的势力范围，于是无论陈氏兄弟是否在权力中心，即便是在陈果夫做江苏省省政府主席（及导淮委员会副委员长）、陈立夫做教育部部长的情况下，他们也能保持对党乃至全国广播事业的直接操控权。这才是国民党党治"国家决定型"广播制度形成的最深层次的原因。

第三章
以实现"党国认同"为传播目的的广播节目

上一章分析了国民党广播党治"国家决定型"广播制度的建构及其成因,从1928年开始,刚刚从革命党走向执政党的国民党就利用自己的执政优势,并通过涉及广播联播、取缔,以及从传者、传播内容到受众严密控制的"党政二元"广播法规体系的建立,将广播这个现代化的传播媒介制度化为"党国喉舌";到了1936年初广播事业指导委员会的成立,标志着从民营广播到党营广播整个中国的广播事业都沦为了"党化"的工具;经过抗战烽火的劫难,从中央到地方的"党营"广播一系独大,逐渐成为中国广播事业的"主旋律",直至战后奠定了垄断性的地位。在这样的广播制度下,国民党广播究竟是通过传播何种内容才将现代大众传播媒介——广播异化为"党化工具"的,这样的传播内容对国民党及其统治产生了怎样的影响,这是本章所要研究的问题。

关于国民党广播的传播内容,笔者认为,国民党从1928年开始创办国家级的党营广播电台,到1949年党营广播随着国民党在大陆的失败而走向崩溃,在这22年的发展中,尽管传播的内容由于历史发展的时代性表现出不同的侧重点,但是一以贯之的传播理念就是要解决一个现代国家最为紧要的"国家认同"问题。

所谓国家认同,就是人们对自己的国家成员身份的知悉和接受。以现代国家——不论是在民族—国家还是在政党—国家的意义上而言,"国家"在中国都有一个兴起的问题。这是因为,"国家"在中国历史进程中具有两种实质构成明显不同的含义:古典时段的文化—国家结构,现代时段的党化国家结构。[①]1927年之后国民党建立了南京国民政府,首开党化国家的先河。与现代国家作为民族—国家的规范状态不同,党化国家具有其特殊性。民族—国家乃是以历史语言文化共同性为基础的民族与政府(国家)结构的结合体,但是党化国家则是一个建立在具有支配民族命运基础上的强势、独大的政党对于国家权力的独占。[②]就国民党从1928年后建立的党化国家来看,其独特性表现在:其一,维系国民党及其党化政权存

---

①② 任剑涛.政党、民族与国家——中国现代党化国家形态的历史—理论分析[J].学海,2010(4).

在的基本力量是直接听命于蒋介石的中央军的,即"党军"的存在;其二,国民党政权的政治影响得以渗透到社会生活的各个领域的组织体系,除了公开的政府行政机构之外,还有直接听命于蒋介石个人的国民党秘密组织;其三,国民党维持其统治"合法性"的理论工具是三民主义意识形态。①

因此,国民党建立的这个党化国家,为了使得刚刚从王朝体制下走出的国民能对其有深入的了解,并能有相当的认同行为,从一开始就不断通过各种各样的政治经济文化行为及其散布的精神基质来界定自己。这种界定的最广泛、最公开,而且是周期性的输出就是通过大众传媒这个渠道完成的。大众传媒是一种权力资源,也是话语力量的增效器,是可以有力地影响、操纵并变革社会的手段,是现代国家形塑社会生活意识形态的主要方式。②就广播媒介而言,由于国民政府建立的"国家决定型"的特殊的广播制度,"镶嵌"进国民党党内组织系统的广播媒介就完全服务于"党国认同"的传播工作。

从政治哲学的观点来看,国家认同在本质上是一个多向度的概念,可以从两个主要层面来探讨,即"政治认同(Political Identity)和文化认同(Cultural Identity)都是国家认同的重要层面,它们共同创造了公民对国家忠诚的感情"。"政治认同",指的是个体基于对特定的政治、经济、社会制度有所肯定所产生的认同心理。"文化认同"指的是一群人由于分享了共同的历史传统、习俗规范以及无数的集体记忆,从而形成对某一共同体的归属感。③以此作为出发点,本章将对国民党广播在"政治认同"与"文化认同"两个方面进行阐述。

需要说明的是,在这个传播过程中,国民党一系列"党营"和"政营"的电台都发挥了应有的作用,但是在其中又以人力与技术领先的国民党中央广播电台最为集中和典型,正如国民党中央广播电台传音科科长范本中在《广播事业在文化上之地位》(1937年6月)一文中所说:"如果我们翻阅全国各电台的节目表详细审查一下:民营电台是偏重于娱乐。虽然中央广播事业指导委员会规定了四六制度——百分之四十教育节目,百分之六十娱乐节目——它们的节目内容经过了指导委员会的审查,而它们对于教育节目,究竟是敷衍了事的多。至于一般属于省市政府的公营电台呢,想它们当初开设的目的,原为的要宣达省府或市府的政令和意旨。但是一省的政令意旨,究竟没有许多可以天天向听众广播,况且还有不便随意宣传的地方,所以这些公营电台的节目内容,也就不得不离开了宣传的主体,而趋于普通化与教育化了。至于中央电台,它是代表中国广播事业的首脑;它的地位也就可以称是中

---

① 高华.关于南京十年(1928-1937)国民政府的若干问题[J].南京大学学报,1992(2).
② MCQUAIL D. McQuail's mass communication theory [M]. 4th edition. SAGE UK: SAGE Publications, 2000: 1.
③ 江宜桦.自由主义、民族主义与国家认同[M].台北:扬智文化事业股份有限公司,1998:15-16.

国广播事业的地位。它在文化上教育上有所成就，在宣传方面，娱乐方面得到效果，也就是中国广播事业的成效。它的节目设施，是为全国各电台所模仿与转播的。"① 因此，本章所谓的节目内容主要以国民党中央广播电台的节目为例进行说明。由于广播节目的易逝性，笔者遍寻内地、香港、台湾，没有听到当时播出的"带响"的广播节目，所以只能进行文本分析。节目的文本都来源于国民党中央广播事业管理处编辑出版的《广播周报》上刊载的节目文稿及节目单。为了探寻广播节目研究的历时性，笔者尝试用计算机 EXCEL 程序将《广播周报》全部 312 期上的 307 期②中央台（含国际台）节目表（共计 12 万个数据）电子化，以期对这些不同时期的节目能有一个横向和纵向的比较。

一、"政治认同"的宣传成为"党化"广播节目的常态

1928 年国民党建立了新型的党化国家，这个国家是以"党军""特务组织"和"三民主义"意识形态构筑而成的。对于军队的"私化"，和非公开的国家行政组织的存在，中国国民并不陌生，但是对不同于中国文化儒学传统的"三民主义"意识形态，接受起来是要有一个过程的。而国民党自认为高于北洋军阀政府的主要方面，即它有三民主义的理论系统，这更是国民党统治在理论上的"合法性"依据。正如蒋介石在《中国之命运》（1943 年）一书中反复说的"自国家有机体的生命上说，没有了三民主义，中国的建国工作就失去了指导的原理。所以三民主义是国家的灵魂"。③

国民党所建构的这个意识形态，体系宏大，内容庞杂，但中心线索主要有三条：其一，主义与中国。鼓吹三民主义荟萃了古今中外文明之精华，既符合中国的需要，又顺应时代的潮流，为任何其他主义所无法比拟，它是统一国民思想的根本标准，拯救中华民族的唯一法宝。其二，主义与政党。宣称三民主义是国民党所创造和尊奉的，党的事业须由主义指引，党的意志要靠主义凝聚，而主义的宣传与实践又离不开党的领导和奋斗。其三，主义与领袖。把蒋介石说成是孙中山最忠实的信徒，其对三民主义的阐发与实践，在国民党中无人能及；赞美蒋介石智慧过人，在政治、军事、教育、伦理、哲学等诸多领域均造诣精深，是集军事家、政治家、教育家于一身的"世界的伟人""民族的领袖"和"国民党的导师"，强调要信奉主义，就必须拥戴这唯一的领袖。以上三条线索环环相扣，由此形成了"一个主义、

---

① 范本中. 广播事业在文化上之地位 [J]. 无线电，1937，4（3）：193–205。范本中于 1934 年 7 月开始以报务室主任的身份兼任传音科科长（中广七十年大事记 [G]. 台北："中国广播公司"，1998：24）。
② 有 5 期的《广播周报》，即第 176 和第 192 至 195 期没有中央广播电台的节目单。
③ 蒋介石. 中国之命运 [M]// 秦孝仪. 先总统蒋公思想言论总集：专著卷 4. 台北：国民党中央党史委员会，1984：123.

一个政党、一个领袖"的政治表述。①

国民党党营广播电台的节目基本可分为四大类：宣传、新闻、教育和娱乐。②在这里节目的分类显然不是关键问题，因为无论怎样分类，在各类节目中都有一个"主旋律"——三民主义意识形态的灌输，都有统一思想的诉求和国家意志的贯彻。尤其是其中最特别的"宣传"类节目，更是国民党广播不同于私营商业广播之处，这类节目是专门进行党化意识形态推广工作的重点节目，围绕"一个主义、一个政党、一个领袖"的政治表述，通过两类经常性的节目，使人们对这个党化国家有更深入而广泛的政治认同。这两类节目，第一类是主义与党义的宣传，比如《总理纪念周》《总理遗教》和《讲读蒋委员长文稿》，以及抗战中《党义研究》和《恭述总裁言论》等节目；第二类是施政宣传节目，包括各类"政治（施政）报告"和"侨务委员会报告"，以及抗战中的《抗战讲座》和《抗战教育》，战后的《国府政令》和《总统令》等节目。

在政治宣传之外，国民党广播电台还通过严格控制新闻来源的方式，使每天数次播出的各种新闻类节目成为进行舆论引导、实现"政治认同"的重要手段。除了一般的《简明新闻》《记录新闻》《新闻报告》之外，还有对中外新闻时事进行及时舆论引导的新闻述评类节目，比如战前的《时事述评》，战中的《时事谈话》（中央台）、《时事论述》（国际台）和抗战胜利后的《时评》节目。

需要说明的是，政治宣传节目作为国民党广播的重点节目，大多安排在以当时广播技术来看干扰少、收听效果较好的一些黄金时段，比如早上或晚上，无论平时还是周日基本保证每天都有宣扬纲领、阐发党义的节目，节目时长从10分钟到30分钟不等，特别纪念日还可能增加播出的次数和时长。在宣传条件异常艰苦的抗战期间，这种类型的宣传节目还一直保留着，像《总理遗教》节目就是战前和战中都有的节目；还有一些节目只是名称发生变化，节目播出的周频次增加，但是内容没有实质性更改，比如战前就开始的《讲读蒋委员长文稿》，战中的《恭述总裁言论》。本书仅就其中最具代表性的一些节目进行研究，对相同类型中的其他节目，比如同样阐发党义的《党义研究》节目便不再一一详述。

正是通过宣传和新闻节目，国民党中央广播电台从主义与党义的灌输、各项施政报告的传播以及对时事的舆论引导三个方面来引导大众对三民主义意识形态的认知与赞同，并进一

---

① 梁丽萍.国民党主流意识形态的构建与失败（1928–1949）[J].中共中央党校学报，2004（3）.

② 吴保丰的《十年来的中国广播事业》第702页中记载，党营广播电台的节目大体可分为五大类：（一）宣传；（二）演讲；（三）教育；（四）新闻；（五）娱乐。（见附录七）这种分类，显然在标准上有逻辑矛盾，比如演讲节目是指节目的形式，而其他则是从内容的角度进行划分的。因此笔者将演讲节目分别列入宣传、教育、新闻节目中，只将节目分成（一）宣传、（二）新闻、（三）教育、（四）娱乐四大类。因为这种分类大致反映了国民党中央广播电台及中央广播事业管理处下属各台的节目状况，而且涵盖的时间跨度，不仅仅是1928年至1937年这十年间，可以说概括了国民党在大陆创办广播的整个22年间的节目面貌。

步扩大到肯定国民（党）政府特定的政治、经济、社会制度，以此为基础使人们对这个千年未有之"党国"产生广泛的政治认同，并能服从和忠诚于"党国"。

（一）主义与党义灌输的系统化、日常化

1.《总理遗教》——三民主义"天天讲，周周讲"

《总理遗教》节目，又称为《讲读总理遗教》节目。这是国民党中央广播电台进行主义宣传的招牌节目。

所谓"总理遗教"，其实就是孙中山的精神遗产，具体是指在1925年2月24日，由汪精卫笔录的孙中山遗嘱中最核心的内容："现在革命尚未成功，凡我同志，务须依照余所著《建国方略》《建国大纲》《三民主义》及《第一次全国代表大会宣言》，继续努力，以求贯彻。"① 这之后，经过国民党党政要人蒋介石、戴季陶、胡汉民、陈立夫等人的深刻阐释和反复讲解，"总理遗教"的内容就是在孙中山所著四大部分基础之上，建构成为一整套的以"三民主义"为准绳的官方意识形态。这种意识形态的内容将"总理遗教"各部分内容精致化、体系化、教条化，使"总理遗教"成为无所不包的理论来源，并能利用这套理论从国民党的角度解释历史与现实的一切现象，最终使"三民主义"成为给国民党各种政策提供"合理性"依据的高度灵活的意识形态。②

《总理遗教》节目就是对以上整套"总理遗教"的广播传播。根据中央广播事业管理处（中央广播电台）播音科发表在第68期《广播周报》（1936年1月11日）上的有关节目介绍的文章，《总理遗教》节目从国民党广播无线电台管理处成立的1932年7月就开始有了，而且"因自始即被认为性质重要，有永久存之必要也"。"1935年9月18日，总理遗教讲读终卷，改讲总理传记，期国人对总理人格修养，及其一生事业，有一概括之认识；1935年11月13日传记讲述完毕，乃重复讲述三民主义，以主义有如经典，同具不磨真理，固不嫌反复讲解之也"。③ 因此，该节目成为国民党中央广播电台持续时间最长、出现频度最高的节目之一。根据《广播周报》中节目表的记录，从1934年9月17日至1937年8月14日154周中共播出304次，从1940年4月10日至1941年4月10日53周共播出近70次，抗战之后的节目表中没有出现该节目。这个节目平均时长20分钟，短则15分钟，长则25分钟或30分钟，1935年3月12日（周二），孙中山逝世十周年纪念日时达到40分钟。在1934年

---

① 荣孟源.中国国民党历次代表大会及中央全会资料：上[G].北京：光明日报出版社，1985：656.
② 高华.关于南京十年（1928–1937）国民政府的若干问题[J].南京大学学报，1992：2.
③ 从《广播周报》第65期到第83期（第70和72期没有），国民党中央广播事业管理处（中央广播电台）传音科利用《小言》栏目，针对听众来函，集中将电台节目情形，"一一予以详细之解释"。关于《总理遗教》节目的介绍刊登在《广播周报》第68期（1936年1月18日出版）第14页。

10月6日之前，每周从周二开始一直到周六，每天都在上午的9:40到10:00播出，以一周五次的节目频次出现在中央台的节目中，而周日、周一没有《总理遗教》节目的原因，是由于周日上午节目大都从11:00开始，周一早间同一时段又在转播《中央纪念周》节目。这之后这个节目出现的频次有所下降，到1936年9月21日，是每周三次的频次；到抗战全面爆发之前的1937年6月28日，还保持每周一次的频次。全面抗战开始后，从《广播周报》已有的节目单中可以发现，也是每周有一到两次的《总理遗教》节目，一般在周一或是周日，节目的播出时间已经调整到下午的17:30至17:45，或是18:00至18:15。详见附录八。

1932年7月，在中央大电台开播前，成立了台处合一、准备将广播舆论宣传延伸到全国的中央广播无线电台管理处，《总理遗教》节目由此开始设置，这是有强烈的象征寓意的。此时，内忧外患深重。对外，国难危机，日军从1931年"九一八"之后，就不断挑衅，得寸进尺。1932年1月28日，日本侵略上海，淞沪抗战开始。对内，则是在国民党内部又发生了一次反蒋高潮，1931年12月15日蒋介石被迫第二次下野。与1927年8月13日至1928年1月4日初定南京第一次下野时相比，此时的蒋介石已经成为国民党党内的铁腕人物，早已降服了冯玉祥、阎锡山、李宗仁等地方军阀，东北的张学良也以他马首是瞻，更重要的是蒋介石还牢固地控制着中央军的指挥权。面对日益严重的中日局势，新当政的国民党大员汪精卫、孙科之流毫无调兵遣将的本事，因此，两个多月之后的1932年3月1日，蒋介石就又一次复出，在洛阳召开的国民党四届二中全会上，他重新当选为军事委员会委员长，再次掌握了军事大权。此间，考虑到1月28日爆发的淞沪中日之战威胁到首都南京的安全，国民政府于1月30日将首都迁至洛阳。5月5日《淞沪停战协定》签订，12月1日国民政府迁回南京。

国民党党内路线斗争激烈，国家战争危机频仍，由CC系操控的宣传利器——中央广播无线电台，自然不能袖手旁观。一方面，在加紧修建大电台的同时，于1932年2月在洛阳赶装一中波电台，报告中枢政令；另一方面，在节目中间，不断"恳请全国同胞，踊跃输将；并接受各方捐助，随时送达淞沪前线，慰劳国军"。[①] 在中央广播无线电台管理处成立之后，为整合各界抗日力量，弥合党内各派分歧，又增加了《总理遗教》这样大力宣传三民主义的节目。

"三民主义"（这里是广义上的，指"总理遗教"全部的内容）作为一种价值符号，构筑起国民党的党化意识形态。国民党人始终认为，"积本党改组以来之经验，证以世界一切治乱兴亡之陈迹，益令吾人确信三民主义为综合中国民族数千年历史经验，及全世界最进步之科学的理法而成之人类进化，世界大同之最高指导原则。必须此主义广大发扬于世界，而后世界人类乃可减少无数不必要之牺牲，实现普遍永久的和平与进步"。若能全国一致信奉三

---

① 中广七十年大事记［G］.台北："中国广播公司"，1998：18.

民主义,"彻底指导其政治的、社会的一切设施,则此民族即可发扬无量之活力"。① 因此,国民党每一次的中央全会,几乎毫无例外地要通过一个《统一革命理论案》之类的议案,反复强调在全国及国民党内树立三民主义的理论权威地位。在国民党看来,其内部的"纠纷百出",不是源于政治体制与组织机制的弊端,而是由于"理论中心不能建立。共信不立,互信不生,则宣传不能统一,行动不能一致,力量不能集中"。②

正是基于这样的认识和官方立场,《总理遗教》这样的广播节目便应运而生。当然该节目本身也是根据国民党训政时期的指导思想,通过广播这个大众传播工具,训导教化政治、文化素质低下的民众,为进入民主宪政阶段培植基础的一种非强制性的方法。正如负责节目编排、播出的传音科所作之《小言》介绍,该节目的目的"旨在宣扬本党主义,总理学说,以期开化全国人心;阐述建国方略五权宪法,以期启发全国民智。盖必如是,方能完成训政,促进宪治"。③因此在具体节目内容上将孙中山"三民主义"思想根据"总理遗嘱"逐项分解,逐日讲读,根据《广播周报》节目表上刊登的《总理遗教》具体内容的记录,比如根据孙中山《三民主义》书中的分节方式,将民族、民权、民生主义分别分成六讲、六讲、四讲,从 1934 年 9 月 24 日一直到 1935 年 2 月 8 日半年间讲了 58 次,每次都是在早间节目中播出 20 分钟,每周基本上是三到五次;《建国方略》则一次讲一章,从 1935 年 2 月 11 日开始,到 1935 年 9 月 27 日 7 个多月的时间讲了 99 次,从《建国方略》之《孙文学说——行易知难》第一章以饮食为证、第二章以用钱为证、第三章以作文为证等基础内容讲起,涵盖了"总理遗嘱"的几乎所有方面。

《三民主义》是孙中山于 1924 年 1 月到 8 月在广州国立师范学校的讲演稿,计划对民族主义、民权主义、民生主义各作六讲。由于广州商团叛乱与准备北伐的需要,民生主义只讲了四讲,未能按计划讲完。这 16 次演讲,是孙中山一生中关于"三民主义"最系统、最详尽的讲演。讲稿经孙中山亲自修改后,于同年分三册印行,年底出版合订本,书名《三民主义》。1924 年是孙中山的晚年,也是他思想最成熟的阶段,即通常所说的孙中山"新三民主义"的形成时期。因此,这次讲演是他的"新三民主义"的一个重要文献。④根据《总理遗教》节目内容统计表可以发现,节目的编排就是根据这本书的章节目次排列的,尽管《广播周报》上没有登载这个节目的节目稿,但是可以推测这近 20 万字的内容一定是《总理遗教》节目讲读的主要依据之一(见附录九)。从技术上看,这是一个非常不错的选择,演讲稿本

---

① 第二届中央执行委员会第四次全体会议宣言(1928 年 2 月 7 日)[G]//荣孟源.中国国民党历次代表大会及中央全会资料:上.北京:光明日报出版社,1985:517.
② 统一革命理论案(1928 年 8 月 11 日)[G]//荣孟源.中国国民党历次代表大会及中央全会资料:上.北京:光明日报出版社,1985:535.
③ 小言[J].广播周报,1936(68):14.
④ 沈渭滨.论"三民主义"理论中国家与社会的关系[J].复旦学报,2005(5).

身的口语化和通俗化是适合作为广播媒介传播的。更重要的是，除了《三民主义》外，还有《建国方略》等内容，这样涵盖宏富、包罗极广的纯粹的理论性讲解，经年累月地持续播出着，比如"1935年11月13日（总理）传记讲述完毕，乃重复讲述三民主义，以主义有如经典，同具不磨真理，固不嫌反复讲解之也"，这样"反复"和"重复"的播出，就非常容易使"三民主义"符号化。再加上，在此过程中国民党通过其他官方手段不遗余力地推广"总理遗教"，使之成为官方学说和社会主流理论。比如1938年12月，国民党中宣部通告："凡是翻印《三民主义》《实业计划》《孙文学说》《民权初步》《建国大纲》等著作合订本5000册以上者，奖励1000元；翻印4000册以上者，奖励750—1000元；翻印各种单行本印数与上述合订本印数相当者，给予相当于15%—30%的合订本奖金。"①这种政治符号的反复传播本身就是政治社会化的过程。在这个过程中，人们被悄然"洗脑"，越来越意识到"党国一体"是"中华民国"合法性的基础。国民党也在此过程中运用"三民主义"统一民众思想，并使其政治行为合理化、权力合法化，最终以维持其政治权力系统的运转，让民众服膺其统治。

在商业广播整日"有电皆啼笑，无台不说书"的广播节目生态环境中，《总理遗教》成为国民党"党国"电台的标志，而这种标志，随着"主义"灌输的日复一日，"天天讲"的《总理遗教》开始逐渐减少，由一周五次，到一周三次，再到一周一次的"周周讲"。"（孙中山）总理"符号逐渐被"（蒋介石）委员长（总裁）"符号替代，宣传"党论"的《讲读蒋委员长文稿》和《恭述总裁言论》进入了人们的耳鼓。

2.《讲读蒋委员长文稿》《恭述总裁言论》——言论宣传随时跟进

在宣传主义的同时，还有更多的宣传内容是关于"总理遗教"的重新阐释和国民党的政治理论建设的经典著述，这其中以蒋介石的言论最为重要。于是从战前到抗战，这样的节目以"党论节目"的名义成为国民党广播电台的重点，很多时候，其重要性超过了《总理遗教》这样的主义宣传的节目。这就是《讲读蒋委员长文稿》《恭述总裁言论》节目。

根据《广播周报》的记载，《讲读蒋委员长文稿》节目第一次出现于1936年4月25日（周六），直至1936年8月7日（周五）之前，每周六一次，之后每周五一次，发展到1936年9月16日（周三）之后，每周三、五两次，同时期《总理遗教》节目却开始减少，由每周一、三、五三次降到每周一一次。而且，《讲读蒋委员长文稿》节目的时长平均每次半小时，短则15到20分钟，长则90分钟。1937年10月28日（周三），即蒋介石50岁寿辰前一天播出的《讲读蒋委员长文稿》就长达90分钟，比《总理遗教》节目最长时长40分钟（在"总理逝世十周年纪念日"1935年3月12日播出）多出一倍还有余。

---

① 江沛，纪亚光.毁灭的种子——国民政府时期意识管制分析[M].西安：陕西人民教育出版社，2000：6。另外，《孙文学说》和《实业计划》两种著作，合称为《建国方略》（前者为心理建设，后者为物资建设）。

蒋介石作为合法性国家领袖的"政治符号"出现在国民党中央广播电台，甚至有代替孙中山"领袖符号"的趋势，这是在国民党内派系斗争过程中，蒋派与平行的胡派、汪派、太子派以及西山会议派等诸政治派系角逐"党统"地位，逐渐胜出的一种"水到渠成"的表现。正如民国著名史学家李剑农在1932年出版的《最近三十年中国政治史》一书中评论的：国民党的改组是中国政治新局面的开始，"因为此后政治中所争的将由'法'的问题变为'党'的问题了；从前是'约法'无上，此后将为'党权'无上；从前谈'法理'，此后将谈'党纪'；从前谈'护法'，此后将谈'护党'；从前争'法统'，此后将争'党统'了"。① 而在国民党派系斗争中有资格同蒋介石谈"党纪""党权"，又敢同蒋争"党统"的并不是冯玉祥、阎锡山、李宗仁等地方实力派，而是党内同蒋派平行的各派系。到1932年3月蒋介石第二次下野两个多月即复出后，蒋介石在国民党党内的地位逐步上升与巩固。到1938年三四月间国民党临时全国代表大会恢复党魁制，蒋介石出任国民党总裁，完全确立了蒋的党政军三位一体的政治地位之前，这一时期——1932年至1937年，是国民党派系斗争的明显过渡时期，虽然这一时期出现过1933年的福建事变和1936年的两广事件，但这两次反蒋事件中来自国民党党内的支持明显降低，因此很难再出现以"护党"为名，挑战蒋所代表的"党统"地位的情况。②

　　在党内派系纷争被压制下去之后，国家之外患却依然紧迫。1932年5月《淞沪停战协定》和1933年5月《塘沽停战协定》的签订，并没有阻止住日本继续入关侵占华北的野心。1935年5月，已通过两年前签订的《塘沽停战协定》将其侵略势力渗透到华北的日本帝国主义，又向中国政府提出对华北统治权的无理要求。国民党当局继续坚持"攘外必先安内"的政策，在经过1930年12月至1934年10月对共产党的赣南根据地发动五次"围剿"后，仍一直围追堵截向西撤退的红军主力；为了避免两面作战，国民党华北军分会代理委员长何应钦与日方代表、日本华北驻屯军司令官梅津美治郎于1935年7月6日签订《何梅协议》，由此国民党放弃了华北主权。1935年5月至12月，日本制造"华北事变"，继续策动"华北自治"，扩大对中国的侵略，民族危机空前严重。12月18日，南京国民政府不顾全国人民的反对，反而指派宋哲元等成立"冀察政务委员会"，由宋哲元任会长，以适应日本关于"华北政权特殊化"的要求。

　　国民政府接二连三地与日本签订出卖主权的协定，激起了全国各界的抗日风潮和反政府行动。这期间中国共产党以抗日为号召，反对国民政府"剿共"，并号召全国人民反对国民

---

① 李剑农.最近三十年中国政治史［M］.上海：上海太平洋书店，1932：531。转引自王奇生.党员、党权与党争——1924-1949年中国国民党的组织形态［M］.上海：上海书店出版社，2003：26.

② 金以林.有质有文 新意迭见——评王奇生《党员、党权与党争：1924-1949年中国国民党的组织形态》［J］.近代史研究，2004（4）.

党政府。中国共产党领导的红军于 1935 年 8 月 1 日发表了著名的"八一宣言",即《为抗日救国告同胞书》,要求全体同胞,团结起来,停止内战,一致抗日。1935 年 12 月 9 日北平学生联合会发动了"一二·九"运动。之后由于各级共产党组织继续扩大抗日宣传及运动,学生运动更为蓬勃地开展起来。1936 年 1 月 15 日,蒋介石与各地中等以上校长及大学生代表 300 余人谈话,交换意见,并说明政府对日方针,学生运动渐息。①

正是在这样的背景之下,《讲读蒋委员长文稿》于 1936 年 4 月 25 日(周六)出现在中央广播电台的宣传节目中,而且是在当时收听效果最好的黄金时间 19:30 至 20:00(该时段本是《儿童教育》或《音乐会》节目)。此时中央台的宣传节目在每周的一、三、五早间 7:50 至 8:10 有《总理遗教》,在周五 20:10 至 20:20 还有《新生活运动促进总会宣传节目》,后者也是配合蒋介石在 1934 年 2 月 19 日发起的"新生活运动"而于 1936 年 1 月 24 日开始设置的宣传节目。但是在这三档宣传节目中,《广播周报》的节目表更具体地刊登了《讲读蒋委员长文稿》内容的题目,而其他两档宣传节目内容的具体名目却几乎没有刊登。

根据《广播周报》节目表的统计(见附录十),《讲读蒋委员长文稿》播出第一天——1936 年 4 月 25 日(周六)的节目就是《救国教育之真谛》,显然这样的内容是针对青年学生抗日救国学潮的,而且这个内容还讲了两次。之后的节目是《为学办事与做人的基本要道》一次、《救国途径与教育目的》四次,甚至在 1936 年 6 月 20 日暑假之前还讲读了《学生应利用暑假服务社会》的文章,其劝服和教育学生的用意就更加明显了。在这些讲稿中,要求青年学生要立志做一番大事业,而要做一番大事就必须有一个"法宝",这个法宝就是"大学之道",这才是做人和做事的基本方法,否则遇事就没有主意。"如此不仅不能治国,连到自己一身一家也治不了"。②而这个"大学之道",就是蒋介石一生中最崇尚的一本书,即中国古代儒家典籍《四书》之一的《大学》。蒋介石认为:"一部《大学》,就是孔子所讲为学做事,成德立业的科学方法。其由小而大,由本而末之精微开展的系统理论,实在是孔子最重要之科学的遗教。"③蒋介石还在为(南京)中央政治学校 1935 年 2 月 1 日春季开学所做的演讲——《为学办事与做人的基本要道》中,就《大学》所讲的道理,将科学的内容即基本的科学精神和方法总结了几个要点:"第一就是要即物穷理,第二就是研究与预备,第三就是分工合作,第四就是精确真实,第五就是要条理与系统,第六就是要自强不息";并进一步阐释《大学》所云"博学之,审问之,慎思之,明辨之,笃行之","笃与诚在意义上

---

① 张玉法.中华民国史稿[M].2 版.台北:联经出版事业公司,2001:283-287.
② 蒋介石.青年为学与立业之道[M]//秦孝仪.先总统蒋公思想言论总集:演讲之卷 14.台北:国民党中央党史委员会,1984:51.
③ 蒋介石.为学办事与做人的基本要道[M]//张其昀.先总统蒋公全集:第二册.台北:中国文化大学,中华学术院。转引自马振犊.南京国民政府时期蒋介石思想理论简析[J].民国档案,2003(1).

是连用的。笃行，就是贯彻始终完满达成的意思，亦就是我常常所说的'力行'"。① 由此要求青年人先来恢复我们中国固有的美德，"忠、孝、仁、爱、信、义、和、平"，定要如此，才算是一个真正的中国人。而且不仅一个学校要好而已，更要由青年人造成一个明礼义、知廉耻、负责任、守纪律的风气，"使全国各大学的风气都能转移过来，才可以达到建立一个现代的新中国之目的"。②

在这样"力行"哲学的指导下，蒋介石要求学生不能再"坐而论道"，而要"起而行"，投入到"改进社会建设国家与复兴民族之革命事业之中"，"此种（暑假）服务工作，实尤为必要。盖社会之范围甚为广泛，社会之情形至为复杂，欲于最短期间，加以改造，实非政府少数官吏与几纸命令所能为力，必须一般智识份子，本其爱国救民之热诚，奋其牺牲刻苦之精神，自动投身最穷困之社会，深入最痛苦之民间，以实地观察调查研究一切，并即实地指导一切，随时改良"。③

从这样每周一到两次近一小时的讲读中，可以发现这些文稿的选择都是紧密配合当时的时政形势特意安排的，比如 1936 年 6 月到 9 月间"两广事件"爆发，粤桂地方实力派攻击蒋介石对抗日不作为，声称两广愿意与日寇决一死战，要求蒋介石立即停止对各地方实力派的进逼。在这个事件进行过程中的 1936 年 8 月 1 日的《讲读蒋委员长文稿》选播了《统一救亡》（该演讲原讲于 1936 年 7 月 13 日）。

再则，1936 年 12 月 11 日播出的讲稿为《以一日所得贡献国家》。这是由于 1936 年 11 月中旬，上海《立报》鉴于"国难日深，民生日蹙，欲求生存，端赖武装自卫，发起'一日运动'办法，即请全国人民将一日所得的薪给捐献政府，作充实国防之需"。中央广播电台从 1936 年 11 月 21 日起，举办"一日运动"播音劝募节目，"将各地推行该运动的新闻，随时播报，并代收各地爱国人士捐款，数额不拘多少，收到后掣给爱国捐收据，并将捐者姓名数额，逐日由中央台播音公告，汇登销路已逾两万份的《广播周报》，以资征信"。这个节目一直延续到 1937 年 3 月 17 日结束。此间播出蒋介石的《以一日所得贡献国家》，一定是借广播媒介之便进一步扩大国家领袖对此全民运动的号召与呼吁。

另外，根据当时"消灭红军和共产党，完成'安内攘外之大业'"为所谓第二期革命之责任（1933 年 7 月对庐山军官训练团的演讲），还播出了《第二期革命之开始》（1936 年 5 月 30 日播出），同时又选择了蒋介石对"庐山军官训练团（1933 年 7 月至 9 月）"和同期

---

① 蒋介石.为学办事与做人的基本要道［M］//张其昀.先总统蒋公全集：第二册.台北：中国文化大学，中华学术院.转引自马振犊.南京国民政府时期蒋介石思想理论简析［J］.民国档案，2003（1）.
② 蒋介石.青年为学与立业之道［M］//秦孝仪.先总统蒋公思想言论总集：演讲之卷 14.台北：国民党中央党史委员会，1984：55.
③ 蒋介石.学生应利用暑假服务社会［M］//秦孝仪.先总统蒋公思想言论总集：演讲之卷 14.台北：国民党中央党史委员会，1984：374.

江西星子县举办的党政人员训练所演讲的诸多演讲稿。根据《广播周报》上已有的节目单统计，在已知节目稿题目的 63 次节目中，有 14 期是在庐山和星子县讲的（见附录十一）。其中，在庐山一共讲了 29 次，在星子县讲了 4 次，广播节目几乎用到了庐山和星子县讲话的一半。这些节目从"治军"和"治党"两个方面相当有代表性地阐释了抗战前蒋介石安内攘外、消灭"赤匪"的指导思想。

举办庐山军官训练团和星子县党政人员训练所的原因是，从 1930 年 12 月至 1933 年 2 月，蒋介石军队对赣南共产党根据地连续发动了四次"围剿"，结果全部以失败而告终。蒋介石不得不改变策略，先从整顿军队和培训党政人员入手，为全歼"共匪"作最迫切的准备。于是 1933 年 7 月 18 日庐山军官训练团第一期开学。蒋介石在开学典礼上做《庐山训练之意义与革命前途》的演说，强调："我们以后能不能剿清赤匪，与整个革命的成败，党国的存亡，以至各个人的生死，统统都看这次训练能不能发生效力。所以我们希望各位教官和学员认清这次训练的重大意义，晓得这一次训练，不是通常所办的什么训练班或军官团，而实在是我们自己个人的生死关头，也是我们的党和国家以及整个民族的生死关头。"① 正是在这样的指导思想下，庐山军官训练团的军事教育就有了政治上"洗脑"和军事上"强化"的双重目的，其"最大的特点是通过灌输封建主义观念和法西斯主义思想"，把"礼义廉耻"四维和"忠孝仁爱信义和平"八德作为军队的精神支柱，提倡发扬以"仁"为中心的"智信仁勇严"的武德和"不成功，便成仁""冒险犯难"的精神，② 并强调"要讲信仰上官，尤其是全军的统帅"，③ 确立蒋介石的统帅和领袖地位。

在训练军队的同时，还要求党政人员"随军跟进，随地办理保甲和地方团队"，党政军"相辅为用，通力合作"，为"剿匪"军事上的胜利提供制度化的保证。

这 14 次以"剿匪"为目的的讲话稿，有 12 次出现在 1936 年底至 1937 年"七七"事变前这半年中。④ 而此时，西安事变爆发、国共内战基本结束，在"抗日"成了中国共产党、国民党内部主战派以及反蒋派反对蒋介石国民党统治的一面新旗号的压力下，在 1937 年 2 月召开的国民党五届三中全会上，蒋介石对内对外政策方面作出重大调整，标志着"攘外必先安内"政策的终结。但是从这连续播出的 12 次节目中，可以发现这种准备抗战的政策调整，不可避免地打上了"剿共"的烙印，说明蒋介石国民党对合作抗日缺乏应有的诚意。⑤

---

① 蒋介石.庐山训练之意义与革命前途［M］// 秦孝仪.先总统蒋公思想言论总集：演讲之卷 11.台北：国民党中央党史委员会，1984：283.
② 蒋介石.军人精神教育之精义［M］// 秦孝仪.先总统蒋公思想言论总集：演讲之卷 11.台北：国民党中央党史委员会，1984：290.
③ 蒋介石.庐山训练之意义与革命前途［M］// 秦孝仪.先总统蒋公思想言论总集：演讲之卷 11.台北：国民党中央党史委员会，1984：293.
④ 除了《生命的真义》（1936 年 5 月 23 日播出）和《党政工作人员须知》（一）（1936 年 6 月 6 日播出）外。
⑤ 马占城.试论蒋介石国民党准备抗战的思想［J］.福建党史月刊，2005（7）.

除了以上这些有明显时效性的稿件之外，在现有的节目记载中，还有更多的是有关蒋介石"党论思想"和"党军思想"的稿件，比如《怎样算是真正的革命党员》《革命党员应倍加努力负起国家兴亡之责》《革命党员的根本精神就是为主义而死》《革命党员办事的精神和方法》，以及《黄埔军校之使命与革命的人生》《"自由""平等"之真意与团体生活的重要》《军人唯一的宗旨为仁民爱物》《革命军人成功立业之道》《革命军人首当崇尚气节》等。此外，还有《国民经济建设运动之意义及其实施》这样关于国民经济建设运动的讲话稿。这些讲话稿应该说都是在蒋介石关于"三民主义"的"四大建设的理论体系"下派生的内容，他把"三民主义"划分为政治建设、物质建设、心理建设与社会建设四个部分。作为训政时期国民的"保姆"——国民党的自身建设是社会建设的重要内容，正如蒋介石在《总理遗教概要》中所说，"本党的组织，则为社会建设一个特殊的规范"。① 军队建设从一开始就是蒋介石所看重的，他一生视军队如生命，认为有军则有权，有军就有党，强调建国必先建军，建国必须以建军为中心。② 国民经济建设运动的提出则是物质建设思想的具体实施：1935年七八月间黄河、长江水患频发，蒋介石政府日益感到国民经济建设刻不容缓，"中国今日根本之危机，全在经济之残破。以致国民生活日益困穷，而民族之命运，亦因之岌岌危殆，不能生存于二十世纪之今日。故目前吾国唯一急要之问题，乃为如何挽救此已将崩溃之国民经济，而使人民获得相当之生活；为如何解决货弃于地而民困于野之矛盾可耻的现象，而谋国民经济之发展。因此认为今日须有一种运动继新生活运动之后而起，即国民经济建设运动是也"。③ 这是在中日战争一触即发的情况下，由中央政府自上而下发动的一场战前的经济动员运动，从加强国防基础的重工业、农业、交通业，乃至金融业的改革（币制改革）入手，为国防建设提供所需的物质基础。这样的广播宣传既是对蒋介石深度阐释的三民主义（《总理遗教概要》）的一种广泛传播，也使人们对蒋介石"政治领袖"符号有了一定程度的认知。

根据《广播周报》的记录，从1939年7月至1941年4月，《讲读蒋委员长文稿》停播，代替这个节目的是播出频次惊人的《恭述总裁言论》，最高的时候，每周有七次之多。而此间（1940年4月至1941年1月）《总理遗教》最多的时候也就每周两次而已，并且还时断时续。

抗战期间另一档重要的宣传节目是《党义研究》，从1939年初到1940年4月，这个节目的周频次为一到三次，最高时达到四次。从《广播周报》的记录来看，《党义研究》也是

---

① 蒋介石.总理遗教概要［M］// 秦孝仪.先总统蒋公思想言论总集：专著之卷1, 台北：国民党中央党史委员会, 1984：123.

② 一生重视控制军队 蒋介石的军事思想［EB/OL］. 东北新闻网, http://news.nen.com.cn.

③ 蒋介石.国民经济建设运动之意义及其实施［M］// 秦孝仪.先总统蒋公思想言论总集：专著之卷4, 台北：国民党中央党史委员会, 1984：37-38.

对"总理遗教"中的《三民主义》《建国方略》和《建国大纲》内容反复地进行讲播（见附录十二），因此可以说尽管抗战硝烟四起，国民党广播并没有放弃对主义和党义的日常宣传，甚至在抗战期间物资紧缺、播音时间弥足珍贵的情况下，还增加了这些主义、党义宣传节目播出的周频次。

3.《"迎榇宣传列车"的跟踪宣传报道》《中央纪念周》和《总理传记》——"领袖崇拜"——党国认同的符号化宣传

关于国民党意识形态的三个线索——"一个主义、一个政党、一个领袖"的宣传始终是国民党中央广播电台重要的宣传核心。以上《总理遗教》和《讲读蒋委员长文稿》两个节目可以说是对"主义"和"政党"的宣传，而对于领袖的崇拜和宣传其实是在广播电台一开办就已经有了，尽管之后"领袖"的内涵有一些变化，蒋介石从孙中山的忠实信徒走向了历史的前台，但是从1928年中央广播电台开播之日起，"孙中山"的符号化宣传就已经在节目中出现了，并且成为民国时期孙中山政治象征符号建构的重要方面。

"孙中山"是国民党竭力寻求夺取政权与统治合法性而不断建构的政治象征。所谓政治象征是指具有政治意义的象征符号，同时也包括仪式行为与话语等，它们是政治意义、价值观念与社会情感的表现形式。① 国民党塑造、建构"孙中山"政治象征就是为了服务于党国认同的政治需求。在这个政治象征符号构筑的繁复工程中，广播媒介发挥了不容忽视的作用。

1928年8月1日国民党中央广播电台开播之后，接到的最大的宣传任务就是在1929年6月1日孙中山奉安大典之前，即1929年5月10日至28日参加迎榇（chèn，棺材）宣传列车播音的工作。正如中国国民党中央执行委员会广播无线电台编于1929年12月的《中国国民党中央执行委员会广播无线电台年刊》的"纪事"（第11—15页）中《参加迎榇宣传列车琐记》②一文所记录的："（民国）十八年六月一日，为本党总理孙先生安葬之期，中央党部欲使民众明瞭奉安意义，及阐扬本党主义起见，遂有迎榇宣传列车之组织。先期由金浦路北上转北宁路以达北平，沿途广为宣传，籍以唤起民众。"

当时的中央广播（无线）电台非常重视这次宣传节目，经当时的上级机关领导宣传部部长叶楚伧同意，委派了台长（主任）吴道一带队，组成3人小组并携带演讲机等，沿途广播，"俾收扩大宣传之宏效！"

此宣传列车有11节车厢，第七节车厢为无线电机车，"内由本台装设公共演讲机及收音机，沿途播送音乐演词"。从技术上讲，这次沿途宣传对广播设备是有相当高的要求的，需

---

① 陈蕴茜.合法性与"孙中山"政治象征符号的建构［J］.江海学刊，2006（2）.
② 以下引用除特别标明，都出自该文。

要全套的收音、扩音、放声设备,经过技术人员的装置和调试,产生了很好的效果,"发为声浪,清晰洪大,恍若面谈,虽有数万听众,咸得完全听聆"。

1928年6月,随着北伐的完成、新疆通电归顺以及东北张学良的"改旗换帜",国民党建立了以蒋介石为中心的南京国民政府之后,其实际统治范围只有长江中下游六省。这次迎榇宣传列车,由南京到北平近千公里的高调宣传,既是对之前北方(军阀)政府统治下人民的慑服,也是通过对孙中山政治象征的宣传而使人们对新成立的党国产生广泛的政治认同的一种手段。列车沿途行驶,大中小23个车站一律停车宣传。"来站参加之民众,少则一二千,多则数万,一种悲壮激昂之神情,各处无不相同。良以北方民众,深受军阀之压迫,帝国主义之凌辱,一遇此种机会,莫不踊跃参加也"。各站宣传时间,少则半个小时,多则3个小时。小站停留时间短,"只就车站上作公开演讲,及散发宣传物品";中大型车站,"停留时间较久,参加民众亦多,即与车站附近,或相当地点,召集宣传大会,并表演剧魔术,开放北伐电影"。

而广播放音情形,则是这样的程序:

第一,列车进站时,播放党歌唱片;

第二,列车停靠后,由(总理奉安)委员会报告沿途工作经过情形;

第三,随即开始演讲,并播放总理演讲片。

国民党的党歌,原系黄埔军校的校歌,是孙中山于1924年6月16日主持黄埔军校开学典礼时的训词:

三民主义,吾党所宗,以建民国,以进大同。
咨尔多士,为民前锋,夙夜匪懈,主义是从。
矢勤矢勇,必信必忠,一心一德,贯彻始终。①

这种三民主义政治思想的直白说教与表达,是"孙中山"政治象征的他种符号形式,在此仪式中具有营造氛围、增强仪式感染力的功能,所以每当这11节贴有庄严肃穆蓝底白色标语的迎榇列车进入站台时,"三民主义,吾党所宗……"的党歌就气势恢宏地由远而近、由弱而强地进入人们的视线、耳膜,人们自然会被带到"缅怀孙中山"这个特定的情境中。

之后是委员报告沿途工作,并播放总理讲片。这些讲片共有三片,两张国语,一张粤语。可以想象,满怀好奇的观众和听众,尽管之前可能听到过孙中山的威名,但是从未亲耳聆听过他的声音,而当此人去世后,人们竟然可以听到他慷慨激昂的鼓励国民的演讲,这样的仪式,一定使得很多人如身临其境,颇受感动。正如《参加迎榇宣传列车琐记》所记载的:"总理之遗音犹存于世者,仅此数片而已,演讲词声清气壮,听者莫不动容。"

---

① 刘作忠.中国近代国歌的演变[N].北京日报,2007-09-24(20).

经过 12 天近 30 次这样的仪式（见附录十三），"孙中山"这个政治象征符号得到了生动的呈现与充分的展示，并通过社会成员的记忆而得到传播。

"迎榇宣传工作"结束后，紧接着就是 1929 年 6 月 1 日的奉安大典。除了这些重大事件的宣传之外，国民党广播电台还将"孙中山"的符号宣传固定成为一系列特殊的节目，如总理诞辰日（1866 年 11 月 12 日）、逝世日（1925 年 3 月 12 日）、蒙难日（1896 年 10 月 11 日）、就职日（1921 年 5 月 5 日）等一系列具有特殊时间序列符号的纪念节目，而在这其中每周一上午实况转播国民党中央党部大礼堂举行的《中央纪念周》节目则是持续时间最长、频度最高的。根据笔者翻检《中国国民党中央执行委员会广播无线电台年刊》《广播周报》和《中央日报》，发现这个节目从 1928 年 8 月 1 日中央广播电台开播的第一周就有了（如图 3-1），一直到 1935 年 1 月 14 日（周一）为最后一次，每次一小时，前后持续了近 7 年。

自 1925 年 3 月 12 日孙中山逝世后，国民党就根据孙中山的出生、逝世及经历的重大事件，制定了一系列时间序列符号，并创造了"纪念周"这样的纪念形式，即孙中山逝世后在一周中举行系列纪念活动。1925 年 4 月，建国粤军总部制定了《总理纪念周条例》，规定"以每周星期一为纪念周永久行之"。① 1926 年 1 月 16 日，国民党"二大"正式通过决议，"海内外各级党部及国民政府所属各机关、各军队均应于每星期举行纪念周一次"，并写入《中国国民党总章》。2 月 12 日，国民党中央党部议决公布《（总理）纪念周条例》，对纪念周的具体执行办法进行了详细规定，明确举行纪念周的目的就是"为永久纪念总理，且使同志皆受总理为全民奋斗而牺牲之精神，与智仁勇之人格所感召，以继续努力，贯彻主义"，并规定"每周之月曜②日（星期一）上午 9 时至 12 时"举行纪念周仪式。③

作为每周纪念孙中山的一种固定形式，纪念周其实已经是一种时间概念，而且是一种"制度时间"。所谓"制度时间"(institutional time)是指根据组织或机构的作息而制定出的不同的时间表及对时间表的不同分割，是组织或机构成员共同遵守的时间。④ 这种"制度时间"其实就是涂尔干很早就提出的相对于"个人时间"的"社会时间"概念，后来人类学家 M. 布洛赫进一步深入研究，发现每种文化内至少存在两套时间观，一套是"仪式时间" (ritual time)，另一套是"日常时间" (practical time)，一般在高度阶序化的社会，仪式较多，人们会将较多的时间用在仪式沟通(ritual communication)上，这与日常时间观是不同的，所以，仪式塑造了社会文化时间。⑤

---

① 建国粤军纪念孙大元帅［N］. 广州民国日报，1925-04-27。转引自陈蕴茜. 时间、仪式维度中的"总理纪念周"［J］. 开放时代，2005（4）.

② 曜（yào）：日、月、星均称"曜"，日、月、火、水、木、金、土七个星合称"七曜"，旧时分别用来称一个星期的七天，如"日曜日"是星期日，"月曜日"是星期一，其余依次类推。

③④⑤ 陈蕴茜. 时间、仪式维度中的"总理纪念周"［J］. 开放时代，2005（4）.

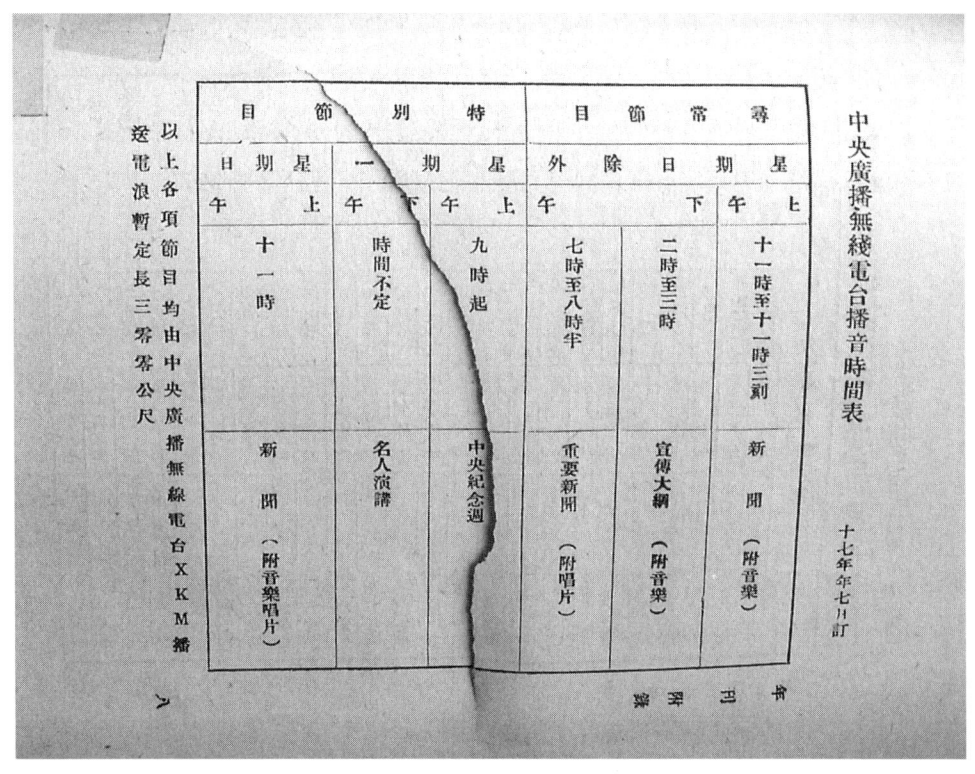

图 3-1　国民党中央广播电台最早节目表（1928 年 7 月至 9 月）

资料来源：中国国民党中央执行委员会广播无线电台.中国国民党中央执行委员会广播无线电台年刊[G].1929:"附录" 8-9.

从这个意义上说，纪念周既是一个时间概念，同时又是一种政治仪式，因为纪念周虽然是制度时间，但它又与一般日常工作遵行的制度时间有所区别，带有仪式时间特征，仪式活动构成纪念周的核心内容。因此，国民党在纪念周制度时间的具体执行中，特别强化仪式程序与仪规，以显示纪念周的重要性与神圣性。①

在首份《总理纪念周条例》中，国民党即对纪念周仪式进行了详细规定：

（1）全体肃立。
（2）向总理遗像行三鞠躬礼。
（3）主席宣读总理遗嘱，全体同时循声宣读。
（4）向总理遗像俯首默念三分钟。
（5）演说或政治报告。
（6）礼成。

纪念周仪式中每一仪节均有深刻的内涵与功能，对此国民党宣传机构曾做出权威阐释。②"全体肃立"是"极紧要的一种典礼"，因为"随随便便地安安闲闲地坐在位置上，能否表出我们内心的敬意？……全体起立了，仿佛总理的精神注到我们的精神上，我们中任何人似乎都是有总理的精神而能淬厉奋发了"。

"向总理遗像（后增向党国旗）行三鞠躬礼"，"我们见了总理遗像，自然而然地会生出一种最敬的敬意，自然而然地会行最敬礼。所以在秩序上，规定了这一项，正是根据了孙文主义的信徒内心所发现的要求"。

"恭读总理遗嘱"，这是纪念周仪式中最为核心的仪节。一般由主席带领诵读总理遗嘱。全文如下：

余致力国民革命凡四十年，其目的在求中国之自由平等。积四十年之经验，深知欲达到此目的，必须唤起民众及联合世界上以平等待我之民族，共同奋斗。

现在革命尚未成功，凡我同志，务须依照余所著《建国方略》、《建国大纲》、《三民主义》及《第一次全国代表大会宣言》，继续努力，以求贯彻。最近主张开国民会议及废除不平等条约，尤须于最期间促其实现。是所至嘱！

"革命尚未成功，同志仍须努力！"这种文白相间、朗朗上口的仪式语言，作为一种记忆手段，变成了一种政治信条。正如拉斯维尔所言，"政治信条（political doctrine）的内容，由其在政治过程中扮演的角色来决定，并非出自求证之程序，它所包含的政治符号非仅是科学性的符号，而且具有适当的政治功能之特质。其意义主要在价值的与刺激的（煽动的）作

---

①② 陈蕴茜.时间、仪式维度中的"总理纪念周"[J].开放时代，2005（4）.

用，而不在于报告性的作用"。①因此，"总理遗训"通过广播"广为传播"，不仅迅速在学校、政府、军队中迅速散播，而且部分普通民众也能诵读。之后国民党为强化纪念周的普及和统一化，还要求必须用"国音"诵读，专门"通令各机关在举行纪念周时一律用国音恭读总理遗嘱"。②诵读是文本记忆的最基本方法，经过不断反复，人们会形成深刻的文本记忆。显然，这一仪节对于强化关于孙中山及国民党意识形态的记忆具有重要作用。

纪念周仪式最后一项重要仪节是"向总理遗像俯首默念三分钟"。第一分钟是让人们"默默地想着总理底遗教，默默地思维着总理给我们的关于国民革命的目的、方法、工具和手段"；第二分钟是"将过去一周的工作检阅一下，究竟有无违背总理遗教的地方；……如果有的，应如何面着总理遗像切实地忏悔，如果过得去，应如何分外地努力以实现总理底主义？"第三分钟则是"严密地计划一下，究竟未来一周的工作，要如何才能不违背总理的遗教，要如何才能算是一个党忠实信徒的工作，……要如何才能发扬总理的主义。"

国民党将纪念周定位为"典礼"，在政治报告之后，用"礼成"而非散会以突显纪念周的政治仪式特性，纪念周"是为永久纪念总理而举行，一切与永久纪念总理无关的事，概不能在此礼节上实行"，纪念周是"隆重的礼节，不是普通的会议"，不能用"散会"，必须用"礼成"，"礼成是努力的起点，是奋斗的开始"。在这里，政治报告或工作报告也被纳入仪式场域，出席这个场域的报告者绝大部分为国民党中央委员，甚至如果纪念周与纪念总理的其他特殊日子相重合，则会有国民党中央要员如汪精卫、戴季陶、陈果夫等人在纪念周之中做政治报告。1934年11月12日总理诞辰纪念日，适逢周一，这天的总理纪念周就是戴季陶做的纪念讲话。这样的仪式规格和程序就使得在纪念周上所发表的演讲在国民党党义中具有神圣性，成为孙中山思想与精神在现实中的实践与体现。所以，纪念周仪式功能不仅在于让人们崇拜孙中山，同时也让人们认同国民党的政治实践及其政治制度。"孙中山"政治符号也在一个星期的时间跨度上从动作到情绪的反复记忆中得到了强化。

这样的广播宣传，强化的"孙中山"符号就不仅仅施与每次纪念周现场的参与者，在国民党"国家决定型"广播制度的强制下，由党营的中央广播电台自上而下地推广至全国各类电台。1933年3月，国民党中央执行委员会第六十三次常务委员会决议："凡国府交通部各省政府各市政府所设之广播电台及交通部所管辖之民营电台，其电力满一百瓦特者，除播发本地新闻外，均应转播中央广播电台之中央纪念周及重要新闻两项节目，其时间由中央广播无线电台管理处规定通知之。"③在这样的制度要求下，《中央纪念周》节目就将南京国民党中央党部大礼堂每周一"正在进行"的"中央纪念周"仪式传播至北平、天津、上海、安徽、

---

① 陈恒明.中华民国政治符号之研究[M].台北：台湾商务印书馆，1986：71-72.
② 陈蕴茜.时间、仪式维度中的"总理纪念周"[J].开放时代，2005（4）.
③ 国民党中央宣传部.中央党务月刊[J].1933（56）：1332.

浙江、江苏、广东等各省市县，这种"同步叙事"制造出相当的虚拟"真实性"，使人们在感同身受的场域中引起对"孙中山"政治符号的怀念和记忆，并进一步强化了对国民党"党化"国家的认同。

需要说明的是，从以上的仪规详解中可以发现，这样的节目形式其实是不太适合广播收听的。作为线性的诉诸"听觉"的媒介，有太多的不能听的信息——肃立、鞠躬、默念，这是需要现场情绪唤起，并要有相当的场域特定情境才能起作用的，除非听众被集合在一起组织收听每一次的广播，否则听众对这样的节目产生不了持续的兴趣。这大概是1935年初之后随着《总理遗教》节目的增设且周频次达到每周三至五次，《中央纪念周》被逐渐取代的原因。

《中央纪念周》在节目单上的消失，并不意味着广播对"孙中山"政治符号传播的减弱，事实上，之后除了《总理遗教》节目外，还专门在1935年9月至12月初，以每周三次（周一、三、五）的频度播出了《总理传记》，直到1936年初《新生活运动宣传节目》与《讲读蒋委员长文稿》节目的介入，才使得广播中"孙中山"政治符号的强势地位逐渐为"蒋介石"政治象征所替代（见附录十四）。

（二）对各项施政方针和政策的适时解释与通告

1.《政治报告》——国民政府各行政部门政情公开的平台

前文已经谈到"制度认同"指的是个体基于对特定的政治、经济、社会制度有所肯定所产生的政治性认同。在国民党"党化国家"的政治认同中，除了通过以上《中央纪念周》《总理遗教》《总理传记》以及《讲读蒋委员长文稿》《恭诉总裁言论》等宣传节目，进行"三民主义"意识形态灌输，使民众能对"党国"制度上的特殊性有广泛的认知之外，国民党广播电台还通过《政治报告》《侨务委员会报告》乃至抗战期间的《抗战讲座》《抗战教育》，抗战结束后的《国府政令》《新币制谈话》等节目对各项政治、经济和社会政策进行适时的解释与通告，在此过程中力图使施政过程获得更多人的参与和支持，使国民政府政治组织的方针、政策得到贯彻落实。

《政治报告》这样的节目由来已久，国民党中央广播电台1928年9月的节目表上就已经出现了类似节目，当时的节目名称为《通告通令》（见图3-1），在每天上午的10:00至10:30（除了周日）播出。1929年11月，该节目名称直接改为《国府各机关施政报告》，播出时段延长了15分钟，由每天上午的10:15至11:00。一直到1930年6月14日，这个节目都是由国民政府下属五院的各大部委轮流播音的（见附录十五），之后逐渐减少播出次数，到1932年11月停播。1934年9月中央台的节目单中再次出现了这档节目，每周一次，一般在周三或是周四的下午播出半小时，或是20分钟。到1937年7月7日全面抗战爆发前，共播出

141次，几乎每周一次，从未间断。

从已有的节目表中，可以发现这个节目播出的主要内容是"凡各部政令之推行，制度之实施，新章之颁布，政绩之检讨，莫不为播讲之材料"。①节目设置的目的就是"盖一反'民可使由，不可使知'之故智，端期听众对政治设施有深切认识，而益资推行之便利"。②

在这个政情公开、为走向现代民主国家而努力的施政节目中，从1929年开始涉及的国民政府下属的部委多达15个，其中隶属于行政院的就有12个，即内政部、外交部、军政部、财政部、农矿部、工商部（1930年后与农矿部合并为实业部）、教育部、交通部、铁道部、卫生部、禁烟委员会、蒙藏委员会，几乎包括行政院的所有下属机构（另外三个是司法院及司法院下属的司法行政部、军事参议院）。而当1934年9月该节目恢复以后，只有"内、教、交、铁、实业部轮流担任（播音）。最近（1936年2月）复增一司法行政部报告，遂成每六周更番一次"。在这每周六次到取消节目再到每周一次，以及从15部委减到6部委的改变中，反映的不仅仅是节目频次及涉及部门变化的简单表象，内里彰显了国民党所谓民主政体的专制趋势，即原本在于求得五项治权的制约与平衡的五院制，"在实际运作中，整个体制内的行政权与立法权，尤其是行政权凌驾于其他治权之上"，最终使得"五院成为执行国民党中央'党义'的行政机构，成为国民党内派系斗争的工具"。③

"立法、司法、行政、考试、监察"五院制是按照孙中山的"五权宪法"思想建立的，孙中山一贯主张政府有能、人民有权，人民掌握政权，政府行使治权，且职权的行使分立法、行政、司法、考试、监察五个机关执行，以防止个人独裁。南京国民政府建立之后，胡汉民等国民党人对孙中山这一理论加以利用，变成了"以党治国"之下的"五权分立"。根据胡汉民起草的《国民政府组织法》（1928年2月4日），在国民党中央之下组成国民政府，总揽治权，由相互平行的行政院、立法院、司法院、考试院、监察院分别行使行政、立法、司法、考试、监察五权，五院互不同属，都直接对国民党中央负责，且"院长、副院长，皆由国民党中央执行委员会选任"。④

《政治报告》节目的延续与消长在一定程度上反映了"五院制"这种政治体制构想的异化。在五院制的权力结构中，伴随着蒋介石个人权势的消长，行政院地位亦会发生变化，同时，从《政治报告》节目也能窥见一些表征（见附录十六）。1931年12月之前，蒋介石占据国民政府主席或行政院院长位置之一，或二者兼任，尤其是1930年蒋介石出任行政院院长时，根据新修正的《国民政府组织法》，行政院会议改称"国务会议"，权力中心由国民政府移至行政院，行政院集政治中心、权力中心为一体，行政权凌驾于其他四权之上，这时

---

①② 小言[J].广播周报，1936（77）：41.
③④ 崔之清.国民党政治与社会结构之演变（1905–1949）：中编[M].北京：社会科学文献出版社，2007：729–730.

《政治报告》节目每周可达 6 次，有国民政府 16 个部委参与，其中有 11 个部委属于行政院。1931 年 12 月蒋介石第二次下野两个月后复出，第三个《国民政府组织法》出台，五院制下的权力分配表面上又恢复了平衡。1932 年 3 月，蒋介石既不担任国民政府主席，也不担任行政院院长，而是出任新的权力中心军事委员会的委员长，此期间《政治报告》节目逐月减少直至取消。当然出任军事委员会委员长的蒋介石，其个人影响力在党务和政府行政系统也是一直存在的。1932 年 1 月 28 日至 1935 年 12 月 1 日，在汪精卫内阁中，财政部前后两任部长宋子文、孔祥熙为蒋介石看紧钱袋，军政部部长何应钦替蒋掌握兵权，其余如教育部部长、交通部部长都是清一色的蒋系干将朱家骅、王世杰，而汪系大将陈公博、顾孟余任职于肥缺部门——铁道部与实业部，而非关键部门。通过这些干将，蒋仍然能够左右政府，实施个人旨意。1935 年 12 月，汪精卫遇刺，蒋介石出任行政院院长，改组行政院，以亲信取代汪派骨干。①之后五院制不但不能限制蒋介石个人权力的膨胀，反倒成了其操纵政权实行独裁的工具。所以，被取消的《政治报告》也于 1934 年 9 月恢复，到 1937 年 7 月抗战全面爆发，坚持每周一次，但只有五权独大的行政院"内、铁、交、实、教"五大部委参与，尽管 1936 年 2 月 1 日后又加入司法院的"司法行政部"，六部委轮流播音，但原为政情公开、进行民主训练的《政治报告》节目已异化为专制权力威权统治的传声筒。

当《政治报告》成为蒋介石个人行政权力消长的晴雨表的时候，那些每天或是每周都在进行的施政演讲，传达出的政情究竟能在多大程度上引起人们的认同就是可以推测的了。

2.《侨务委员会报告》——针对海外华人的政治宣传

在《政治报告》之外，还有专门针对海外华侨的政治宣传节目——《侨务委员会报告》，这个节目每周日晚上黄金时间八九点之间播出，每次半小时、20 分钟或 15 分钟不等。国民党乃至国民政府对海外华侨的重视由来已久，"孙中山先生奔走革命，推翻满清，实依靠青年知识分子、国内散布于民间的会党、海外热爱国家的华侨等三种力量的结合。而且多次的革命起义，无不仰仗华侨的慷慨捐输，始能推动。……1924 年，孙中山先生即于广州大本营之内设置侨务局"。②1928 年在以蒋介石为核心的南京国民政府中就有侨务委员会。1929 年，侨务委员会由国民政府改隶中国国民党中央党部，此时，侨务委员会的职权以审议为主，决定的事项交由政府有关机构执行。1931 年，侨务委员会又改隶行政院。"1932 年，侨委会改组，中央侨务机构完全确立，吴铁城出任委员长，同年，陈树人继任。1934 年，侨委会在上海、厦门、汕头、广州、江门、香港等地设置了地方侨务局。另于福建、云南两省设立侨务

---

① 崔之清.国民党政治与社会结构之演变（1905-1949）：中编[M].北京：社会科学文献出版社，2007：784-785.

② 夏诚华.中华民国侨务机构及政策演变之初探[C].香港："中国的过去、现在与未来"国际学术讨论会，1993-09.

处。"① 从现有的《无线电》《广播周报》的节目表上可以发现《侨务委员会报告》节目从1934年开始，每周日一次，从未间断。节目报告者也不是广播播音员，而是与《政治报告》一样，由侨务委员会的有关人员及领导专门讲解。抗战期间及战后的《广播周报》的节目单上没有出现该节目。

1932年4月，侨务委员会改隶国民政府行政院后，在积极设立各口岸侨务局的同时，还努力开展"救济失业华侨，推动华侨爱国义捐，登记侨团、侨校，设立侨民教育师资训练班，指导侨生回国升学，设置侨乐村等工作"。同时，中国国民党历次会议，对侨务工作"亦迭有指示，遂使侨务工作，日渐开展，侨务政策，亦渐明确与进展"。1937年2月，中国国民党五届三中全会更通过下列八项，为海外工作之要目："（1）推进华侨教育。（2）提倡体育运动。（3）注意侨民生计及一般侨民生活之调查。（4）设计调查健全各地侨民之组织。（5）识字运动、推销国货运动、新生活运动、国民经济建设运动等，应该按照时地，分别为合理之设计并实行之。（6）宣传中央政府之政绩，传播中国社会进步之情形，以唤起外人对中国人之新的感观与正确的认识。（7）注意联络各地政府及地方人士。（8）推行各种教育运动。"②

从现有的近110次《侨务委员会报告》节目内容来看，该节目正是围绕上述政策展开宣传的。其中最主要的内容有：

第一，关于国家建设情形的系统介绍，其中包括经济、外交、教育、交通中的铁路、电政、邮政等诸多方面，比如《邮政会议与电政会议之概况及意义》（1934年9月）、《最近内政外交述要》（1934年10月28日）、《白银问题与华侨商业》（1934年11月4日）、《导淮开工及其要义》（1934年12月9日）、《一年来我国之对外贸易》（1935年2月24日）、《使节升格与侨务前途》（1935年6月2日）、《中国艺术在欧洲之荣誉》（1935年6月16日）、《我国工商业之近况》（1935年7月21日）、《最近废除苛捐杂税之经过》（1935年9月22日）、《改革币制之意义》（1935年11月17日）、《推行地方自治之必要》（1935年12月1日）、《一年来我国经济之动态》（1936年1月5日）、《一年来新生活运动之成绩》（1936年1月12日）、《稳定公债信用经过述要》（1936年2月16日）、《我国对外贸易之展望》（1936年3月22日）、《华侨关于国民大会应有之认识与分别》（1936年3月29日）、《维护国权与统一政令》（1936年7月19日）、《我国交通进步与华侨投资》（1937年5月30日）等。这些节目大都以宣传国民党中央政府的施政措施，及国家、社会取得的相关成绩为主要内容，在唤起外人对中国人之新的观感与正确认识的同时，还要求海外侨胞们高度关注国家的发展时局，并能给予相当的支持。1934年5月之后，国际冲突尖锐，各国在进行军备竞争的同时，也在做

---

①② 夏诚华.中华民国侨务机构及政策演变之初探［C］.香港："中国的过去、现在与未来"国际学术讨论会，1993-09.

经济上的战略准备。美国作为中国主要的贸易国，出台了提高银价的白银政策，致使贸易逆差严重的中国白银外流幅度猛增，造成了很大的金融恐慌。于是侨委会在《侨务委员会报告》节目中作了《白银问题与海外贸易》（1934年10月28日）的报告，提出："在提倡生产、发展贸易而外，还须发展华侨经济"，因为"我国是入超国，国际收付，向靠华侨汇款来救济，不幸我们这种救济的来源，年来大减而特减，影响于我国整个的经济问题，是非常重大的，以致清算的时候，不能不用现金来付账，故年来白银的源源流出，实与这问题有密切的关系"。①

第二，在中日民族矛盾日深、中日战争一触即发的时候，号召华侨多尽责任，与国内同胞共赴国难。这方面的内容，如《国难时期中之侨胞责任》（1934年9月23日、9月30日）、《改变心理与救亡图存》（1935年10月27日）、《国难时期之教育问题》（1936年3月15日）、《人格救国》（1937年5月2日）。卢沟桥事变后，1937年8月1日、8日及15日连续播出了《三月来华侨捐款报告》《华侨最近的救国运动》《华侨今日的使命》三期节目。在这些报告中大多都是呼吁爱国侨民要树立自信力，以解除国难；预备牺牲，以收复失地；废除私见，精诚团结；革去恶劣心理，改掉不良习气。同时，在认识了国家的实际情况，知晓了解除国难的根本办法后，还要肩负起这样的使命："一要应以事实为事实，以整个民族的团结与国家的统一为前提，力辟异说，集中救国思想"；"二欲挽救国难，则经济问题，实关系命脉，是故振兴国货，实为先务之急"。为了对付"苛刻的排挤政策和同化政策"，还给侨胞们提出了"时代日进，竞争日厉，非有新颖合理的学识，不足以赴事功"的要求。②

第三，根据国民党中央政府在不同时期提倡的各种政治、经济、社会运动而播出的有关报告。其中最主要的就是关于新生活运动的宣传。1934年2月19日，在第五次"围剿"中共中央苏区的同时，蒋介石在南昌行营扩大纪念周上发表《新生活运动之要义》讲演，由此开始了"救亡图存，复兴民族之基本的革命运动"③的"新生活运动"。这个运动以"礼义廉

---

① 白银问题与海外贸易[J].广播周报，1934（8）：16-17。该节目稿后标明播出时间为1934年10月28日，但《广播周报》第6期（1934年10月20日出版）的节目单中，标明1934年10月28日《侨务委员会报告》的节目是《最近内政外交述要》。另外在《广播周报》第7期（1934年10月27日出版）的节目单中，1934年11月4日的《侨务委员会报告》的题目为《白银问题与华侨商业》，笔者以为《白银问题与华侨商业》为《白银问题与海外贸易》之误，而且播出的日期也只能是1934年10月28日，而不可能是1934年11月4日，因为《广播周报》上刊出的节目稿一般是已经播出的节目，不可能刊出还没有播出的节目内容。笔者推测可能是在1934年10月28日讲了《白银问题与海外贸易》，而《最近内政外交述要》则是在1934年11月4日播出的。当然实际情况究竟如何，还须待新的史料发现才能进一步证实。

② 《国难时期中华侨之使命》1934年9月23日播出，刊登在《广播周报》第3期（1934年9月29日出版）上。在第1期和第2期的《广播周报》的节目单上，标明1934年9月23日与9月30日两次《侨务委员会报告》的节目都是《国难时期中之侨胞责任》，笔者认为是《国难时期中华侨之使命》之误。

③ 蒋介石.新生活运动发凡（1934年2月17日）[M]//秦孝仪.中华民国重要史料初编——对日抗战时期续编（三）.台北：中国国民党中央委员会党史委员会，1981：72。

耻"的"四维"为中心准则，要求国民将此中心准则贯彻落实到日常生活的衣、食、住、行四个方面，根除国民生活中"污秽""浪漫""颓唐""懒惰"等毛病，养成整齐、清洁、简单、朴素、迅速、实在、守秩序的"文明"生活，恢复中华民族的"固有德性"，实现三个目标，即国民生活的"艺术化（要有劳动服务的精神）""生产化（要减少消费）"和"军事化（要有组织纪律）"，其中又以军事化为最终目的，以实现国民生活的"整齐划一""共同一致"，使国民养成"勇敢迅速，刻苦耐劳，共同一致的习惯与本能"，能随时"为国捐躯"。①

新生活运动分为前后两个时期，第一个时期是从1934年2月至1935年3月，其中心是实现全社会环境的"规矩"与"清洁"。蒋介石强调，这个运动一定要从反共前线的江西开始，于是江西省会南昌成为新生活运动的试验地。②为了加强对运动的领导，1934年7月1日，蒋介石在南昌设立了新生活运动促进总会，各省市县先后设立了新生活运动促进会。据统计，到1936年初，全国约有20个省以及汉口、北平、南京、上海四个直辖市成立了新生活运动委员会，1335个县设立了新生活运动促进会分会，另有14个铁路新运会和19个华侨新运会。③从1935年3月到抗战全面爆发前的第二个时期，全国新生活运动以实现"三化"为中心。这是在前一阶段"整齐、清洁"的基础上，对国民生活的更高要求。为配合"三化"工作的开展，新生活运动总会公布了第二期新生活运动的21项工作，主要有：守时运动、民众识字运动、体育运动、修桥补路运动、提倡国货运动、戒烟戒赌运动等，其中又以实施民众训练与编组、促进社会合作事业的组织、加紧社会教育的普及为中心工作。④

1935年11月新生活运动促进总会迁往南京。国民党中央广播电台在1936年1月24日开始专门设置了《新生活运动促进总会宣传节目》，从1936年8月5日开始不惜将《总理遗教》改为《中央党部新生活运动委员会宣传节目》，之后这两个专门宣传新生活运动的节目，都以每周一次的频率出现在国民党中央广播电台中，一直到全面抗战爆发。

为了配合新生活运动宣传，根据已有的节目记载，《侨务委员会报告》播出了戒烟戒赌运动的《肃清烟赌娼运动与华侨》（1935年5月19日）、《禁烟与侨工》（1936年3月1日）；宣传体育运动的《国内外运动会要讯》（1935年8月25日）、《第五届全运会之盛况及意义》（1935年10月13日）、《希望华侨踊跃参加全运会》（1937年6月27日）、《华侨参加全运会之近况》（1937年7月25日），以及提倡国货的《开拓南洋国货市场之必要》（1936年4月26日）和《一年来新生活运动之成绩》（1936年1月12日）。

除了新生活运动之外，还有配合国民经济建设运动的《国民经济运动与华侨经济》（1935年4月28日）、《侨胞应努力经济建设运动》（1937年5月23日）以及为抗战需要而

---

① 曹艺.新生活运动和国民精神总动员论析[J].民国档案，1999（2）.
② 温波.南昌市新生活运动研究（1934–1935）[D].上海：复旦大学，2003.
③ 张岚.国民党"新生活运动"评析[J].西北第二民族学院学报，2002（4）.
④ 董文芳.蒋介石与新生活运动[J].山东师范大学学报，1999（4）.

发起的《防空运动之重要》(1934年12月2日)等。

第四，与华侨教育、移植①、经济生活密切相关的内容。如推进华侨教育、移植的内容有：《侨民教育之过去现在与未来之进展》(1934年10月7日)、《近来海外华侨教育之佳象》(1934年12月16日)、《发展华侨社会教育的必要》(1935年5月12日)、《最近国内教育之新措施》(1935年7月7日)、《移植保育之意》(1935年8月11日、8月18日)、《马来亚华侨教育之概观》(1935年10月20日)、《教师节与侨校教师》(1936年6月28日)、《如何推进华侨民众教育》(1936年7月5日)。

有关侨民生计及一般侨民生活的内容有：《救济失业归国华侨之实际工作》(1934年11月18日)、《最近海外华侨经济之状况》(1934年12月30日)、《一年来华侨进出口及汇款之统计》(1935年2月3日)、《华侨之团结问题及投资问题》(1935年5月5日)、《如何维持华侨之经济地位》(1935年7月14日)、《今年来华侨经济之概况》(1936年5月10日)、《今年来华侨社会之动态》(1936年5月17日)、《华侨经济问题应有之准备》(1937年6月20日)。

还有涉及健全各地侨民组织的内容，如《开辟侨乐村的进行计划》(1934年10月21日)、《侨乐村与侨务局之初步工作》(1935年1月13日)、《侨乐村最近进行的情况》(1935年1月27日)。

这种对外宣传是配合不同时期的时政形势而逐渐展开的。由于广播媒介的介入，加之又是在晚上八九点播出，必然使得这类有明显"国际宣传"色彩的政治宣传节目更广泛地传播至海外的华侨中，这样的传播效果也自然大于孙中山革命初期的报刊和非常行动集会的影响力。

3.《抗战讲座》《抗战教育》——抗战烽火中政情的通达

抗战前，通过《政治报告》和《侨务委员会报告》这两个内外兼顾的施政宣传节目，人们对有关中央政府各部门的政令有了基本的认知。抗战期间，战时政治体制发生了较大变化，"在中央，国民党建立起了高度集权化的运行机制，实行党政军一元化领导，加强军事化程度，把军事放在高于国家其他建设的绝对中心地位"，其标志就是国防最高委员会的成立，"中央执行委员会于抗战期间，设置国防最高委员会，统一党政军之指挥，并代行中央政治委员会之职权，中央执行委员会所属各部会，及国民政府五院、军事委员会及其所属各部会，兼受国防最高委员会之指挥"。②这样，作为《政治报告》和《侨务委员会报告》主讲

---

① 关于"移植"的含义可参见刘士木，徐之圭.华侨概观［M］.北京：中华书局，1935：1.该书给"华侨"下的定义为："华侨云者，系由移植当时为中国之领土地域而移植于外国领土之中国人或其子孙之居留于外国领土者也，但其国籍之如何，则在所不问也."转引自李安山.中国华侨华人研究的历史与现状概述［M］//周南京.华侨华人百科全书：总论卷.北京：中国华侨出版社，2002.

② 崔之清.国民党政治与社会结构之演变（1905-1949）：下编［M］.北京：社会科学文献出版社，2007：1077.

机关的行政院各部会也就被战时军事化了，尤其是在 1943 年 9 月国民党中央五届十一中全会上，根据蒋介石授意修改的《中华民国国民政府组织法》，蒋介石本人当选为国民政府主席及行政院院长，同时还是国民党总裁，以及集党、政、军大权于一身的国防最高委员会委员长。在战时专制体制下，中央广播电台为公开政务设置的施政宣传节目也就为战时《抗战讲座》《抗战教育》等节目取替了。

这两个节目，主要以教育部派员演讲为主，《抗战讲座》周播出频次为五到六次，后期更多，几乎每天一次；《抗战教育》周播出频次要少些，为每周二到三次。两个节目每次的播出时长都为 15 分钟。《抗战教育》偏重于从知识层面对大众进行政治教导，比如《抗战期中民众服饰改良问题》《西康建省的意义》《中国空军抗战的回顾与前瞻》《师范教育与抗战建国》《战时粮食自给问题》，甚至有很多就是直接介绍中国历史上具有高度民族气节、抗击侵略的英雄人物，比如《班超》《立志复明的郑成功》；《抗战讲座》则更多地偏于非常具体的有关轻工业、交通、农业、金融等政策的阐释和认识，比如《抗战与工业化的关系》《抗战与交通的调整》《如何促进农业及手工业生产》《中国轻工业的建立》《法币之前途》等。这些节目除了由教育部派员主讲外，军事委员会政治部也多有参与。可以看出，这是在战时非常时期，为了向人们力陈政府抗日到底的决心，实现人们对战时国家机器的高度认同，号召人们同仇敌忾、共渡难关的重要宣传形式。在这两个节目中还有很多节目内容是非常相近的，比如《抗战建国纲领的内容与特点》，在 1939 年 1 月 5 日的《抗战讲座》，以及 1 月 10 日和 1 月 12 日的《抗战教育》中都有播出。这是个非常重要的内容，因为在抗战期间国民政府出台了统摄所有法令的两个最高指导原则，《抗战建国纲领》就是其中之一（另一个是《国民精神动员纲领》）。

1937 年"七七"事变后，全面抗战爆发，在全国人民一致对外的压力下，1937 年 9 月 22 日，国民党中央通讯社发表了《中国共产党为公布国共合作宣言》。第二天，蒋介石发表谈话，承认共产党的合法地位，国共两党的再次合作终于实现，抗日民族统一战线正式形成。在政治互信的基础上，两党形成了统一的抗日纲领。自中共中央提出《抗日救国十大纲领》后，1938 年 4 月，在武昌召开的国民党临时全国代表大会上通过了《抗战建国纲领》，这是国民政府在全面抗战初期的政治纲领，分为总则、外交、军事、政治、经济、民众运动、教育七项，共 32 条。纲领提出"抗战建国"的总口号，并认为"中国国民党领导全国从事抗战建国之大业，欲求抗战必胜，建国必成，固有赖于本党同志之努力，尤须全国人民戮力同心，共同负担。因此本党有请求全国人民捐弃成见，破除畛域，集中意志，统一行动之必要"。这个纲领提出组织国民参政机关，团结和发动全国力量，以巩固抗战的政治和社会基础；强调经济、政治等各方面都应以军事为中心，"加强军队之政治训练，使全国官兵明瞭抗战建国之意义，一致为国效命"；注意改善人民生活，鼓励投资，扩大战时生产，实行计划经济，以应战时需要。但需要注意的是《抗战建国纲领》又提出"全国抗战力量，应在本党及蒋委员长领导之下，集中全力奋励迈进"，这就清楚地表明了国民党在抗日战争时期的政策，是继续推行"一个主义、一个政党、一个领袖"的主张，实行国民党一党专政。①

因此，正是由于《抗战建国纲领》这样的内容和特点，才使《抗战教育》和《抗战讲座》两个节目同时对之进行详细阐发。对照《抗战建国纲领》的32条内容，可以发现这两个节目不过是对《抗战建国纲领》的逐条详细解释，比如《抗战与交通的调整》《如何促进农业及手工业生产》《中国轻工业的建立》这样的内容，就是《抗战建国纲领》中第五项经济之第十九条和第二十三条的内容，即开发矿产、树立重工业的基础，鼓励轻工业的经营，并发展各地之手工业；同时整理交通系统，举办水陆空联运，增筑铁路公路，加辟航线。由此可以发现，抗战中的施政节目依然是围绕"党国"大政方针政策而进行的宣传，只是这种宣传在抗日民族统一战线的旗帜下，符合全国人民一致抗日的要求，因此才使得这样的政治认同比战前更深入人心，更能在人民中间产生持久而广泛的影响力。

抗战胜利后，政情通达节目是每天5分钟的《国府政令》。这个节目从1947年元旦开始，每周6天，周一至周六的晚上19:45至19:50；1948年1月18日之后改为20:45至20:50。1948年之后蒋介石不顾全国上下的反对之声，召开"行宪"之后的第一次国民代表大会，在会上当选为总统，于是1948年6月《国府政令》节目改名为《总统令》，节目时间和时长都不变。这个节目尽管频次很多，但时长过短，只有5分钟，这样的节目设置不能像战前的《政治报告》一样，长篇大论地对中央政府各部会的施政纲领进行详细的解释和传达，但这并不意味着此时的国民政府不再需要作"政治认同"的深入传播工作，而且此时，由于国民党中央台在"行宪"要求之下，不能永远依赖国库支出"党营"电台的经营费用，于是"党营事业必须事先筹谋，依照合法手续，成立公司组织，庶免将来经济发生问题，影响党务的进行"。② 在交通部、宣传部及行政院的压力下，经过陈果夫的竭力斡旋，中央广播电台（中央广播事业管理处）于1946年12月20日正式改组为中国广播公司，但由政府按月补助公司经费20亿元，相当于美金20万元。同时亦在与国民政府行政院签订的合约中强调"乙方（中国广播股份有限公司）应以其所设广播电台，尽先供应甲方（国民政府行政院）为传播政令所需要之节目"，③ 在这样的要求下，自然会出现几乎每天一次的《国府政令》或是《总统令》，问题是在经费受限的情况下，不可能再有政府各部门每周一次每次20分钟轮流播音的《政治报告》那样的"丰富内容"。

---

① 抗战建国纲领决议案［G］//荣孟源.中国国民党历次代表大会及中央全会资料：下册，北京：光明日报出版社，1985：484-488.

② 吴道一.中广四十年［M］.台北："中国广播公司"，1968：173.

③ 吴道一.中广四十年［M］.台北："中国广播公司"，1968：186.

如此简单的"国府政令"的传达节目，在遇到中央政府生死攸关的方针政策宣传时是不可能有实际的宣传效果的。1948 年 8 月 19 日，蒋介石以总统名义正式颁布《财政经济紧急处分令》，国民政府决定实施以发行金圆券和限制物价为核心的财经改革，通过实行新币制金圆券来挽救当时极度严重的通货膨胀，并为内战所需的高额军费支出寻求稳定的经费来源。于是"公司化"后，较少宣传节目的中央台在 1948 年 8 月至 11 月，以非常强势的宣传形式设置了系列《新币制谈话》节目，以配合政府币制改革。

4.《新币制谈话》——"政治认同"失败的最后挣扎

1946 年 6 月全面内战爆发，国共两党关系再次彻底破裂。抗战胜利后饱受战争蹂躏之苦的民众又陷入了内战的冲击之中。中国经济根本无法稳定发展，在兵荒马乱的环境下非但未能在战后全面恢复，反而在抗战损失基础上又雪上加霜，经济体系更为残破，最终导致整个经济濒临崩溃的边缘。在近代中国长期战乱的特定条件下，稳定的环境较之于经济政策对于经济发展可能具有更重要的意义。[①]

事实上在抗战胜利后，国共双方曾经为避免内战、谋求和平，在重庆进行了为期 43 天的和平谈判，从 1945 年 8 月 29 日开始至 10 月 10 日结束，国共双方签订了《政府与中共代表会谈纪要》，即《双十协定》。《纪要》明确提出了政治民主化、军队国家化、各党派合法平等的基本原则。其后在 1946 年 1 月，国民党、共产党、民盟、青年党以及无党派人士的代表一起，在重庆召开了政治协商会议，通过和谈签订了军队国家化协议、和平建国纲领协议、政府组织协议、国民大会协议和宪法草案协议，达成了宪政的共识，这就是要改组国民党一党专制的政府，通过一部民主的宪法，用和平的方式，建立一个两院国会制、责任内阁制和省自治制度的民主宪政国家，从而为中国保障人权、走向现代文明奠定基础。[②] 然而在实现"政治民主化"和"军队国家化"何者为先的问题，以及事关共产党解放区存亡的"地方自治"问题上，国共双方都从各自党派的立场出发，使得问题的和平解决成为历史的永久遗憾，中国百年宪政道路上再一次的宪政尝试，因为 1946 年 6 月内战的全面爆发画上了休止符。

1946 年 12 月 25 日，在内战的炮声中，国民党单方面召开国民大会（史称"制宪国大"），蒋介石迫于各方压力同意通过了民国史上的最后一部宪法《中华民国宪法》，仿佛真要结束"训政"走向"宪政"了。但是，正如张君劢在《中华民国未来民主宪法十讲》中指出的，有了一部带有民主性质或色彩的宪法，并不一定就有了民主政治，关键是要看统治者是否有实行宪法的诚意。该宪法公布不久，国民党即先后制定和通过了《维持社会秩序临时办法》（1947 年 5 月）、《戡乱动员令》（1947 年 7 月）和《动员戡乱时期临时条款》（1948 年

---

① 汪朝光. 战后初期中国经济恢复与重建的若干问题 [J]. 复旦学报, 2001 (4).
② 肖建生. 1946 年宪政运动的失败及其教训 [J]. 炎黄春秋, 2007 (11).

4月），将宪法所规定的人民种种自由权利剥夺殆尽，同时赋予总统，亦即蒋介石本人，以不受立法机关限制的紧急处置权，从而使宪法所确立的"英美混合制"成了"总统独裁制"，其权力比之"五五宪草"中的总统权力还有过之而无不及。①

经过20多年的苦心经营，国民党建立的"党化"国家在最紧要的"政治认同"问题上却日益失去了各界人士的认同，直至走向覆灭。1947年3月，当时国统区发行量最大的政治评论刊物《观察》的创始人和主编储安平总结了一种被广泛认同的观点："现政权的支持层原是城市市民，包括公教人员、知识分子、工商界人士。现在这一批人，没有对南京政权有好感。国民党的霸道行为作风使自由思想分子深恶痛绝；抗战结束以来对公教人员刻薄待遇，使他们对现政权赤忱全无；政府官员沉溺于贪污作弊，他们进行种种刁难，使工商界人士怨气冲天；因财政金融失策以及内战不停而造成的物价暴涨，使城市市民怨声载道"。②

为了作"政治认同"的最后挣扎，1948年8月至11月，已经改制为"中国广播公司"的国民党中央广播事业管理处，即中央广播电台，为国民政府最后的经济政策——新币制改革作了强弩之末的"造势宣传"。这时由于中国广播公司首任董事长戴传贤（戴季陶），"因事迄未就职，故一切业务仍由中央广播事业管理处办理"，③于是在中央广播事业管理处的安排下，这3个多月，除了中央台外，还有党系统中直属于中广处的14个地方台也参与了新币制改革的广播宣传，如表3-1。节目形式多样，有座谈、演讲、问答、介绍、评论，甚至调动了最新的钢丝录音技术，对兑换新币进行实况录音报道（1948年8月27日的节目）。

表3-1 中央广播事业管理处所属各台《新币制谈话》节目统计表（1948年8月至11月）

	所属广播电台	节目播出时间	节目表内容出处
1	江苏广播电台	1948年8月20日至9月7日	《广播周报》第303期（1948年10月3日）封底
2	福建台	1948年8月19日至9月16日	《广播周报》第304期（1948年10月10日）封底
3	汉口台	1948年8月20日至9月2日	《广播周报》第304期（1948年10月10日）封底
4	上海台	1948年8月20日至9月14日	《广播周报》第305期（1948年10月17日）封底
5	青岛台	1948年8月21日至9月8日	《广播周报》第306期（1948年10月24日）封底
	青岛台	1948年9月8日至28日	《广播周报》第307期（1948年10月31日）封底
6	北平台	1948年8月20日至9月3日	《广播周报》第308期（1948年11月7日）封底

---

① 郑大华.重评1946年《中华民国宪法》[J].史学月刊，2003：2.
② 费正清.剑桥中华民国史（1912-1949年）：下卷[M].北京：中国社会科学出版社，1994：842.
③ 中广七十年大事记[G].台北："中国广播公司"，1998：80.

（续表）

	所属广播电台	节目播出时间	节目表内容出处
7	天津台	1948年9月8日至10月11日	《广播周报》第308期（1948年11月7日）封底
8	沈阳台	1948年8月31日至9月18日	《广播周报》第308期（1948年11月7日）封底
9	包头台	1948年9月1日至9月5日	《广播周报》第308期（1948年11月7日）封底
10	山西台	1948年8月21日至9月28日	《广播周报》第309期（1948年11月14日）封底
11	大同台	1948年8月21日至9月6日	《广播周报》第309期（1948年11月14日）封底
12	唐山台	1948年8月21日至10月2日	《广播周报》第310期（1948年11月21日）封底
13	厦门台	1948年8月23日至9月30日	《广播周报》第311期（1948年11月28日）封底
14	归绥台	1948年8月22日至9月14日	《广播周报》第311期（1948年11月28日）封底

抗战胜利后，南京国民政府利用接收敌伪资产之机聚敛财富，到处伸手，巧取豪夺；又加上国统区的扩大，财源增加，其财政形势的总趋势应该是好的。然而全面内战爆发后，战事并非如预料的那样进展顺利，进入1947年后，随着战场形势的迅速逆转，南京国民政府的财政状况迅速恶化，庞大的军费开支无以弥补，唯有靠发行纸币度日，其法币发行额直线攀升，带动物价疯狂上涨。

为了挽救濒临崩溃的经济形势，1948年8月19日，蒋介石以总统名义正式颁布《财政经济紧急处分令》，其主要内容如下：第一，自即日起，发行金圆券以代替法币和东北流通券。颁布《金圆券发行办法》，规定金圆券发行额为20亿元，金圆券每元的含金量为0.22217公分，可分别兑换法币300万元或东北流通券30万元，限于1948年11月20日以前无限制兑换。兑换期间，法币和东北流通券均暂准上列折合率流通使用。第二，限期收兑人民所有黄金、白银、银币和外币。颁布《人民所有金银外币处理办法》，规定黄金、白银、银币及外币禁止在国内流通、买卖和持有。黄金每市两兑换金圆券200元，白银每市两兑换金圆券3元，银币每元兑换金圆券2元，美元每元兑换金圆券4元。于1948年9月30日前，限期兑换完毕。除中央银行外，所有其他银行不得收兑或保管黄金、白银和外币。第三，限期登记管理本国人民存放国外之外汇资产。颁布《中华民国人民存放国外外汇资产登记管理办法》，规定所有中国人（华侨除外）均应于1948年12月31日前向中央银行申报登记外汇资产数量，并移存中央银行保管。第四，整理财政并加强管制经济。颁布《整理财政及加强管制经济办法》，规定全国各地各种物品及劳务价格，应照1948年8月19日各地价格，依兑换率折合金圆券出售，由当地主管官署严格监督执行；在上海等都市实行仓库检查并登记其进出货品；自金圆券发行之日起，所有按生活指数发给薪资办法一律废止；禁止封锁工厂、罢工、怠工；上海、天津证券交易所暂停营业。①

第二天，即1948年8月20日（周五），中央台每晚19:30至19:50的《时事座谈》节目播出关于新经济政策的第一次宣传节目《经济紧急措施》，8月23日（周一）则是《拥护新币制改革》。从8月24日开始，还特别增加了播出时间，在每天上午10:00至10:30也播出《新币制谈话》节目，这样几乎是每天两次（上午半小时，晚上20分钟）的节目频率在宣传新币制，一直到1948年9月11日，23天共播出37次节目，平均每周播出12次之多。如此节目安排在中央台的历史上是空前的，其受重视程度甚至超过了《总理遗教》《讲读蒋委员长文稿》和《恭述总裁言论》（《恭述总裁言论》最高每周七次，《总理遗教》每周五次，《讲读蒋委员长文稿》每周两次）。

这37次节目主要有以下五个方面的内容，如表3-2。

表3-2 《广播周报》上刊登的中央广播电台《新币制谈话》节目内容表

（1）关于新币制的意义、成效（7个）

序号	日期	题目	播出方式
1	8月20日（周五）	经济紧急措施	座谈
2	8月23日（周一）	拥护新币制改革	座谈
3	8月24日（周二）	关于币制改革应有的认识	问答
4	8月24日（周二）	币制改革的重要性	座谈
6	8月25日（周三）	新币制的成效	座谈
11	8月28日（周六）	一切为国家一切为人民	座谈
27	9月6日（周一）	重视国家的法令	问答

（2）币制改革的具体措施和步骤（20个）

序号	日期	题目	播出方式
5	8月25日（周三）	如何管制物价防止囤积	座谈
7	8月26日（周四）	怎样推行新币制	座谈
8	8月26日（周四）	民众如何协助政府改革币制	座谈
9	8月27日（周五）	实行新币制应惩治奸商	演讲
10	8月27日（周五）	兑换新币实况	钢丝录音
13	8月29日（周日）	如何扫除新币制的障碍	座谈
14	8月29日（周日）	新币成功的三点重要措施	演讲
16	8月31日（周二）	如何使新币制获得进一步成功	座谈
18	9月1日（周三）	号召明理商人拥护币制改革	座谈
20	9月2日（周四）	抑平物价的根本办法	座谈
21	9月3日（周五）	保障新币制成功的两个要点	座谈
22	9月3日（周五）	加强财政经济紧急处分	座谈

---

① 陈新余.南京国民政府1948年币制改革述评［J］.江苏钱币，2007（2）.

（续表）

序号	日期	题目	播出方式
23	9月4日（周六）	在物价稳定下求币制改革的成功	座谈
25	9月5日（周日）	稳定币值与管理物价	座谈
26	9月6日（周一）	实行新币制严禁高抬物价	座谈
28	9月7日（周二）	稳定物价的几个基本原则	座谈
29	9月7日（周二）	行庄增资办法必须贯彻到底	问答
34	9月10日（周五）	行庄增资问题	座谈
36	9月11日（周六）	抑平物价的根本办法	问答
37	9月11日（周六）	币制改革的阶段	座谈

（3）有关币制改革的知识介绍（4个）

序号	日期	题目	播出方式
15	8月30日（周一）	国行外币存款支付办法	座谈
19	9月2日（周四）	关于新币制的术语解释	问答
30	9月8日（周三）	改革币制的理论根据	座谈
31	9月8日（周三）	金圆券的透视	座谈

（4）币制改革后的形势展望（3个）

序号	日期	题目	播出方式
12	8月28日（周六）	币制改革后的经济情势	座谈
17	8月31日（周二）	币制改革后的国家财政	演讲
33	9月9日（周四）	改革币制后银行界同仁应有的努力	演讲

（5）币制改革与勤俭建国（3个）

序号	日期	题目	播出方式
24	9月4日（周六）	全面节约与币制改革	座谈
32	9月9日（周四）	行庄增资与勤俭建国	座谈
35	9月10日（周五）	节约建国	座谈

注：表格中的序号，同一方面内容下按播出的时间顺序排列。
资料来源：广播周报［J］.1948（302）：封底．

这些节目主要以宣传币制改革的意义与目的为依归，并辅之以大量的币制改革的具体办法、要点原则、实施步骤的讲解，强调这是一件与"社会、政治、教育、军事，尤其是经济等方面息息相关的重大事件"，并且直言不讳地道出了币制改革的原因——"政府为什么决定改革币制呢？就是为了（遏制）恶性通货膨胀，而且速率太大，以致根本无法收支平衡"。在给出了币制改革的直接原因后，却也不忘本末倒置地告诉人们："经济贫困，难道不是政治败坏重大原因之一吗？如果是重大原因之一，那么改革币制，复兴经济，不可以免除或至少减轻政治败坏程度吗？准此而论，具有经济改革之重要作用的币制改革，不是政治改革底基本前提吗？"同时还号召人民要响应政府的号召，与政府保持一致——"在国家存亡的关头，政府与人民两方是休戚与共、生死通路的。今日金圆券的成败，将决定国家建设、政府财政、人民生活三者的成败。在这一决定关头，人民的信心与政府的决策如能一致，国家就有光明的前途，如不能一致，则国家就只有灭亡的一条路。"①

在广播电台紧密配合币制改革宣传蒋介石的《财政经济紧急处分令》的同时，蒋自己也从"戡乱建国"的战场前线走向广播电台为币制改革"预热"、加温。1948年8月15日21:00蒋介石亲自莅临中央台，在全国联播节目中，做了题为《勤俭建国运动纲领》的演讲，②强调"勤俭建国运动负有改造社会、经济、政治的历史使命"，号召全国人民积极响应"勤俭建国运动"，"把公私生活的消费节约到最低限度"，"把工作生产与作战力量发挥到最高限度"，同时"不能不唤醒社会寄生阶级和投机分子的自觉、自制，从'勤俭'二字痛下功夫，革除怠惰荒淫的恶习，与勤劳大众共同努力，增加生产，节约消费，报效国家，克尽国民的天职"。甚至具体提出了勤俭建国的十条公约，要求身体力行，"人人以克勤克俭的作风，表现于日常生活之中"。③抗战胜利后，国民党接收大员满天飞，沦陷区人民"前门送虎，后门迎狼"，飞涨的物价更是弄得民生凋敝，民怨沸腾。此时提出"勤俭建国"不过是为了推行"金圆券代替法币"的新货币政策，从人民身上搜刮更多的民脂民膏而找的一个冠冕堂皇的理由而已。

通过发行金圆券，借助来自政府的强大政治力量，全国各地的批发和零售物价指数曾一度被控制在了金圆券发行前的价格水平，国统区的民族资产阶级和市民阶层被迫将手中的金银、外币兑换成金圆券。据南京国民政府中央银行的统计数据显示，截至1948年10月底，已收兑黄金164万两，白银900余万两，银元2300万元，美钞、港币各数千万元，合计市值达2亿美元。④可以说，从豪门富商到平民百姓都被政府的金圆券敲了一笔竹杠。如果没有这一笔巨额的"竹杠"，正如帮助蒋介石实施新币制政策的财政部部长王云五所言，日后败退台湾的国民政府恐怕要吃香蕉皮了。⑤

在紧锣密鼓的《新币制谈话》节目之后，9月29日和10月2日晚上，立法院副院长陈立夫和国民党中央党部秘书长吴铁城应中央台之请，分别作了《道德重整与勤俭建国》和《勤俭建国运动与改革政风》的演讲。这两位党政要人从理论和实践两个层面对蒋提出的"勤俭建国运动"进行了注解和阐释。陈立夫从道德重建的立场，秉持蒋介石一贯倡导的儒家经典《大学》中的"诚意正心修身齐家治国平天下"的思想，号召人们"以诚实、纯洁、

---

① 稳定币值与管理物价 [J]. 广播周报，1948（299）：3.
② 中广七十年大事记 [G]. 台北："中国广播公司"，1998：84.
③ 蒋介石. 勤俭建国运动纲领 [J]. 广播周报，1948（304）（305）.
④ 陈新余. 南京国民政府1948年币制改革述评 [J]. 江苏钱币，2007（2）.
⑤ 巴图. 1948年国民党币制改革内情 [J]. 百年潮，2000（2）.

无私、博爱作指针，由勤作俭用躬行实践的大道上走去，共同来渡过最后的难关"。① 吴铁城则从政治实践的角度要求人们"从良知上，心理上，行为上，整个生活上，作一番切实的检讨与反省，以期达成勤俭建国运动在政治上改造推动的任务"。② 但是这种从中央到地方摇旗呐喊、为新币制的实施鸣锣开道的广播宣传，其影响力再大也赶不上金圆券在短短 3 个月内以一泻千里之势崩溃对人民生活的无情打击，再加上同时期政府军在东北战场上的一败涂地，人们对这个政府彻底丧失了信心，金圆券没能成为救命的稻草，反过来却将这个失去民心的政府送上了不归路。中央广播电台作为"党国喉舌"竭尽全力、费尽心力的安排与设置也成了国民党广播政治宣传的"绝响"。

（三）对新闻时事的舆论引导

1. 在新闻播出环节控制舆论，引导舆论

国民党中央广播电台通过以上各类宣传节目，使人们对"党国"一体的三民主义的意识形态、党国的领袖以及行政各部门的施政纲领、政策有了一定的认知，并使人们在一定程度上接受这种千古未有的"党国"体制。在此"政治认同"的过程中，更常见的节目形式其实是每天的新闻节目，这类节目以仅次于娱乐节目的时间量在中央广播电台的传播内容中占据着重要的地位。在传播方式上，为了实现"政治认同"，使得"舆论一律"，中央台的新闻节目主要通过统一新闻来源和每天的新闻评论节目，比如《时事述评》《时事谈话》和《时评》节目，来对中外新闻时事进行及时的舆论引导和舆论控制。

中央广播电台每天的新闻节目，从 1928 年 8 月开播至 1949 年大体上说是次数越来越多，种类越来越细。基本的情况如表 3-3 所示。

表 3-3　国民党中央广播电台每日新闻节目统计表（不含方言、少数民族语言及外语新闻）

时段		抗战前	抗战中	抗战胜利后
凌晨时段	2:00—5:00		90 分钟记录新闻	
早晨时段	7:00—9:30	30 分钟记录新闻		15 分钟新闻
午间时段	12:00—13:30		10 分钟新闻	15 分钟新闻
傍晚时段 1	18:00—19:20	18:40—19:10 科学新闻（周三）	20 分钟时事谈话	15 分钟新闻
傍晚时段 2	19:20—20:00	15 分钟简明新闻		15 分钟新闻
晚间时段	20:00—21:30	10 分钟（国际）时事述评	15 分钟新闻类述	30 分钟简明新闻及时评
深夜时段 1	21:30—22:30	60 分钟记录新闻	10 分钟简明新闻	
深夜时段 2	22:30—23:30		50 分钟记录新闻	60 分钟记录新闻

从表 3-3 可以看出，国民党广播电台的新闻类节目（以国语播报的），除了新闻评论节

---

① 陈立夫. 道德重整与勤俭建国 [J]. 广播周报，1948（306）：5.
② 吴铁城. 勤俭建国运动与改革政风 [J]. 广播周报，1948（307）：3.

目就是简明新闻（新闻类述）和记录新闻，前者持续时间较短，每次 10 到 15 分钟，"以当天简要新闻快报一遍，为普通听众所设，使其能略知一日间中外大事"。① 而后者每次持续时间较长，采用慢报方式，为边远地区听众及收音员记录所用。根据《广播周报》上中央广播事业管理处传音科所作的新闻节目介绍，"本台新闻，十分之七八系用中央通信社社稿，而该社每日发稿时间分四次，第一次在十七时后，第二次在二十一时左右，第三次在二十三时左右，第四次在午夜二时左右。本台简明新闻用中央社第一次稿，如不足，则以其他新闻稿件补充之。至晚间二十一点四十分一节之新闻，系用中央社第一、二次两次稿中，择其重要者报之，其播告方式乃用复句慢报，使各地报馆收音员得以记录无误。本台节目最后在二十三点停止，故中央社之第三第四次之二次稿件，即无法在当天报出，然有许多重要新闻，为慎重及待最后之证实起见，每在第三、四次稿内发表，故将三、四次重要新闻在第二天上午九时用慢报方式广播之"。② 因此可以看出，中央台没有自己独立采制的新闻，其新闻节目的设置基本是按照党营通讯社——中央通讯社的发稿时间排定的，其传播内容也为党营通讯社首先"过滤"把关。

事实上，中央广播电台新闻节目并不是一开始就统一地来源于中央通讯社的稿件，而是"早上采南京各大日报，晚间则播送中央社消息"，尤其是 1932 年 11 月大电台扩建开播后，新闻时间增长，中央广播电台"兼选上海出版的《申报》《新闻报》《时报》重要电讯，以资应用。各省报纸，赖各收音员的尽量供应，内容益形充实"。结果在 1933 年 7 月的某日，中央党部秘书长叶楚伧召见中央台台长吴道一，出示了军事委员会委员长南昌行营的来电："中央电台，泄露军机，希将该台负责人送来南昌处理"。吴道一在《中广四十年》"从此不敢增新闻"一节中描述：旁边几位中央党部的秘书，"都替本人捏了一把汗，说'这是提头来见的命令呀'"。原来"经彻查连日所报新闻，发现有一条采用上海《申报》外国新闻社电讯，报导江西剿匪消息，共约两百多字，其中有'目击国军某旅行经某地'十余字，未曾注意删去，一并于前晚播出，而于三十六小时后获得严重的电令。当由叶秘书长电复，请将该案交伊处理，经复准始免押解受审。从此所报新闻，概用中央通讯社社稿，并经中央秘书长或中宣部核阅签字播发，如果两位首长公出，则由中宣部秘书核签"；"原节目表中十九点四十分起的十五分钟简明新闻，有时因转呈签核关系，无法赶上，而留待二十一点三刻播出"。这样严格的新闻审查制度，致使新闻失去了应有的时效性，在新闻内容上也使如履薄冰的广播电台编播人员有了新闻审查的"自律"，"除了军事动态消息外，有关抗日反共字样的新闻，亦因时机未熟有所顾忌而讳言。直到抗战军兴，迁都重庆后，核稿制度随之废止，但仍专用中央社稿，以免再蹈覆辙"。③

---

①② 小言 [J]. 广播周报，1935（65）：7.
③ 吴道一. 中广四十年 [M]. 台北："中国广播公司"，1968：36.

这是中央广播电台的各类新闻节目不得不将中央通讯社新闻稿作为唯一新闻来源的重要原因。而中央通讯社作为国民党中宣部直属新闻单位，一般是受中宣部的直接控制和指令，在抗战时期则根据战时新闻政策的规定受到新闻检查局的检查。抗战开始后，包括中共机关报《新华日报》在内的云集各方新闻机构的武汉，就曾出台《非常时期新闻检查规程及违检惩罚暂行办法》。在这个办法中，除了规定送检的程序、惩罚方式外，第三条还特别规定"中央社社稿，除交发者外，余均一律送由新闻检查所检查"。①这就是说，非常时期就连党营的通讯社稿，也难逃新闻检查的命运。

另外需要说明的是，在抗战时期，隶属于中广处的国际广播电台，在1939年2月，于重庆开始播音。1940年1月后交由中宣部国际宣传处管辖，以"中国之声"（Voice of China，即VOC）的名义做对外宣传，其新闻稿由中宣部国际宣传处传音科直接提供，不到半年由于人事杌陧，国际台又划回中广处，但是稿件仍然由国际宣传处传音科提供。②

据1941年至1945年任中央通讯社副总编辑的沈宗琳回忆，中宣部部长每夜必来电话，要中央通讯社编辑向他口头报告当天国内外的重大新闻；③甚至有时候还要面对最高当局——蒋介石个人的指挥。蒋介石不仅亲自打电话给中央通讯社编辑改动文稿字句，也常抱怨中央通讯社消息不完全，例如，1946年7月30日，蒋致电国民党中央委员会秘书长吴铁城转中宣部部长彭学沛、中央通讯社社长萧同兹："近来此编参考消息极不完备，……对于英美各报杂志之对华对俄之重要评论，该社亦毫不编辑，可知该社业务退步日甚一日，为何原因，今后应立即整顿使之进步，望切实检讨。"④所以从体制上看，广播事业管理处尽管直属于国民党中央执行委员会，而不是掌管党政宣传方针的最高决策机关——中宣部，但是通过中央通讯社的新闻稿，中宣部乃至蒋介石的个人意志都在中央广播电台的新闻节目中得到了贯彻和实施，由此也形成了广播媒介"舆论一律"的局面，为"政治认同"的实现统一了"口径"和认识。

2. 国际广播引导国际舆论

在实现"党国"政治认同的过程中，尽管国内的各种因素总的说来比外部因素更重要，

---

① 非常时期新闻检查规程及违检惩罚暂行办法［M］//黄立人，张克明.白色恐怖下的新华日报.重庆：重庆出版社，1987：8-9.转引自王凌霄.中国国民党新闻政策之研究（1928—1945）［M］.台北：国民党党史委员会，近代中国出版社，1996：132.

② 王凌霄.中国国民党新闻政策之研究（1928—1945）［M］.台北：国民党党史委员会，近代中国出版社，1996：212-213.

③ 沈宗琳.记者生涯四十年（二）［J］.报学，1982，6（9）：83。转引自高郁雅.国民党的新闻宣传与战后中国政局变动（1945—1949）［D］.台北：台湾大学，2002：76.

④ 蒋中正电吴铁城等中央社业务退步应由肖同兹负责［A］.1946年7月30日，大溪档案，毛笔，国民党国史馆藏，档号：15901。转引自高郁雅.国民党的新闻宣传与战后中国政局变动（1945—1949）［D］.台北：台湾大学，2002：77.

但是在非常时期,外部因素可能会反过来影响政治认同的顺利实现。

抗战时期,悬殊的中日军事力量对比使国民政府需要争取大量的国际援助,这其中以美国为主要国家。

1939 年 1 月 27 日,国民党五届五中全会通过《改进国际宣传实施方案》,1 月 29 日又通过《党务报告之决议案》,确定今后的党务发展应特别注重海外,"而于宣传方面尤应特别注意"。① 同年 3 月,国民党成立了国际宣传委员会,由该委员会负责通盘筹划与指导国际宣传事宜,但具体的对外宣传工作仍由中宣部国际宣传处负责。

1939 年 2 月 6 日,由中央广播事业管理处建设的中央短波广播电台在重庆开始试播,2 月 19 日正式播音,呼号为 XGOX/XGOY。该台在 1940 年 1 月至 7 月曾划归中宣部国际宣传处,但不久又由中广处管辖。在 1941 年 12 月 7 日"珍珠港事件"爆发之前,因为美国持中立政策,忌讳官方宣传,国际台播音所用语言只有 9 种语言,直至 1941 年美国的参战使整个"二战"的局势发生了逆转,国民党国际广播台便成了远东战场最具鼓动性和影响力的舆论工具,这时的播音语言除国语、英语、粤语、闽南话及客家话、沪语方言外,还增加了马来、越、荷、泰、缅、俄、法、德、日、朝等语言,甚至增加了台湾语广播,以对当时还是日本殖民地的台湾进行宣传。每日播音 12 小时左右,对象遍及全球。

国际台的节目大致可分三类:第一,普通性质者,有新闻、演讲、时评、战讯、音乐和戏剧等。第二,适应战时需要的特别节目,这是战时国家宣传的主体。如:(1)广播信箱,凡在中国自由区(大后方)之中美人士,均可利用作简单通讯,由美方收听,抄录转送;(2)杂志论文,由在重庆以及各地的外国记者,就时事及地方新闻作报道,播由美方收听刊载杂志;(3)乡情广播:目标是南洋的侨胞,专用粤语广播;(4)密码广播,海外部、外交部对国外之指示,由国际台用密码播出至国外,由各地党部及使领馆收听;(5)对远东盟军广播,太平洋战争爆发后,由驻华美军部及大使馆在国际台播送新闻、音乐、歌剧等,由各地盟军收听。第三,特约广播。作战后期,因敌方干扰太甚,有时音波不清,英美各地人士不能清晰收听,特约美方 NBC、ABC、CBS、MBS 等广播网及 WLW、WMRA、WHO 等广播电台代为转播,借以增强盟国广播战线的局面。②

这些以新闻报道和新闻述评为主的节目,几乎全部采用中央通讯社电讯稿和《中央日报》刊登的新闻、评论,以及中宣部国际宣传处和美国新闻处提供的稿件。与中央台一样,国际台也没有专职的记者和编辑,仅设国语、英语、缅甸语等几个语种的播音员播送相关节目。其余节目,尤其是特约节目皆由各国驻华记者到该台自编自播,③ 比如美国三大广播公

---

① 荣孟源. 中国国民党历次代表大会及中央全会资料:下册[G]. 北京:光明日报出版社,1985:554.
② 广播事业[M]. 南京:(国民政府)行政院新闻局,1947:25.
③ 四川省地方志编纂委员会. 四川省志:广播电视志[M]. 成都:四川科学技术出版社,1996:23.

司 NBC、ABC、CBS 的驻华记者就可以通过中宣部国际宣传处的介绍，到国际广播电台播出自编的节目，并通过各自在美国的电台届时转播。这种宣传报道，多数是正面报道，因为按照国民党国际宣传的逻辑，只有这样才能争取主动，增加中国在国际上的信誉。为了"正面报道"，中宣部国际宣传处甚至发展到修改（审查）美籍专家、教授稿件的程度，据《曾虚白工作日记选》介绍，1941 年 5 月 21 日，为了响应美国中国救济事业联合委员会之工作，中宣部国际宣传处邀请了近 20 名外籍专家学者到成都台和昆明台做广播演讲，并对美国转播。但是国际宣传处副处长曾虚白认为："惟若干美籍教授及专家，以学者态度发言，虽立意不外援华，仍不免有暴露我后方真相之虞，然彼等既由我特约广播，其广播稿自不能再加修改或删除，此实为颇费斟酌之问题。前经决定，成都方面由毕范宇①事前向广播者示意，审稿时请加慎重，然毕氏究属外人，见仁见智容有不同，为审慎计，又电嘱毕氏及昆明广播电台，将所播各稿于播送前四日航送来渝。本处如发现有十分不妥之处，转播时尚可求技术上之补救。"②

在正面宣传的要求下，抗日战争期间，美援源源不断而来。1941 年 5 月 6 日，美国总统罗斯福正式宣布《租借法》适用于中国，由此中国成为英、法、苏之后第四重要的受援国，从 1941 年至 1946 年共得到价值 16.02 亿美元的实物和劳务援助。③ 同时，美国还承诺，将中国视为战后四大强国家之一，共同处理战后国际事宜。这是国民党广播作为"党国喉舌"最为辉煌的时期，被国际舆论界称为"中国之喉舌"。

其实在对外宣传中赢得国际声誉，这是国家认同中外因的部分，要赢得国内各界人士的国家认同，除了政治认同外，还需要有文化认同，否则这样的国家认同就成了无源之水、无本之木了。

二、"文化认同"的传播是"党化"广播节目的又一主调

国民党广播电台作为"党国喉舌"，在进行"政治认同"宣传的同时，为了增加政府的合法性，同时还增加了相当的文化认同的成分，这就是从军阀割据的分裂状态走向形式统一的国民政府后，通过寻求中国文化本身的同一性来整合社会各方力量，进而完成一个民族国家的认同过程。前文提到的"文化认同"，指的是一群人由于分享了共同的语言表述、历史传统、习俗规范以及无数的集体记忆，从而形成的对某一共同体的归属感。在这个过程中，国民政府借助广播这个声音媒介，大力发展一系列的中国文化元素，主要是对"国语"统一

---

① 毕范宇（Francis Wilson Price，or Frank Wilson Price，1895–1974 年），美国美南长老会传教士，汉学家，上海国际礼拜堂牧师。抗日战争期间曾做过蒋介石的顾问。孙中山《三民主义》一书英文本翻译者，著有《金陵神学院史》。
② 中国第二历史档案馆.曾虚白工作日记选（一）[J].民国档案，2000（2）.
③ 任东来.抗战期间美援与中美外交研究（上）[J].兰州学刊，1991（1）.

的推广与传播、对国歌的确定与尊崇，以及对"中国本位文化"的倡导、教授与传播，还有在娱乐节目中对中国民族音乐及"国粹"——平剧的重点演播。

（一）对国语统一的推广与传播

语言、文字的统一从来都是民族统一的重要象征。中国文字虽然早在秦汉时期即实现了形义上的一致，但谋求读音的统一，推广一种全国通用的"国语"，却是从晚清开始在西方政治文化的影响下，在"开发民智""教育救国"的社会思潮中萌生，直至民国时期才提上议事日程的。在我国，国语是在1926年召开的"全国国语运动大会"的《宣言》中得到确认的："（国语）这种公共的语言并不是人造的，乃是自然语言中的一种；……还得采用一种方言，就是北京的方言……北京的方言就是用以统一全国的标准国语。"① 这就是以北方话为基础方言，以北京语音为标准音的汉民族共同语，即今天普通话的前身。

1928年4月，国民党定都南京，建立国民政府，承续了之前北京政府统一国语的开国举措，并将北京政府教育部附设的推行国语的机构——国语统一筹备会（1919年4月21日在北京成立）改名为国语统一筹备委员会，性质职责未变，继续确立国音的标准，推行国语统一运动。之后随着国民党中央广播电台，尤其是中央大电台的建立开播，这个国语统一运动也借助广播媒介得以进一步推广。

在1923年广播媒介登陆上海时，各个商业电台的播音语言大多并不统一，尤其是上海等地的私营电台多用沪语、粤语、国语播音。② 对于这一现象，在交通部于1936年10月28日颁布（12月16日修正）的《指导全国广播电台播送节目办法》中做了明文规定："各广播电台除娱乐节目外，对于教育演讲及新闻报告节目应以国语播送为原则，暂时兼用当地方言者，应另加教授国语节目。"

中央台在1928年创建伊始，播音语言就使用国语，但是这种国语不够纯正，时常夹杂着不同方言，"除了一位男播音员黄天如先生外，几乎无固定的合格的国语播音员……于是，每日从那高耸云天的铁塔天线上播散四方的常常是'吴语普通话''江淮普通话'等等。"③ 在大电台开播前后，国家级的广播电台就开始扭转这种播音语言国语不够纯正的现象，为此在1932年夏，大电台开播之前，中央台专门聘请著名语言学家赵元任帮助在北平招考播音员，这百里挑一选出的就是被称为"元始"播音员的刘隽英、吴祥祜、张洁莲，这三位播音员的出现使得中央台的宣传、新闻、教育，甚至娱乐节目的国语标准都有了相当大的提高，尤其

---

① 王理嘉.从官话到国语和普通话——现代民族共同语的形成及发展［J］.语文建设，1999（6）.
② 吴红婧.上海的第一代职业女性［N］.文汇报，2007-08-24（11）.
③ 汪学起，是翰生.第四战线——国民党中央广播电台掇实［M］.北京：中国文史出版社，1988：24.

是刘隽英由于国语发音准确，嗓音圆润，被称为"南京之莺"。①（除了国语节目，中央台在专门的新闻类节目中特别设置有广州语报告和厦门语报告，在抗战期间还有特别的方言报告，如回语、蒙语、朝鲜语、藏语，但国语节目仍占主流。）

随着节目内容的丰富，国语统一运动的深入开展，中央台对播音员国语纯正度的要求也越来越高，三年之后的1935年1月，中央台又招考国语与英语报告员，结果英语报告员正式录取一人，而国语报告员则备取两位，没有正式录取的。其原因是"各考员学历虽有相当程度，而国语口音皆未能完全适合播音需要，仅录备取两名，以备先后传来训练而资造就"。②

在统一使用国语播音的同时，中央台还在教育类节目比如《民众教育》中专门设置了教授国语的内容，以标准国语留声片、小学《国语读本》《标准国音》《注音符号》为教材，每周三次，每次30分钟，为广大听众提供正式的国音训练。

从1930年开始，此类教育节目与教育部共同开办。《中央日报》曾详细地记载了第一次合办的国语注音符号讲解节目的情形，"教育部国语统一筹备委员会驻京办事处，与中央广播无线电台合办之国语注音符号无线电话传习会，已于昨（1930年5月3日）下午四时开学，由彭林仙邀请中大南中女生，及东区实小女教师顾荣华、王仲英等七人，同往广播电台，先由该台职员黄天如介绍，次由彭林仙讲述注音符号小史，历四十分钟，继由顾王诸女士等唱全国国语运动歌，末由黄君演说国音符号，地位之重要及应注意学习各要点，五时课毕"。③

之后，这类节目还请到了著名语言学家黎锦熙、赵元任以及文学家夏丏尊、叶圣陶做国语推广的演讲。根据《广播周报》节目单的记录，尤其是时任中央研究院历史语言研究所第二组主任的赵元任，从1935年至1937年连续三年每年都要在广播电台的《教育节目》中连续做《国语训练》的讲座10次，每次30分钟。见表3-4。

表3-4 《广播周报》上刊登《教育节目》中赵元任的讲座统计表

播出时间	演讲题目	播出时段	播出次数
1935年11月11日至11月29日隔天一次	《国语训练》	18:30—19:00	10次
1936年7月17日至7月31日隔天一次	《国语训练》	18:30—19:00	10次
1937年2月2日至2月23日隔天一次	《国语训练》	16:30—17:00	10次

---

① "元始"播音员——刘隽英与吴祥祜［G］//中广五十年纪念集，台北："中国广播公司"，1978：155。该文提到1932年夏在北平招考了三位女播音员，其中张小姐"做了一个短时期工作，因为想家而返回北平"。因此在《"元始"播音员——刘隽英与吴祥祜》中只提到刘隽英与吴祥祜。根据汪学起、是翰生编《第四战线——国民党中央广播电台掇实》中《"南京之莺"》和《"儿童节目"三姐妹》的介绍，这位张小姐本名应该是张洁莲，于1936年离开了国民党中央广播电台。

② 中央广播无线电台管理处招考报告员简则［J］.广播周报，1935（18）：14；本处招考国语英语报告员揭晓［J］.广播周报，1935（23）：14.

③ 推行国语注音符号——吴稚晖在苏党整会详述原意中央广播电台昨日开始传习［N］.中央日报，1930-05-04（4）.

在上述连续的讲座之外，赵元任还曾在中央台《名人演讲》《科学演讲》《学术演讲》等节目中做过《矫枉过正的国音》、《国语语调》（1935年2月8日）、《国语罗马字》（1936年2月7日）、《全国转播中央台节目对于促进国语统一的影响》（1936年6月10日）的演讲，这些演讲从国语学习的一些方法、原则入手进行深入浅出的讲解，要听众注意学习国语"就得明白一处地方的方言跟国音比较起来，不全是简单的一对一的配起来"。方言用国语发音，"一部分要改，一部分不要改，如果也改了就是矫枉过正了"。另外还提醒听众，学习国语，不仅要注意根本方面的国音、国语的词类跟国语的语法，还要注意枝叶问题，即"国语的语调，就是平常所谓说话的腔调"，并要学习国音国语的辅助工具——国语罗马字（即现在使用的拉丁字母）的拼音方式。①

更为难得的是，赵元任非常前瞻性地意识到了广播在推广国语统一运动中的作用和意义，"在现时代，要建设一个统一而立得住的国家，统一的国语也是一个极要紧的条件，在各种促进统一国语的工具当中以无线广播的影响为最广，再加上现在各地转播中央台的帮助，这个影响一定是很大的"。统一转播中央台的节目，在狭义上可以使从中央到地方听到纯正的国语国音节目，提高国语统一、纯正的水平；在广义上说就是"这些广播跟转播的节目给全国的人一个国语化的大庭广众，在全国造成一个国语化的环境。……这样子，国语就成了我们民族整个生活的一部分。国语的统一化就成了我们生活的统一化的一个表现。这个比单学一点国语的音韵、辞类、文法是要紧得多了。这样国语才能够算为真的中国语言。"

之后，赵元任还于1937年5月拟就了《广播须知》一文，作为最初的广播播音"教程"，从机械、声音、语言、讲稿、材料、礼貌六个方面提出了广播播音的注意事项和播讲原则。该文与交通部1937年4月2日颁布的《民营广播电台违背〈指导播送节目办法〉之处分简则》和《播音节目内容审查标准》两个法令，共同刊登在1937年5月1日出版的第135期《广播周报》上，大有将赵元任写的这个《广播须知》作为全国电台，尤其是播音语言有太多方言内容的民营电台务必恪守的原则之势。这就再一次证明了国民政府对国语统一运动的重视程度和推广力度。

除了以上常规节目之外，中央台还设置了一些特殊的节目以配合国语统一运动。这包括

---

① 这就是用罗马字母来拼中国国语的拼音法。根据赵元任《国语罗马字》的介绍，自从明朝万历年间意大利传教士利玛窦最早编过全套的中国音用罗马字的拼法，这300多年来曾经有过许多种拼法的制度。现在比较通行的罗马字拼法是英国人威妥玛编的，就是所谓的威氏拼法，但是由于这套拼法既不方便又难看的撇点符号，所以虽有好些人用它，但事实上也给它改得不像样子。国语罗马字是一种中国人自己编的拼法制度。中国人研究用罗马字拼音的，最早要算光绪年间福建同安县的卢赣章，他曾经做过一种切音新字，是为拼福建南部地方方言用的。至于国语的罗马字，在民国二年（1913年）教育部读音统一会及《新青年》杂志创办的时候，才开始有些真的讨论（大半都是国语统一筹备会或是其他有关系的团体），设计了许多种方式，改了许多种方式，到民国十七年（1928年）才由国民政府大学院公布了一个国语罗马字拼音法式，这就是现在的国语罗马字，也就是国民政府教育部公布的国音常用字汇里头跟注音符号对照的罗马字拼法。

1935年元旦下午的《全国国语教育促进会节目》，这个节目有 40 分钟之长，在报告、演说之外还使用了听众喜闻乐见的形式——短剧、歌曲（《国语运动歌》和《注音符号歌》）——进行国语推广活动。① 一个月之后，1935 年 2 月全国国语教育促进会为国语建设运动起见，创办"全国无线电台国语演讲会"，由教育长官、国语专家、推行人员在全国各大无线电台演讲。中央台又专门增设节目时间，于上午休息时段（9:30—11:55）插播这个国语演讲节目。见表 3-5。

表 3-5　全国电台举行国语播音演讲统计表（1935 年 2 月）

日 期	时 间	演讲人员	演讲地点
1 日	上午 10:00	教育部部长	南京中央电台
2 日	下午 5:20	蔡元培	上海电台
4 日	上午 9:45	赣教育厅厅长	南昌电台
5 日	上午 9:00	湘教育厅厅长	长沙电台
6 日	下午 5:20	吴敬恒	上海电台
7 日	上午 10:00	豫教育厅厅长	开封电台
8 日	上午 10:00	赵元任《国语语调》	南京中央电台
9 日	上午 9:30	鲁教育厅厅长	齐鲁大学电台
11 日	上午 11:00	浙教育厅厅长	杭州电台
12 日	下午 5:20	马国英 何斌	上海电台
13 日	下午 4:00	北平市社会局局长	北平电台
14 日	上午 11:10	闽教育厅厅长	福州电台
15 日	上午 10:00	苏教育厅厅长	南京中央电台
16 日	下午 5:20	黎维岳 许逵伯	上海电台
18 日	下午 5:30	晋教育厅厅长	太原电台
19 日	下午 4:30	冀教育厅厅长	天津中华电台
20 日	下午 3:00	滇教育厅厅长	云南电台
21 日	下午 5:20	乐嗣炳 祖雨人	上海电台
22 日	下午 7:15	桂教育厅厅长	南宁电台
23 日	下午 5:20	上海市教育局局长	上海电台
25 日	下午 7:00	粤教育厅厅长	广州电台
26 日	下午 5:20	严工上 桓拨 沈竟存	上海电台
27 日	上午 10:00	皖教育厅厅长	芜湖大有丰电台
28 日	下午 5:20	裴惟森 陆衣言	上海电台

资料来源：无线电［J］.1935, 2（2）：69.

中央台自身对国语的积极应用和竭力推广，充分显示出作为国家级电台对国语的重视。作为超越方言的民族共同语——国语，更是国民党南京政府在中国建立统一的现代民族国家的重要象征。从政治学的角度讲，现代国家的认同是从领土、文化（语言）和政治的认同生发出的，在这个认同的过程中，如果说对于政治的认同是国民党"党国认同"比较艰难的一面的话（因为这要引发刚刚从"天朝"臣民转为共和国的公民向专制的"党国"表示尊重和

---

① 广播周报［J］.1934（15）：2.

自愿服从），而对于文化的认同，尤其是语言的统一则是人们最容易达成共识，进而愿意身体力行的，因此从推广范围和效果来看，这个认同是最有成效的。在抗日战争时期，由于国语统一筹备委员会的工作基本停顿，中央台专门的国语学习节目越来越少，只剩零星的国语留声片作点缀，抗战胜利后也再没有恢复。但是国民党中央台对于主要播音语言——纯正国语的追求却一直坚持不懈，一直延伸到抗战胜利后，国民党内战失败退避台湾，依然还保留了国语的统一，国民党广播电台改组后的"中国广播公司"依然用统一的国语作为主要播音语言。

（二）对国歌的确定与尊崇

国歌是国家的象征之一，它是国家观念和民族意识发达以后的产物。其实，所谓"国歌"就是一个民族或国家，把它自己民族或国家的志向、愿望，用有韵的、精美的文字写出来，并且制定合乎自己民族风格的乐谱，再按照一定的法制厘定程序，公布通行全国，以便国家或国际在举行各种典礼、集会时演奏，及国民歌唱自励者，称之为"国歌"。①

我国在清末之前是没有"国歌"的，有"国歌"始自晚清末年，因国际交往频繁，外交场合之需要而产生。到国民党南京国民政府成立之前，共使用过三首国歌，即清宣统三年（1911年8月）清政府制定的《巩金瓯》；1919年，北京政府教育部的国歌研究会根据章太炎的建议，采用《尚书大传·虞夏传》中的《卿云歌》为国歌，由萧友梅作曲，1921年3月31日颁行；1926年7月2日，在广州举行的国民政府教育行政会议上，通过了《推行国歌案》，其决议之一是："在国歌未颁布以前，《卿云歌》以《国民革命歌》代之。"②

1930年3月13日，国民党第三届中央委员会第七十八次常务委员会议决定："在国歌未制定以前，可以党歌代用。"这就是前文提到的孙中山于1924年6月16日主持黄埔军校开学典礼时的训词："三民主义，吾党所宗，以建民国，以进大同。咨尔多士，为民前锋，夙夜匪懈，主义是从。矢勤矢勇，必信必忠，一心一德，贯彻始终。"

之后，国民政府责成教育部着手征集、制定国歌。尽管应征者广泛，甚至当时学界的名流都加入了这个行列，如1934年12月2日中央台19:30的《音乐歌曲》节目中就播放了中央大学校长罗家伦作词、中央大学合唱团演播的《敬拟国歌》，③但却没有任何应征者入选。

---

① 陈恒明.中华民国政治符号之研究［M］.台北：台湾商务印书馆，1986：181.
② 刘作忠.中国近代国歌小史［J］.武汉文史资料，1999（2）.
③ 这首国歌的歌词为："青天白日满地红。光明到了，大家向前，一齐奋勇！人人尽职，个个做工。中华民族，休戚相同。国事由众人管。享受和大家共。自由，平等，大同！世界新秩序，民族新光荣：都在我们创造中！大家向前，一齐奋勇！光明到了。你看 你看！青天白日满地红！青天白日满地红。光明到了，大家向前，一齐奋勇！人人尽职，个个做工。中华民族，休戚相同。国事由众人管。享受和大家共。自由，平等，大同！世界新秩序，民族新光荣：都在我们创造中！大家向前，一齐奋勇！光明到了。你看 你看！青天白日满地红！"广播周报［J］.1934（11）：2.

在全面抗战爆发前夕一个月，1937年6月7日，中央广播电台20:40的《时事述评》报道："国歌的问题，久悬未决，诚为国人所注意者，乃本月三日中央（第五届）第四十五次常会业已决定，即以党歌为国歌。是以久悬未决的国歌问题，至此已告一段落。"①

这个党歌代国歌的决议，颇有意味地阐释了这样的理由：

> 关于国歌歌词之编制，业经会同审查，佥以国歌之成，必有其历史，现行党歌，为总理训词，自十三年以来，其始用于国民革命军，其继已普及于全国，各友邦亦皆习用，今若另制，转嫌生强。细阅教育部所选各稿，虽各有所长，而亦各有所短，已由国歌编制研究会加以签注。现行党歌意义，所包至广。所有中国立国之大本，均已包涵于三民主义。其中"吾党"二字，说者以为专指本党而言，以为提议另制国歌之原因。惟"吾党"二字，依广义解释，与"吾人"同义。总理手创民国，即以其训词作为国歌，藉资全国人民之景仰，尤为至当。拟请明定即以现行党歌为国歌。②

通过"普及全国""友邦习用"的既成事实，以及不合逻辑，更不合法理的"吾党"即"吾人"的概念混淆，国歌这个本该是国家的政治符号，就由国民党的声音符号代替了，"党国"一体的专制政体在这样的主权形式上又一次实现了自己的威权。国民党中央广播电台则是"党歌代国歌"这个威权决议的重要执行者。从《广播周报》的节目表上可以发现，随着广播节目的日益规范和成熟，从1934年12月底开始，党歌一直是国民党中央广播电台每天广播的开始曲，到1937年年初，除了开始曲，又在晚间20:00整点新闻前再播一次"党歌"。1937年7月"党歌"代"国歌"在中央广播电台开始落实，早间"党歌"名称不变，晚间"党歌"便改为"国歌"播出了，并"以两周为期，于每晚联播节目内，教唱十分钟"。③

全面抗战爆发后，从现有的《广播周报》中可以看出，早晚两次"党歌""国歌"模式有些变化，因为有大量抗日爱国歌曲涌现，为了配合抗战形势，增加了一些爱国歌曲作开始曲或间歇后的间奏乐，"党歌"基本没有再出现，但每天至少保持一次"国歌"的播出频次。见表3-6。

表3-6　1939年1月至1941年4月中央广播电台节目的开始曲、间奏乐及结束曲

		开始曲	结束曲
3:30—5:00	早间时段	中华之光歌	义勇军进行曲
11:50—13:00	午间时段	国歌	
17:00—23:00	晚间时段	国旗歌	满江红歌　总理纪念歌

---

① 时事述评选辑（1937年6月7日播讲）[J]//广播周报，1937（141）：32.
② 刘作忠.中国近代国歌小史[J].武汉文史资料，1999（2）.
③ 中广七十年大事记[G].台北："中国广播公司"，1998：39.

抗战胜利后，这样的模式又改变了，"国歌"成了每天节目的开始曲和结束曲。

有政治传播学者谈到音乐符号在政治传播中的作用时，认为"音乐的符号价值，是在于述出个人思维及其丰硕经验，产生繁富联想，这种符号具有一种优异的继续绵延不绝之价值，因为这种价值，而使音乐能深入团体产生聚合凝固，及保持独立存在的遗传经验"。①国歌乃至抗战中的《中华之光歌》《义勇军进行曲》和《国旗歌》都具有这样的符号象征意义，这些具有强烈中华民族风格的乐曲，及朗朗上口的歌词，每天在国家级电台开播或结束时唱响，必能联系共同的民族情感，抒发民族心声，激发整个民族的爱国热情。然而"凡音者，生于人心者也，乐者，通伦理也"，用党歌代国歌其本质是为了进一步实现对"党国"的文化认同，尽管在之后"抗日救亡"的呼声中这种深层次意味被遮蔽了，党歌即"国歌"混杂在一批爱国歌曲中间，促使人们由于爱国进而爱党，"三民主义"由"吾党所宗"进而成为建国、救亡之"所宗"，但是"党即国家"这在法理上的"不合法"，势必潜藏了这样的逻辑："爱国"就要唱国歌，而国歌就是党歌，你不唱党歌就是不爱国，不爱国岂不罪莫大焉？！人们在民族主义的旗帜下，走向了"党国"专制的陷阱。

（三）对"中国本位文化"的倡导、教授与传播

国民党作为一个有理论、讲主义的政党，在用整套的三民主义理论建构官方意识形态的同时，逐步将三民主义的核心——反帝、反封建的意义抽离，并将"三民主义"纳入儒学传统思想体系中，甚至不惜将孙中山塑造成为继孔子之后"中国道德文化上继往开来的大圣"。这就使得国民党在宣传"三民主义"实现政治认同的同时，发起了各种各样的文化运动，以恢复之前被"新文化运动"砸碎的中国固有文化和固有道德，以对中国传统文化的恢复和推崇来实现"党国"的文化认同。这些文化复兴运动以1934年开始的新生活运动为先导，之后是同年成立的中央文化建设协会发起的文化建设运动。在这些运动的推广中，借助国家政权的力量，从改造国民的"衣食住行"入手，进行文化整合和文化同一，同时通过行政手段强令中小学生读经祀孔，形成了一股从上到下弥漫全国的复古潮流。

需要说明的是，1934年10月成立的中央文化建设协会，是一个为蒋介石发起的新生活运动寻找理论依据的组织，由陈立夫任理事长，以陶希圣、樊仲云等为成员，在北平等地设有分会，并创办《文化建设》等刊物，鼓吹"中国本位的文化建设"，即以中国文化为本位，以中国当时当地的需要为基础来调和中西文化，形成一种"新文化"。1935年1月，上海的王新命等10名教授在《文化建设》上发表了《中国本位的文化建设宣言》，主张在保存中国古代制度思想的基础上，吸收近代西方资本主义国家的某些精神文明。②

---

① MERRIAM, Systematic politics [M]. Chicago: Chicago University Press, 1947: p.83.
② 陈旭麓，李华兴. 中华民国史辞典 [M]. 上海：上海人民出版社，1991：114.

1935年11月，中国国民党召开第五次全国代表大会，根据这次会议的决议又成立了一个文化事业计划委员会。这个委员会的主任是陈果夫，副主任是褚民谊、张道藩。这是在组织上对中国本位的文化建设运动的保障。在1936年2月成立的中央广播事业指导委员会中，这个文化事业计划委员会就是当然的委员之一，其出席中央广播事业指导委员会每次会议的代表委员就是该委会员副主任、CC系的主力张道藩。直到1938年国民政府西迁重庆后文化事业计划委员会才撤销。

　　文化事业计划委员会曾组织很多专门委员会来研究文化问题，如社会风俗、音乐、艺术、戏剧、电化教育、出版事业等，并制定《文化事业计划纲要》。全面抗战爆发后这个文化运动并没有停止，反而得到了某种程度的加强。1938年3月在武汉召开了临时全国代表大会，陈果夫又提出一个确定文化政策的议案。议案的内容就是根据文化事业计划委员会所定的《文化事业计划纲要》重新整理而成的。因此，《文化事业计划纲要》又称为《中国国民党之文化政策》。这种学理上的号召、组织上的保障与政策上的实施，使得中国本位文化建设，本质是恢复传统中国文化的运动，成为整合社会力量、实现"党国"文化认同的重要手段，而且这种手段贯彻国民党在大陆执政的始终。正如陈果夫后来（1939年4月）在中央政治学校对学生讲到《文化事业计划纲要》的重要意义时所说的："我们要实行三民主义，国防建设，经济建设，固然要根据三民主义来实施，文化建设尤其重要。文化的力量比武力还要大。"

　　《文化事业计划纲要》详细阐发了建设"中国本位文化"的三个原则和二十二条纲领，每条之后都有陈果夫的详细解释。[①]

　　其中的三原则是：第一，根据总理"保持吾民族独立地位，发扬吾固有文化，并吸收世界文化而光大之"之遗训，以建设中华民族之新文化。第二，以文化力量发扬民族精神，恢复民族自信，加强全国民众之精神国防，以达民族复兴之目的。第三，对于一切文化事业，尽保育扶持之责，以督促、指导、奖励及取缔等方法，促成全国协同一致之发展。

　　二十二条纲领则是：

　　（1）遵奉总理伦理哲学之遗教，为国民精神教育之总纲，以忠孝仁爱信义和平为国民道德之项目，以礼义廉耻为国民生活之规律。

　　陈果夫认为这八德四维的党员守则"又叫作国民守则，这是文化建设的第一件要事。国民精神教育，当以党员守则作纲领。这是我们民族的固有文化，当努力使之恢复"。

　　（2）表彰先贤、先烈、民族英雄之言行事迹，以发扬民族正气，策励社会人心。

　　（3）厘订文武合一之国民生活规律，以达生活军事化、集体化、生产化、劳动化、艺术

---

　　① 以下关于《文化事业计划纲要》(又称为《中国国民党之文化政策》)之三大原则和二十二条纲领及其说明都源自徐咏平.陈果夫传［M］.台北：正中书局，1978：296-304.

化之目的。实践为国家、社会服务之人生观。

这一条则是在建设文武合一文化。文人不懂武事，武人不懂文事，都不能使政治、军事配合完善。因为文武不合一，所以抗战开始以来，有许多地方不能做到尽善尽美。其实像孙子兵法，不仅武人用得到，文人也用得到。用兵不能不懂孙子兵法，办外交，修内政，也不能不懂孙子兵法。

之后的纲领更加具体细致，完全是对蒋介石在新生活运动中提出的原则的完善和补充：

（4）以民族至上、国家至上为准则，重新估定各地风俗习惯，订颁国民生活历，以齐一国民之习俗。

（5）订颁与国家社会家族个人现代生活相应，繁简适中，文质合度之礼制。

（6）创制发扬民族精神，与国家社会与公共生活相应，庄敬正大，刚健和平之乐章。

（7）本"迎头赶上"之精神，采取世界各国科学生产之方法，以增进国力，发展民生。

（8）加紧推行全国标准语，以促成语言之统一。

（9）确定汉文正楷为正规字体，并就文字源流及结构，研究其沿革变迁，订定简易正确之文字教育法。

（10）取缔拉丁化汉字及任意不正规花纹立体字。

（11）本国人相互间不得使用外国语言文字。

（12）切实整理我国原有文献及历代发明，以发扬固有文化。

（13）提倡科学研究，普及科学常识，并以国家民族之需要分别先后缓急之准则。

（14）关于人文学科之教学，应以中国社会现实为中心。

（15）建立三民主义的哲学、文学及社会科学之理论体系。

（16）实施总理纪念奖金办法，以策励文艺、社会科学、自然科学、教育及社会服务之进步。

（17）厉行以民族为本位之教育，力求国民教育之普及，成人教育之推广，并发展女子教育，以培养仁慈博爱、体力知识两俱健全之母性。

（18）明定奖励出版办法，保障著作人之权益，以提高出版道德，文化水准，并取缔违反民族国家利益或妨害民族意识之言论文字。

（19）设立国家学会，选拔文学艺术科学等积学之专家，以奖进学术研究之深造。

（20）推广新闻、广播、电影、戏剧等事业，以发扬民族意识为主旨。

（21）各宗教的文化事业，有利于民族国家者，应扶助其发展。

（22）宣扬吾国文化于世界，以促进人类文化之向上，生活之淑善。

可以看出，在这些近乎琐碎的纲领中，在建设"中国本位文化"的口号下，我们看到了太多"统一"的、"齐一"的、"标准"的要求，国民要有国民党党员一样的道德规范，"三化"的生活方式,"齐一"的习俗、礼制、音乐、科学、语言、文字、(人文学科之)教学,而作为现代国家全体国民应有的完全平等、民主的权利却没有任何踪影,丧失了文化自由的国民,在"党国"专制体制下更容易被驯化。国民党怎么会是训政的"保姆"?完全就是国民的"精神导师"和"救世主"。为了贯彻这一系列的原则和纲领,陈果夫一手操办成立的中央广播电台,对建立中国"新"文化运动的号召和响应自然不遗余力。这主要体现在三个方面:

其一,专门设置号召文化运动的节目。1935年11月新生活运动促进总会迁到南京后,国民党中央广播电台在1936年1月24日开始专门设置《新生活运动促进总会宣传节目》,从1936年8月5日开始又不惜将《总理遗教》改为《中央党部新生活运动委员会宣传节目》,之后这两个专门宣传新生活运动的节目,都以每周一次的频率出现在国民党中央广播电台中,一直到抗战爆发后;除了这些长期的常规节目之外,还有一些特殊安排的节目,例如在纪念新生活运动两周年之际,中央台从1936年2月23日至28日连续一周增加了《首都新生活运动促进会宣传节目》;另外还有具体宣传新生活运动,号召"肃清烟赌娼"(生活生产化减少消费)节约运动"的特别节目的设置,比如《南京市第二届肃清烟赌娼联合宣传大会播送演讲及大鼓节目》(1935年6月1日至5日)、《首都节约运动委员会宣传节目》(1936年9月25日至10月8日)、《禁烟总会纪念禁烟节宣传节目》(1937年6月3日)、《文化建设协会节目》(1935年4月至9月,每周一)、《文化丛谈》(1935年10月1日至1936年7月,由文化建设协会南京分协会派员演讲),以及特别设置的节目,如1935年4月16至20日中午的《中国文化建设协会读书运动讲演》。

这些专门设置的常规和特殊节目,聘请党政要人、学界名流,几乎每天从早上到晚上在不同时段向人们灌输建设"中国本位文化"的意义和内容,以及具体的方法与途径。

在中央台的这些特殊设置的节目中还有一种特别文化纪念日节目,这就是每年8月27日的孔子纪念日节目。在新生活运动进行得最热闹的阶段,为了进一步恢复传统文化,补救"五四"新文化运动"打倒孔家店"的诸般"偏颇",国民党中央常委会还于1934年5月31日正式通过决议,决定每年8月27日为"先师孔子诞辰纪念"日[1],全国恢复尊孔。

1934年8月23日国民党中央第一百三十五次常委会议决,"本年为第一次举行先师孔子诞辰纪念,由国民政府派大员至曲阜致祭,下星期一(8月24日)中央与国府纪念孔子典礼,决定在中央党部合并举行,推汪委员兆铭报告,戴委员传贤演讲。当日国民政府发布命令,特派叶委员楚伧前往山东曲阜致祭"。[2]

中央台也在8月27日这一天,按照所有纪念日的习惯,停止白天的节目,仅播出晚上

---

[1] 从时间上说,孔子诞辰向有数说,南京政府以《史记·孔子世家》鲁襄公二十二年孔子生之说为准,即为阴历八月二十七日,1934年为10月5日,但为"取便习惯",而以阳历代之,这样便自该年起,每年以公历8月27日为纪念日。从严格意义上说,这不符合中国的传统习惯,反映出这个节日中西结合的不伦不类。

[2] 孔凡岭.南京政府首次纪念孔子诞辰纪实[J].春秋,2000(1).

的节目。从 1934 年到 1936 年有三次孔子纪念日,《广播周报》中只有两次记录,即 1935 年和 1936 年的 8 月 27 日。在这两天中,1935 年 8 月 27 日只在晚上播出了不到 3 小时的节目,其中只有 18:30 至 18:55 的《民众教育》节目中播出了演讲《孔子的一生及其学说》;1936 年 8 月 27 日的节目纪念孔子的意味更明显一些。全面抗战正式爆发后,1939 年这个纪念日又被国民政府确立为法定教师节,因孔子是一位教育家,被尊为"至圣先师"。

其二,设置具有相当知识性和普及性的教育类节目,比如抗战前的《国文教授》《国学丛谈》《古今谈荟》《现代史要》《教育节目》,抗战中依然保留的《国文教授》《自修讲座》《抗战讲座》(部分内容)和《抗战教育》(部分内容),抗战后有《教育讲话》和《史地掌故》等。

这些名称不一、内容丰富的教育节目,围绕中国的文学、历史、哲学、地理等文化内容进行了详细的讲解和传授。最有代表性的是《国文教授》节目,持续时间最长(从 1935 年 4 月开始一直到 1940 年);周播出频次最多,开始每周三次、六次,抗战期间增加到每周七次,即每天都有;节目内容精良,所选篇目大多堪称"国文"中经典之作。很多文稿直接录自中学课本,按照正中书局出版的初中课本一篇篇地讲授,其中既有孟子的《陈仲子》、墨子的《非乐》、荀子的《乐论》、《史记》中的《项羽本纪》、《资治通鉴》中的《赤壁之战》、《孙子兵法》中的《作战篇》《始计篇》和《谈兵篇》、《古文观止》中唐宋大家的名篇,更有梁启超的《敬业与乐业》、谢婉莹(冰心)的《寄小读者》、朱自清的《荷塘月色》、周作人的《乌篷船》等美文。这些名篇佳作的学习能使人们对中国的传统文化有个基本的了解,对国学知识能有初步的掌握,从而激发民族自豪感,增加民族自信心。正如陈果夫在解释以上建设"中国本位文化"之第二条纲领时所说:"中国有五千年的历史,也不知产生了多少位大人物,足以使后世子孙景仰效法。可是流行的教科书中,除了孔子、孟子很少几个人之外,就只有看见外国人的传记、外国人的赞扬。为什么不表彰中国的先贤、先烈而赞扬外国人呢?因为中国先贤、先烈的嘉言效行,都夹在大部的历史中,没有编成可作教材的,编书人不肯用工夫,直抄外国人的比读二十四史容易,就不知不觉去赞扬外国人了。这是很危险的事。一个学生脑子装满了外国东西,不知道本国先贤、先烈的伟大,还成一个中国人吗?循至中国人看不起中国,失去民族自尊心。所以今后建设文化,必须注意表彰先贤、先烈的言行事迹。"所以,为了让学生的脑子里装满"本国先贤、先烈的伟大",自然要从学生必备的教材开始抓起,这样的教材再通过广播这种现代媒介的"广泛传播"为建设中国固有文化奠定基础。但在培养民族自尊心的旗号下,这些广播稿(或是教材)还有更为重要的内容,就是国民党党政名人孙中山的《黄花岗烈士事略序》《中华民国临时大总统就职宣言》《制定国民政府建国大纲宣言》、蒋介石的《新生活运动训词》《巩固统一与复兴民族》《五十生日之感言》、胡汉民的《今后雪耻的两条路》、邵元冲的《孔子学说与时代精神》、蔡元培的《祭孙中山先生文》、叶楚伧的《牛的觉悟》、陈布雷的《新生命发刊词》，及《中国国民党废除不平等条约宣言》等，这些文章以阐发国民党先贤烈士的言行事迹，以及国民政府的施政纲领和丰功伟绩为宗旨，将国民党主流意识形态的三民主义和文化统一思想"润物细无声"地灌输给青年，甚至广大的听众，希冀达到这样的宣传效果应是国民党建立"中国本位文化"的内在驱动力。

其三，在娱乐节目中对中国传统音乐和戏曲的大量改编及播出。

国民党所宣传的文化认同，依照孙中山"保持吾民族独立地位，发扬吾固有文化，并吸收世界文化而光大之"之遗训，就是要建立"中华民族之新文化"，并以此文化上的统一及认同来进一步实现国民对"党国"体制的认同和自愿服从。根据陈果夫提出的建立"中国本位文化"的第六条纲领"创制发扬民族精神，与国家社会与公共生活相应，庄敬正大，刚健和平之乐章"可以看出，对于人民文化、娱乐生活的重要内容——音乐的创作和传播也被纳入了这个"新文化"建设的轨道。

根据"发扬民族精神，与国家社会与公共生活相应"的要求，"有电皆啼笑，无台不说书"的民营台要将播音稿本和歌曲唱词"送至中央执行委员会中央广播事业指导委员会审阅"。从1937年1月30日至7月24日，这半年内中央广播事业指导委员会共审稿21次，内容包括歌曲、曲谱、平剧、乐曲、评话、南词等30多种民间音乐、戏曲形式，每次都有因"涉迷信，毫无意义，意义欠当，粗俗鄙俚，词义猥亵，诲淫诲盗，淫邪残杀，奸盗邪淫"等理由招致不准播出或禁播的内容。

在利用国家行政力量禁止传播有违新文化原则的内容的同时，作为国家级广播电台，中央台本身也开始为创作推广"庄敬正大，刚健和平"的音乐（戏曲）做建设性的工作。中央大电台于1932年冬扩建开播后，每天的播音时间由不足8小时增加到11小时15分钟，其中娱乐节目占十分之四，内含"音乐、戏剧、歌咏、民谣、杂曲等项"。其中音乐节目分国乐、西乐两种，大多时候以唱片为主。① 这样受制于"唱片"的音乐节目在广播长期的日常播出中自然有重复单调之嫌，再加上当时国乐的发展状况是"旧有音乐，亦复黯无生气，民间流行曲调，率多俚俗不堪；所用细竹，亦泰半粗略。真正高尚优美之国乐，其不普及也"，② 于是自1935年1月起，中央台罗织音乐人才，加上台内本身有音乐专长的职员，开始制作音乐节目，在3月9日首次播出了自办音乐会节目，并在中广处负责编辑播音的传音科内增设了音乐组。这个音乐组就成为当时为数不多的推广传播音乐艺术，尤其是"国乐"艺术的主导单位。

音乐组创建伊始，就"不断排练广东音乐、江南丝竹、华北吹管乐，以及自己创作的一些小型器乐曲"。③ 这些乐曲通过广播的音乐节目（"音乐会"节目和"国乐"节目等）传播，

---

① 吴道一. 中广四十年[M]. 台北："中国广播公司"，1968：50.
② 小言[J]. 广播周报，1936（81）：41.
③ 汪学起，是翰生. 第四战线——国民党中央广播电台掇实[M]. 北京：中国文史出版社，1988：153–154.

同时还刊登在《广播周报》上供听友保存学习。除了音乐表演节目外，从 1935 年 6 月起还新增加了《音乐丛谈》节目，"每周一次，介绍国乐乐器之构造、定调、演奏、保养方法等"，这个节目维持了 70 多周，深受听众欢迎。① 在这些艺术实践中，音乐组还对国乐"除了独奏，就是齐奏"的传统演奏方法进行了创新，不再是"只有音色变化（不同乐器的组合）和'加花'、'减字'"的单旋律齐奏型方式，出现了新型的"民族管弦乐"。

全面抗战开始后，音乐组迎来了自己的黄金时期，1939 年 6 月，中央台提高了传音科内音乐组的地位，"和原有的事务、工务、传音三科并立，专掌电台娱乐节目"。另外，音乐组内的西乐管弦乐队于 1940 年改属教育部，所余经费都用来充实国乐队，于是音乐组有了独立的组织地位和充足的资金保障。音乐组"数次公开招聘有志国乐青年，在重庆上清寺宏伟的广播大厦底层大发音室内，施以相当严格的训练"；同时，还聘请著名音乐家、作曲家，研究中国乐器的改良，利用和声使"独奏"转变成"乐队合奏"。这些改革后的曲目在电台播出后，开始还有听众不理解，又因曲目少而受到指责，"经过相当时日，不断在电台广播，或公开演奏，渐为爱好音乐者所赞许"。这些以崭新面目出现的国乐，除了有较高的欣赏价值外，在抗战的烽火中还有相当的"抗日救亡"的意义，如当时的"国乐"名曲《华夏英雄》《碧血英雄》《空前大捷》就是歌颂抗日英雄的，还有赞美祖国大好河山的《桃源行》《江干夜笛》《石湖之春》《芳草咏》等，② 正如《礼记·乐记》中所言："声音之道，与政通矣。"

这样的演播推广，提高了"国乐"的艺术地位，使"真正高尚优美之国乐"得到相当的普及，并使"大后方的爱好音乐的人士对自己的民族音乐有了重新的认识和评价"。"国乐"——既是民族音乐，更是国家音乐。在这样的文化认同中，人们也开始认同这个新型"党国"。

在中央台的娱乐节目中，有很多种民间戏曲节目，其中专门的戏曲节目有《弹词》《大鼓》《平剧》《大杂曲》等，在这诸多的戏曲节目中只有《平剧》是日播节目，而且在每个周六晚上还有一到两个小时的特别节目。如此丰富大量的平剧内容，是中央台在节目上比民营台更具吸引力之处。平剧就是我国的国粹之一"京剧"，本源起于徽调，因为多用徽州方言，一般人并不习惯欣赏。"后有人改徽州语言为北平方言，略参以各地方音，改名京调，习者遂溥；京调者以北平昔为京师所在地名北京故也"。南京国民政府成立后，北京改为北平，京剧也改称"平剧"。根据传音科所做《小言》之介绍，由于"平剧戏词通俗，且内容大率提倡忠孝节义种种中华固有道德，故一般人多习尚之，目前有人称之为'国剧'者"③——这样的文化同一性的认知，大概是国民党中央广播电台强力推崇平剧的根本原因。

---

① 吴道一.中广四十年［M］.台北："中国广播公司"，1968：50.
② 汪学起，是翰生.第四战线——国民党中央广播电台掇实［M］.北京：中国文史出版社，1988：156.
③ 小言［J］.广播周报，1936（82）：49.

中央台大力普及、传播国剧——平剧的过程是从大电台开播之后，根据传音科所做《小言》之介绍，中央台除大量储备唱片放送外，还专门设置《平剧》节目，邀请各处名伶到电台演播间播唱，每周六晚播出的平剧特别节目最长可以达到两个小时，是中央台历史上最长的特别节目。1935年2月后，这个特别节目的时间有所减少，并改为与音乐会、话剧轮流播送。但是每逢南京各剧院有名伶名票演唱，中央台都会设专线进行转播；每次有名伶名票莅临南京，中央台不拘时日，随时邀请来台唱播。当时京剧界有名的伶人如梅兰芳、程砚秋等都曾出现在中央广播电台的演播室内。

抗战期间，中央台的娱乐节目中仍然保持每天都有《平剧》节目，而且还扩充成《平剧（昆曲）》节目，也就是在平剧之外，还增加了与平剧有传承关系的昆曲剧目。只是在救亡声中，选取的曲目除了战前就有的《玉堂春》《法门寺》《捉放曹》《四郎探母》等剧目外，还增加了更多的抒发爱国情怀、讴歌抗击入侵之敌、弘扬民族气节的《西施》《文姬归汉》《苏武牧羊》《生死恨》等内容。尤其是《生死恨》这样的剧目，中央台不惜每天半小时、连续五天来播出其完整版本。这个戏是梅兰芳在1931年"九一八"事变后避居上海，与《抗金兵》同时创作的传播爱国思想、激励人民抵御外侮的新剧目。剧中梅先生塑造了一个古代爱国女性形象，而在胜利来临、夫妻团聚时却饮恨身亡，听来感人肺腑、催人泪下。

抗战胜利后，戏曲节目更加丰富，还有了《粤剧》《杂剧》等剧目，中央台《平剧》节目更是日益增加，成了日播三次的节目，中午、傍晚、深夜都有，每次节目15分钟到半个小时不等。1947年，中广处因战后"接收"日伪电台，党系广播系统一系独大，甚至连战前直属于交通部的北平台也成了中广处的直属台，这就使中央台的《平剧》节目更加精良，每天晚上都可以转播北平台的平剧节目，而这些节目很多又是从北平的京剧院设置专线直播的。

我们在国民党中央广播电台的节目表上看到的是太多的国歌、国学、国乐、国剧（平剧）的字样，听到的是纯正划一的"国语"，而在这一系列的"国"字头后，不过是国民政府广播电台为传播文化认同所做的精心设计，此文化认同的背后，更本质的则是为了实现国家认同所做的一种"文化搭台，政治唱戏"的"别有用心"。

第四章
国民政府广播传播的"有限效果"

一、关于"对谁播"和"谁在听"的问题

研究了国民党广播的传播制度、传播内容(中央台),接下来自然是国民党广播究竟是在对谁广播,或者说是谁在收听国民党广播,以及对这些受众产生了怎样的效果(影响)的问题。然而这一点因为史料的有限和历史的不可复制,本书不可能使用规范的传播学研究的实证方法,通过受众调查得出传播效果的某种结论。

但是,这里有一些预设的问题可以帮助本书试着进入国民党广播受众和传播效果的研究。施拉姆在《人类传播史》中界定大众传播的重要特征之一就是"技术手段"的使用,电子媒介比报刊更依赖于技术的进步。根据当时无线电传播技术的发展,以及人们的经济生活水平,首先的问题就是1928年到1949年这22年间,广播电台的辐射力究竟有多大,亦即实际的覆盖范围究竟能有多远?这是从信源的角度而言的。接下来的问题是信宿的问题,亦即谁拥有收音机,谁能接收到这些遥远的广播节目?无论使用怎样的理论来分析国民党广播的受众和传播效果,从发射机的覆盖范围到收音机的拥有,这都是绕不过去的问题。

从无线电技术的角度来讲,尽管当时的无线电传播环境很好,电磁波在这样"干净"的天空下会有比较好的覆盖范围和接收效果,但是无论发射功率有多大,中波发射机的覆盖半径一般是白天大约100公里,晚间300—400公里,当然中波发射机功率越大,受众越容易收听到。短波发射机要好得多,无论昼夜覆盖半径都可以从1000公里达至数千公里。所以从这样的角度来讲,为了达到覆盖全国,乃至进行国际宣传的目的,国民党中广处一直在试图从中波和短波两种途径中寻求解决方式。而短波发射机无论是在技术水平还是资金费用上都远远高于中波机的要求,于是刚刚定都南京、百废待举的国民政府,从1928年8月中央广播无线电台建成到全面抗战爆发前,近十年中"党政"两个系统前后创办的23座广播电台基本都是中波台,这些电台的具体功率和波长如表4-1。

表 4-1　1928 年 8 月至全面抗战爆发前国民党"党政"所属广播电台一览表

所属机关	台址	台名	开播时间	电力（瓦特）	呼号	波长（公尺）	周率（千周波）	停播时间
中广处	江苏南京	中央广播电台	1928.8.1	500	XKM/XGZ	550/280		1932.11
			1932.11.12	75 000	XGOA	454	660	1937.11.23
	福建福州	福州广播电台	1933.10	十九路军组建				
			1934.7	250	XGOF/ XGOL	291.2	1 030	
	北平	河北广播电台	1934（3）.12	500	XGOT			1935.6
	陕西西安	西安广播电台	1936（5）.8	500	XGOB	232.5	1 290	1937.2.9
	江苏南京	南京短波广播电台	1935.12	500	XGOX	44	6 820	
嘉兴县党部	浙江嘉兴	县党部利闻社会组电台	1933.10	15	XGKA	337	890	
武进县党部	江苏常州	武进县党部广播电台	1934.8	75	XLIK	225.5	1 330	
交通部	北平	北平广播电台	1927.9	300	XGOP	315.6	950	
	上海	交通部上海广播电台	1935.3.9	2 000	XQHC	230.7	1 300	
	四川成都	成都广播电台	1936.11.1	10 000	XGOG	535.7	560	
浙江省政府	浙江杭州	浙江省广播电台	1928.10	2 000	XGOD	303	990	
晋绥军无线电局	山西太原	太原广播电台	1931.5	50	XGOT	300	1 000	
川康绥靖主任公署	四川重庆	重庆广播电台	1932.12	1 000	XGOS	421.9	711	
山东省政府	山东济南	山东省广播电台	1933.5	500	XGOF	372	805	
广西省政府	广西南宁	南宁广播电台	1933	1 000	XGOE	220.5	1 360	
云南省政府	云南昆明	云南省广播电台	1934.3	250	XGOY	386	776	
河南省政府	河南开封	河南省广播电台	1934.10	200	XGOQ	280	1 070	
江苏省政府	江苏镇江	江苏省广播电台	1935.7	1 000	XGOZ	260.8	1 150	
江西省政府	江西南昌	江西省广播电台	1935.11	5 000	XGOC	265.4	1 130	
江苏省政府	江苏淮阴	江苏省广播电台淮阴分台	1937.4	100	XGOU	222.2	1 350	
广州市政府	广东广州	广州市广播电台	1929.5	1 000	XGOK	400	750	
汉口市政府	湖北汉口市	汉口市广播电台	1934.9	5 000	XGOW	297	1 010	
上海市政府	上海市	上海市政府广播电台	1936.3	500	XGOI	333.3	900	

从表 4-1 所列数据来看，功率为 75 千瓦的中央大电台"在国内的播音范围遍及陕甘、四川、青海、绥远等偏远省份，在夜间可远达伯力、缅甸、印度、澳纽、美加等地"，无论是国民党各级党政领导，还是中广处的各位负责人对其进行怎样的描述，一定是"宣传"的意义大于实际的覆盖范围。事实上，按照各中波电台可能有的最大覆盖范围，这八年中国民党广播电台的影响力也就仅止于东南各省，即江苏、浙江、安徽、江西、湖南、湖北、广东、广西、福建等 9 个省而已。1935 年 7 月的"何梅协定"导致国民政府放弃了华北主权，致使河北台与东北军一起西迁至西安，西安台在"西安事变"中"忤逆"，被迫于 1937 年 2 月停播，国民党在西北的声音也消失了。这样看来，这些电台的覆盖范围是与实际偏于东南各省的国民政府政权的合法性和中央的实际势力范围高度重合的。1928 年年底东北易帜，南京国民政府公布的全国行政区划计有 28 个省，也就是说在抗战之前号称中央的、国家级的国民党广播电台的影响范围不及全国的三分之一。

全面抗战正式爆发后，国民党广播电台数量萎缩，中央台西迁重庆，1939 年 2 月功率为 35 千瓦的中央强力短波电台于重庆开播，国民党广播进入了短波时代。1940 年这个短波电台甚至直接被当作国际广播电台开始对世界各地广播。有了这样覆盖范围遍及全国乃至世界的广播电台，国民党的广播是否就是名副其实的"国家"台呢？表 4-2 是抗战期间各广播电台的播音对象。

表 4-2 抗战期间各台广播对象统计表（根据 1945 年记载总计）

台　　名	呼　　号	周率　KG	对　　象
中央广播电台	XGOA	1 200 6 190 9 720	全国，沦陷区，东亚，南洋
国际广播电台	XGOY	11 300 6 130	全国，南洋，欧洲，美洲
昆明广播电台	XPRA	690	全国，东亚，南洋
贵州广播电台	XPSA	9 580 1 000	本省，全国，南洋
福建广播电台	XGOL	950 10 000	本省，南洋
陕西广播电台	XKPA	1 290	本省，西北各省
西安广播电台	XKDA	1 000	本市
甘肃广播电台	XMRA	1 400	本省，西北各省
西康广播电台	XRSA	8 110	本省及邻省
流动广播电台	XLMA	6 200	第三战区

资料来源：广播事业 [M]. 南京：(国民政府) 行政院新闻局，1947：28.

根据以上信息可以发现，除了短波电台外，国民党各级（中波）电台貌似已经能覆盖全国，但实际的覆盖范围不过是从东南各省转向西南、西北各地。从这个意义上说，国民党广播的宣传效果是不平衡的，有相当大的地域局限性。

除了覆盖范围外,再有就是收音的问题,即收音机的普及率应该是考察宣传效果的另一个重要参数。根据吴保丰《十年来的中国广播事业》中的统计,1937年前,全国收音机数目不足百万,仅占4亿人口的0.25%。这样的受众究竟是一类怎样的人群呢?1928年8月国民党中央广播无线电台开播,为了提高播音效果,促进播音事业的发展,中央台开办了代售(装)收音机的业务,表4-3是当时各类收音机及其附件的具体价格。

表4-3 中央广播无线电台代办收音机一览表(1929年12月)

序号	机名	真空管数目	能听何处	全套价格	备考
1	晶体收音机		用耳机收听本台播音	11元	
2	德律风根十号机	3个	用扩音器收听本台播音,用耳机收听上海、杭州、天津、日本等台播音	80元	原用国货电池,如改用外国货另加银14元
3	德律风根三号机	3个	同上	96元	同上
4	德律风根四号机	4个	可用扩音器收听本台、上海、杭州、天津、哈尔滨、沈阳、北平、马尼拉、日本等台,音浪清晰	280元	
5	德律风根九号机	5个	同上	350元	
6	三号收音机	6个	同上	210元	
7	沪厂式收音机	6个	同上	220元	如用天线调整器声浪更响
8	合组十六号机	6个	同上	230元	同上
附注	(1)装机材料须先自备,计需树立天线所用二丈余长之粗细毛竹各二根,牵缚竹竿所用16号铅丝12斤,线绳五丈,晶体机可酌量情形少备。(2)装费另收晶体机3元,三真空管机7元,四真空管以上均收10元。(3)备货附件亦可酌量代办。				

资料来源:中国国民党中央执行委员会广播无线电台年刊[M].1929:33—34.

这里收音机的价格单位应该是银元,最便宜的是晶体管收音机,只有11元,加上装费共计14元,最贵的真空管收音机配件加上组装费共计240元。根据同期1929年12月24日《中央日报》上刊登的消息《中央广播电台代装收音机——各机件照原价出售》所说:"中央广播无线电台,以无线电话,日益发达,既通消息,复增兴趣,京市居民,常有赴该台请求代装收音机,藉供娱乐者,该台为适应需要起见,特订购各种收音机,整批购置,代价目低廉,并悉该台均照原价出售,以示提倡之意,各界之如欲装置是项收音机者可函至该台,当即派人代为装妥云。"①

由此可见,中央台出售的收音机在价格上只会比一般市场上的便宜。无线电技术作为当时的"高科技",其普及还非常有限,几乎所有的配件都需要进口,这样的代售(装)一定有公共服务推广普及的含义。那么,这样的收音机价格究竟是什么人才具备购买力呢?

根据光华书局1927年出版的《中国劳动问题》的资料,在中国广播最发达的城市之

---

① 中央广播电台代装收音机——各机件照原价出售[N].中央日报,1929-12-24(3).

——上海,一个典型的市民五口之家的生活水平,以每月200银元为中上等之分界线;每月66银元为一般市民经济状况;每月100至200银元左右为中等生活;每月30银元为贫民的下等生活分界线。①

由此可以推断,除非是购买收听效果非常有限、质量一般的晶体管收音机,月收入为66元的上海一般市民家庭及以上收入的中上等家庭,才是真空管收音机(最便宜为87元)的主要消费人群。而对于大多数月收入为30元的贫民家庭来说,购买真空管收音机一定是件非常奢侈的事情。并且买来收音机未必一劳永逸地总能收听,还需要继续支付购买电池、天线等配件,以及损坏后维修的费用。因此,如此奢侈的大众媒介会在怎样的人群中发生作用就是可以推测的了。事实上,一个月收入为66元的家庭,在上海工人里面大约占4%,而在普通的知识阶层和职员中占多数。②也就是说,少部分工人、大部分普通的知识阶层和职员是吴保丰所说的那100万收音机的主要消费者。

根据社会学学者对1949年前上海中产阶层的研究,这些"普通的知识阶层和职员"及其以上的精英阶层,尽管在职业、地位、收入等方面相差甚大,但是作为一个群体,他们均受过较高的教育,以拥有的某项专门技能而非体力劳动服务于社会,有一个体面的职业,具有较强的现代性,其产生和发展与现代化造成的社会分工密切相关。就职业结构而言,职员通常包括在社会科层制机构从事非体力劳动的技术管理人员和服务人员,工厂中上自厂长、工程师,下到办公室的普通管理人员,商店里的经理、店员、练习生,政府机关中的公务员,以及银行从总经理到主任、办事员等都可归于此列,其范围涵盖了各行各业、各个阶级。而知识阶层则主要指游离于科层制以外的自由职业者,如自由撰稿人(包括作家、翻译在内)、律师、建筑师以及教师、记者、编辑、医师、会计师等。③

---

① 陈明远.文化人与钱[M].天津:百花文艺出版社,2001:77.
另根据1929年上海市社会局的调查,全市有28.5万工人(http://www.shtong.gov.cn/node2/node2245/node4471/node56051,上海市地方志办公室/专业志/上海工运志/第一篇职工队伍/第二章职工队伍分布与构成/第一节产业职工)。
20世纪20年代上海职员群体进入发展期,主要在商业、金融、交通运输、教育、行政机关等系统,合计近30万人(张仲礼.近代上海城市研究[M].上海:上海人民出版社,1990:16)。
要精确估计20世纪20-30年代上海知识分子(包括学校体制内的教师群体)的人数十分困难,有学者做了一个大致的估算,如果仅以受教育程度为指标计算的话,人数不会少于40万-50万人,甚至更多{忻平.从上海发现历史——现代化进程中的上海人及其社会生活(1927-1937)[M].上海:上海人民出版社,1996:132-137}。
上海城市人口,1930年为3 144 805人(邹依仁.旧上海人口变迁的研究[M].上海:上海人民出版社,1980:90-91)。
以上后三个数据转引自连连.1949年前的上海中产阶层[M]//周晓虹.中国中产阶层调查,北京:社会科学文献出版社,2005:325-351.
② 陈明远.文化人与钱[M].天津:百花文艺出版社,2001:77.
③ 周晓虹.中国中产阶层调查[M].北京:社会科学文献出版社,2005:325-351.

在这些中产阶层中，最具有代表性的就是大学教师，他们的收入标准可以清华大学为参考。1931 年清华大学校长梅贻琦上任后，为招聘贤能，颁布规定：教授月薪 300—500 元；讲师月薪为 200—300 元；教员月薪为 100—200 元；助教月薪为 80—140 元；学校行政职员月薪为 30—100 元，工人（勤杂工）月薪 9—25 元。① 在大学这样的阶梯状收入结构人群中，一定是教师和高级行政职员才是 87 元以上的真空管收音机的主要消费对象。这样几近精英化的受众群，可以推广到上海、北京之外的省市乃至全国。

那么，占全国人口大多数的中下阶层有多少人能购买得起真空管收音机呢？以工人为例，20 世纪 20—30 年代上海的工人人数为 30 万，占全国工人总数的三分之一，② 即全国的工人总数大约有 100 万。仍以上海工人家庭中月收入为 66 元的家庭占 4% 来推算，全国不过有 4 万工人家庭可能购买得起最便宜为 87 元的真空管收音机。工人如此，广大的农民阶层更是可想而知。广播受众的精英化，是与广播作为现代大众传播媒介本应具备从目不识丁者到庙堂智者的大众性相悖的。

全面抗战开始后，物资匮乏，收音机及相关无线电器材的价格更是一路飙升。在 1941 年 7 月 22 日召开的中央广播事业指导委员会第十八次会议上，中广处的工作汇报中就开始提出自行生产收音机的问题，并对收音机的程式和价格作了规定：

本处于（1941 年）6 月 5 日招集有关各科科长、工程师，及中央无线电器材厂理事、总经理、厂长等，开会商讨收音机程式，佥以重要问题，首在电源供给，除都市有电厂供电外，多数县份及乡镇或流动之部队团体，均不得不选用直流收音机，不独管理技术比较周折，而干电池供给添换、运输耗损，在在困难，经费亦巨，故即决定左（下）列四项标准：

第一，直流收音机用手摇机供电（供各县乡村无电厂设备之用），此项收音机用手摇发电机，该项发电机每架成本约 2 000 元，连收音机每架约 800 元，连附件共约 3 000 元。

第二，精良交流六灯收音机（供都市用以兼听国内外中短波播音为目的），每架约 800 元，连附件约 1 000 元。

第三，简单交流三灯收音机（供都市民间使用，以收听本国播音为目的），每架约 400 元，连附件约 500 元。

第四，矿石收音机（以收听附近电台播音为目的），每架约 120 元，连附件约 150 元。③

---

① 陈明远. 文化人与钱［M］. 天津：百花文艺出版社，2001：82.
② 从 1933 年 4–10 月对全国主要工厂（东北、云南除外，从业人员数 30 人以上）的调查来看，工厂数的约 19%、资本额的约 40%、生产额的约 47%、工人数的约 32%、管理员和工头数的约 66% 集中在上海。根据刘大钧《中国工业调查报告》（中册）（经济统计研究所，1937：243–291）的各业种的职工人数表推算得出。转引自岩间一弘. 1940 年前后上海职员阶层的生活情况［J］. 史林，2003（4）.
③ 中央广播事业指导委员会第十八次会议记录（1941 年 7 月 22 日）［A］. 中国第二历史档案馆，全宗号 368："国民党中央广播事业管理处档案"；卷号 681："中央广播事业指导委员会会议记录（第 1–20 次）".

这里的价格单位不再是银元，而是法币，国民政府1935年的币制改革（第一次），将银元换成法币（纸币）以控制大量白银的外流，为抗战积蓄了相当的财力。直到1936年之前，中国的物价水平都能保持基本稳定，浮动不大。抗战之后，国民政府推行"战时财政"，逐渐形成了以通货膨胀（增大法币发行量）为手段平衡财政收支、弥补赤字的政策，于是这之后十年物价飞涨，货币贬值。矿石收音机在战前不过14元，在抗战后涨幅达10倍多，达到了150元。这样的收音机价格标准，对于一般的工薪阶层来说意味着什么呢？

根据张公权《中国通货膨胀史（1937—1949）》一书提供的资料，抗战期间大后方重庆和四川一带，薪金阶层和工薪阶层实际收入指数如表4-4：

表4-4 抗战期间大后方重庆和四川薪金阶层和工薪阶层实际收入指数

年份	小公务员	教师	服务人员	一般工人	产业工人	农民
1937	100	100	100	100	100	100
1938	77	87	93	143	124	111
1939	49	64	64	181	95	112
1940	21	32	29	147	76	63
1941	16	27	21	91	78	82
1942	11	19	10	83	75	75
1943	10	17	15	74	69	58

注：以1937年=100%

资料来源：陈明远.文化人与钱[M].天津：百花文艺出版社，2001：172.

从表4-4可以看出，抗战时期大后方人们的实际收入（特别是在1940年以后）总趋势是大幅度下降，境况最为悲惨的是教师和小公务员等脑力劳动者，而他们应该是广播媒介最主要的受众。这些人在抗战时期生活境遇每况愈下，自然消费广播媒介的能力也会随之大幅下降。

根据陈明远在《文化人与钱》一书中的专题研究"西南联大的经济生活"所提供的史料，1941年年初，西南联大低薪教员、助教（月薪在200元以下者），因为物价飞涨生计艰难，三次联名呈函，在原有每月生活津贴20元的基础上，要求增至每月津贴50元或60元，但都因"校方经费拮据"而未获准。1941年11月25日，西南联大54名教授和讲师联名提议召开"教授大会"，公商解决生计办法。1942年1月14日公布的西南联大教师薪俸等级，教授最高300—600元，助教最低为100—200元。但是根据当时的西南联大经济学专家、社会学家提出的《昆明教授家庭最低生活费的估计》，每月要维持基本的消费，在1941年10月必须有1800元（每人368元）；短短一年之后，由于物价飞涨4倍，到1942年11月则必须有7500元。而教授们的收入，1941年10月平均600多元，为最低生活水准的三分之一；到1942年11月更不足1400元，仅为最低生活水准的五分之一。作为战前中产阶级重要代表的大学教师，在抗战期间连基本生活水准都难以维持，更别说购买少则500元，多则近千元的收音机了。①中央广播事业指导委员会在拟具的《设立广播收音网计划》(1941年9月)中直白地承认:"抗战西迁以后,各方均感觉收音之重要,迫切需求,但购装已感困难,价值更非昔比,非小康之家几乎无法设置。"②这里的"小康之家"一定不包括西南联大那些教授之家,因此可以基本断言,抗战期间私人家庭购买收音机的人数一定低于战前水平,广播的家庭受众一定比战前更精英化、更小众化。那么如何推进广播的大众化,尤其是在"烽火连三月,家书抵万金"的抗战时代,发挥广播的舆论宣传作用,呼吁抗战到底,增强包括沦陷区人民在内的广大民众对偏于西南一隅的中央政府的"认同"和"向心力",则要借助国家机器的强制手段进行公共收音机的强力普及。

二、国民政府应对广播覆盖不平衡和受众不广泛的策略

关于广播事业发展的不平衡与受众的小众化,国民党高层早有认识,并筹划了应对策略。吴保丰在1937年写的《十年来的中国广播事业》一文中便谈道:"最近十年来,吾国公营民营广播电台先后成立达七十余座,以数量言不可谓不多。……各台分布区域极不匀,上海一隅电台有三十余座之多,而蒙、藏、青海、新疆等地面积几为吾国版图之半,竟无一台之设。此种畸形状态实为吾国所仅见。……此种畸形状况,亟应改善。中央电台电波,虽能及于全国,但因受气候地理之阻碍,边远各地民众,白天收音,尚感困难。以我国版图之广,人口之众,语言之复杂,专恃一中央电台,实感不敷应用。"③为了克服这种弊端,国民党积极推行广播网计划和收音员制度(建立收音网)。

广播网计划是留美出身的吴保丰提出的,他在《建设全国广播网计划草案》一文中阐述了这个借鉴欧美,尤其是美国的广播网制度:"广播网之定则,为划全国而成区,合每区各台而成网,一网之间或网与网间,俱有相当之联络。凡值重要节目,全国各网,或全网各台,得播发同一之节目,欧美早采用此种制度,称谓连锁广播(chain broadcasting)。"这种多层次接续覆盖的方法,有诸多益处:"(一)各台间可以互换节目,减少征集材料困难,节省费用。(二)各地听众,得用简小之收音机,畅聆远地播音。(三)便于行政管理,每网总台承中央总台之命,得办理行政技术节目之指导监督,使整个广播事业之组织,成一有机体,如人身血脉之联络,运用自如,绝无阻碍。"故区台之最大任务为:"(一)于规定时间内,转播中央台节目,使一区内之听众,得普遍收听;(二)平日对一区内各电台,负有指

---

① 陈明远.文化人与钱[M].天津:百花文艺出版社,2001:195-213.
② 设立广播收音网计划[A]//中央广播事业指导委员会第十九次会议纪录(1941年9月29日),中国第二历史档案馆,全宗号368:"国民党中央广播事业管理处档案";卷号681:"中央广播事业指导委员会会议纪录(第1-20次)".以下关于《设立广播收音网计划》皆出于些,不再标注.
③ 吴保丰.十年来的中国广播事业[M]//十年来的中国,北平:商务印书馆,1937:719-720.

导技术，管理节目之责。"①

中央广播事业指导委员会于1937年5月通过了该广播网计划，准备将整个中国广播网化为中央台、区台、省市台、地方台四个层级进行经营，然而抗日硝烟使广播网计划最终也就止于"计划"而已。尽管全面抗战中、后期都有恢复广播网建设计划的想法，在中央广播事业指导委员会的会议上也几次三番地提出审议，但是瞬息万变的战争环境，以及抗战之后内战又起，广播网计划也就变成了根本无法改变广播发展不平衡、不广泛状况的"纸上谈兵"。

收音员制度，是国民政府提高广播传播效果的重要举措。这就是以国家行政（实则是党组织）命令由中央广播电台管理处、教育部及若干省政府举办收音员训练班，各县必须派员参加，训练各种收音技术，毕业以后分发各地工作。早期的收音员奔赴各地之时还会携带中广处分配的收音机，但是后期由于支出庞大，收音机的费用都由各地方党部和政府部门承担。

在全面抗战爆发之前，三个层次的收音员训练班中办得比较有成效的是中广处和教育部的。中广处前后共办了4期培训班，学员总人数为460人，但到1934年12月调查时，只有半数以上的人还坚持在收音一线，这些收音员每日的主要工作，即将收音所得，供给当地报馆新闻社，同时以壁报的形式，张贴公共场所，供民众阅读。教育部分发各地之收音指导员大约有88名，这些人指导民众教育馆及中等学校，按时开机收听教育节目，并填写工作报告，向主管机关呈报备查。②

这些收音员或是收音指导员的工作在当时确实发挥了一定的作用。"内地交通阻塞之区，对各地新闻，极为隔阂，平时大都无报纸可读，即有者，亦不过抄摘其他各地旧报纸之记载，早已失去时效。自收音工作成立以后，中央政情可以直达各地，中央与地方之情感，赖以沟通。各地报馆及新闻社，可以得到极新鲜之消息，而民教馆之听众及中等学校之学生，亦常能聆取名人言论以及常识课目，对于发展民众教育，大有裨益。"③

但是这里需要注意的是，中广处收音员的工作尽管将文字媒介和声音媒介进行了联动，增加了各地方报纸的时效性，及新闻政情传达的速度，但是在中国这样文盲众多的国家中，广播并没有完全实现自己的媒介优势，到达那些目不识丁的广大农民、工人阶层中间。从这个意义上说，国民党的公共收音机的设置并没有突破广播宣传仅止于为数不多的"精英"阶层的局限。

民教馆的收音指导员组织听众及中学生收听"名人言论以及常识课目"，这是在经济落后的情况下设置公共收音机的最佳用途。但是各省平均不足3个收音指导员的状况，对于中国各省动则一两千万人口来说，这样的收听效果一定不具有普遍意义。

---

① 吴保丰.建设全国广播网计划草案[J].无线电，1937，4（2）.
② 吴保丰.十年来的中国广播事业[M]//十年来的中国，北平：商务印书馆，1937：725-734.
③ 吴保丰.十年来的中国广播事业[M]//十年来的中国，北平：商务印书馆，1937：733.

至于地方各省举办的收音员培训班,情况就要差很多。国民党在中央以党统政,在地方实行党政分开的独特的党治模式,使党治在地方层级近似一种虚拟状态。因此,由中央党部系统要求的收音员培训制度在地方上发展很不一致。"年来能始终其事者固属不少,但亦有始办终辍者,有另派他人接代者,有经费无着停止举办者。推原其故,实由于各县无指定的款供给收音费用所致"。1936年10月,行政院曾通令各省市政府转饬各县市政府,至少设置收音机一架,并限半年内一律完成。1937年5月,中央广播事业指导委员会呈准中央常委会,函行政院令各省市政府转饬各县市政府,自1937年度起,应将扩充收音机补充材料及收音员生活费,分别列入各县市建设费项下经常费内,以巩固收音事业之基础。[①] 但这样的严格要求基本未落实,随着全面抗战的爆发,日军的迅速南侵,国民党广播电台遭到重创,电力降低,电源供应不足,军事机关根据战时新闻政策对广播收音机取缔也过于严格,致使"各地收音事业的发展,不免停滞"。

于是,中央广播事业指导委员会在1939年2月通过《增设后方各县市收音机方案》;1940年3月,通过《各省普设收音机及运用办法》《各省政府设立收音员训练班办法大纲》与《收音事业补助费预算》;1941年5月,通过《切实推进收音事业方案》,同年9月又拟具《设立广播收音网计划》,督导推进收音事业的发展。尤其是《设立广播收音网计划》,从以下几个方面进行了详细规定:(1)督导各县市机关学校装置收音机,并奖励私人装设;(2)规定各地收音人员的职责;(3)收音技术人员的训练与培养;(4)收音机的大量制造及零件器材的供给;(5)经费的筹措。由此,中央广播事业管理处向中央无线电器材厂订购大批收音机,半价供给后方各省,并派技术人员分赴各省指导办理收音员训练班。数年间,中广处曾协助湖北、湖南、江西、四川、甘肃等省训练收音员388人。到1943年,各省收音室工作的情况已经有了基本的落实,中广处能与之联络并进行通信指导。各省收音室工作的具体情况如表4-5。

表4-5 各省收音室调查表(1943年度)

	省别	收到调查数目表	在做收音工作收音室数目	机械损坏之收音室之数目	因故停收之收音室数目	本处补助之收音机架数	本处已与通讯之收音室数目	1934年12月收音员数量
1	四川	419	229	179	11	74	267	9
2	广西	127	47	53	27	70	67	8
3	甘肃	108	87	11	10	88	31	22
4	广东	104	35	52	17	90	90	
5	湖南	90	84	6		79	65	47
6	江西	88	79	7	2	21	51	31
7	河南	82	45	34	3	3	39	7

---

① 吴保丰.十年来的中国广播事业[M]//十年来的中国.北平:商务印书馆,1937:733-734.

（续表）

	省别	收到调查数目表	在做收音工作收音室数目	机械损坏之收音室之数目	因故停收之收音室数目	本处补助之收音机架数	本处已与通讯之收音室数目	1934年12月收音员数量
8	贵州	74	37	19	18	24	45	1
9	云南	59	40	18	1	2	16	
10	安徽	51	44	7		50	42	9
11	陕西	50	35	8	7	25	24	8
12	西康	18	18			14	3	
13	湖北	13	10	1	2	26	7	23
14	宁夏	8	8			5	5	
15	青海	5	5			1	4	1
16	福建	5	5			2	3	3
17	绥远	4	4			2	2	2
18	山西	2	2			1	2	
19	新疆	1	1			1	1	
20	浙江	1	1			1	1	
共计		1 309	816	395	98	579	765	216

注：中广处补助收音机数目系自1941年算起。

资料来源：我国的收音事业[J]．广播通讯，1944（10）。该表最后一列转引自吴保丰．十年来的中国广播事业[M]//十年来的中国．北平：商务印书馆，1937：728-729．

从表4-5可以看出，在《设立广播收音网计划》（1941年9月）的督导下，通过官方的行政力量，采用大量补贴的办法，设置收音室的地域范围基本恢复到全面抗战前的水平，而且各地收音室（员）的数量都比1934年有了较大增加，几乎是战前的三倍。不过还是偏于西南、西北等地，四川、广西、甘肃、贵州、云南、陕西、西康、宁夏、青海、新疆十省可以工作的收音室的数量为507座，占到所有可工作收音室数量816座的62%。但是也要看到，尽管是党政力量的双重推进，在抗战环境下，还是有诸多省份的播音室机械遭到损坏，或是干脆停播完全不能工作。正如中央广播事业指导委员会考核组组长、中央广播电台工务科科长钱凤章在1944年1月写的论文《战后广播事业复兴计划之商榷》[1]中所提到的："战事发生，沪上各台先后为敌人毁灭，政府电台亦损毁拆迁，颇受严重打击。六年来，惨淡经营，已恢复旧观而有余，至于收音机向多集中于都市，内地及边远地区极为稀少，政府迭次办理县市乡镇收音机，多因缺乏适当管理人员，交通不便，修配困难而停顿。"

无线电收音事业，是需要可持续发展的，不可能一劳永逸。有了收音机，如果没有交流电，还需要源源不断地供给干电池；如果要有交流电，那就需要建立发电厂，或是再购买手摇

---

[1] 钱凤章．战后广播事业复兴计划之商榷[C]．中国工程师学会第12届年会（桂林）论文，重庆档案馆藏，全宗号为0004，目录号为1，卷号为80。关于钱凤章的职务，参见"中央广播事业指导委员会和中央广播事业管理处的职员录"[A]，1946年12月，重庆档案馆藏，全宗号为0002，目录号为2，卷号为9。

型的发电机等附件。根据《设立广播收音网计划》的附言,由于装设的是公共收音机,不是家庭收听,甚至还需要增加每套两万元的增音设备。在战火纷飞中花费如此巨大的财政经费用于普及公共收音机,这样的政策落实一定不会顺利,"公用收音机原为宣传工具之一,本处(中广处)筹设维持均拟有规章办法呈奉颁行,不过因集中事权,统筹办理需费不免过巨,遂遵中央意旨采用督促协助之方针,不意结果因地方当局之见解不同,至举办有先后,范围有广狭,经费有多寡,管理有疏密,至教育方面正议扩张,财政机关删减经费,军事方面取缔尤严,迨至下级执行之际,不免变本加厉浸假而成查禁之趋势"。因此不难想象依靠国家财政投入、政权力量强力推广收音事业的实际绩效。一个典型的事实是,《设立广播收音网计划》要求的进度之一是各县市(包括县党部)收音机分两期完成,上期于1942年1月完成500架,下期于当年7月完成500架。根据表4-3的统计,到1943年,中广处补助收音机之架数20个省一共579架,也就是说一年不到,1 000架收音机的补助只完成了一半多。这样的公共收音机的建立制度不可能从根本上改变广播受众范围有限、过度集中于精英阶层的发展方式。

抗战胜利后,《设立广播收音网计划》仍然在继续推进,到1947年11月"已办理收音员训练班的有川、滇、黔、湘、鄂、赣等省"。但是,国民党中央自1947年起,连县级的党务经费都停发了,让县以下基层干部自谋生路。① 县级党部都养不活或是不想养,设在各县的接收中央台广播的收音室会有怎样的安排也就不难推测了。再加上收音机一直不能大量制造,所以在由国民政府行政院新闻局印行的《广播事业》(1947年11月)的末尾也不得不承认,"收音工作虽极力促进,一时还难望有普遍的发展"。

通过以上的分析可以发现,国民党广播在整个22年的传播中,尽管在制度上建立了"国家决定型"的广播制度,在宣传内容上以"国家认同"为主要目的,但是由于广播发展地域上的不平衡性,以及受众的精英化趋势,国民党广播宣传的"国家认同"只能停留在部分地区和少数精英阶层中,这是广播作为现代大众传媒,从"文明利器"——支持人们参与政治,实现民主宪政的有力载体,转变为"党国喉舌"——帮助实现人们对"党国"的认同和服从的工具之后,必然招致的"有限效果",永远无法达到广播本应有的无远弗届,从庙堂精英到布衣百姓的传播广度。

---

① 王奇生.党员、党权与党争——1924-1949年中国国民党的组织形态[M].上海:上海书店出版社,2003:362.

结　　论

广播于 1923 年在上海的公共租界登陆中国，由于之前电报、电话等新技术引入带来的知识预备，以及环境与制度的相对宽松，使得中国广播史上有了一段市场力量和社会力量都能参与的多元的短暂繁荣期。这种多元性从国民党在 1927 年 4 月定都南京建立大体统一的中央政府后就有了新的发展趋势，广播将向何处去？国家、市场和社会三方博弈，国家的力量再一次胜出。正如传播学者麦奎尔所言："广播（和电视）的特征是受到高度管制、受到公共权威的控制或执照管理，这种管制最初是源自技术的需要，后来则演变成为民主选择、国家自身利益、经济便利以及纯粹的制度习惯等需要的混合体。"[①] 中国广播的管制在国家自身利益的旗号下愈演愈烈。

国家力量的胜出主要有两条途径：一是要办一系列的国营广播电台，用国家政权力量推动广播的发展；二是利用合法性优势颁布整套的法令，对其他的市场或社会力量的广播电台进行限制，直至将之纳入国家广播系统中，使多元的广播在制度上建成一元的"国家决定型"广播。然而这个广播制度的建立并不是一蹴而就的，而是有相当的历史复杂性和曲折性。

这主要表现在南京国民政府建立的国家形态，不是从古典意义的文化—国家转变成民族—国家，而是变成了党化国家（政党—国家），即不是直接以民族作为国家建构的基础，而是由组织严密的政党作为国家建构的基础，由一党垄断所有的政治资源，继而由此发展到垄断其他的经济和文化资源。[②] 这就开辟了中国政治制度史上"千年未有之变局"，由此拉开了近百年来中国政治体制由帝治到党治、由王朝体制向党国体制转型嬗变的序幕。1928 年年底的"东北易帜"结束了北洋军阀割据局面，国民政府实现了形式上的统一，国民党开始一党独掌全国政权，在"训政"体制下，其政治体制是党务组织系统与行政组织系统双轨并进的。国家政权的一元力量分解成党政二元结构，虽然党的力量是决定性的，但又并不总是决定性的。因为这个党治国家的模式并不是从中央到地方的强力的专制统治，而是在中央实行以党统政，在地方则实行党政分开，这种上强下弱的独特的党治模式，在很大程度上削弱

[①] 麦奎尔. 麦奎尔大众传播理论：第 4 版［M］. 崔保国，译. 北京：清华大学出版社，2006：22.
[②] 罗斯金，等. 政治科学［M］. 林震，等，译. 北京：华夏出版社，2001.

了国民党的党治权威和党治基础,使得本想专制的国民党难逃弱势独裁政党的历史命运。[①]

因此,尽管南京国民政府建立的是党国体制的专制国家,但并不意味着一立国便都是党营电台一统天下。1928年至1929年间,南京政府第一任交通部部长王伯群以辞职相要挟,硬是从"党系"的建设委员会夺回了无线电事业的管理权。因而在"党务组织系统"与"行政组织系统"双轨并行的政治体制之下,从立国开始,国民党(国民政府)就通过"党""政"两条途径建立了垄断性质的从中央到地方的国营广播电台。与上强下弱独特的党治模式同构的是,在中央是"党系"电台的实力大于"行政系统"的电台,在地方则正好相反。这是从国营广播电台的建立方面来看的。

从广播管制的角度而言,在国家党政二元的力量中,先是国家行政系统的交通部拥有绝对的权力,通过颁布新的《电信条例》(1929年8月)将交通部对广播事业的管理权合法化,并通过之后的三个重要法规——《装设广播无线电收音机登记暂行办法》(1930年7月)、《限制民营电台暂行办法》(1932年1月)和《民营广播无线电台暂行取缔规则》(1932年11月),实现了交通部(国家力量)在收听工具上全国性的管制和电台管制上对民营台的控制。这是交通部行政权在广播事业中的体现,但是也仅限于此而已,交通部对党系广播电台,尤其是中央台是不可能染指的。

事实上,"党务组织系统"也不甘于只是电台的建设,中央台建成之后又通过"台处合一"的形式逐步实现了对全国广播事业的实际管制。这个过程就是通过中央广播无线电台(1928年8月建立,1932年11月电力扩大)→中央广播无线电台管理处(1932年8月)→中央广播事业管理处(1936年1月)→中央广播事业指导委员会(1936年2月),即党系中央电台→党系中央电台管理→党系统系列电台的建立和管理→全国广播事业的管理一步步实现的。中央广播事业指导委员会的主任委员是陈果夫,副主任委员是中广处处长吴保丰,交通部代表不过是该委员会的八大部委代表委员之一,通过这种"借壳上市"的方式,即借中央广播事业指导委员会的名义,实际上是中央广播事业管理处代行职权的方式,将行政广播系统和民营广播系统都纳入了党营系统的控制范畴,并通过之后出台的《指导全国广播电台播送节目办法》(1936年10月)、《播音节目内容审查标准》(1937年4月)、《民营广播电台违背〈指导播送节目办法〉之处分简则》(1937年4月)、《各省普设收音机及运用办法(修正案)》(1940年3月7日)、《广播无线电台设置规则》(1946年2月)等一系列法规逐步构建了"国家决定型"广播制度,而且是党治的"国家决定型"制度。抗战期间,民营台停办,交通部所属广播电台萎缩,党系广播一系独大;战后党系广播系统以"接收"之名缴获诸多日伪电台而迅速膨胀,以致1946年9月中央广播事业指导委员会撤销之后,党营系统

[①] 王奇生.党员、党权与党争——1924-1949年中国国民党的组织形态[M].上海:上海书店出版社,2003:362.

仍然以占有电台的绝对优势成为中国广播事业的实际控制者。

在此党治"国家决定型"广播制度之下，国民党广播的传播内容是以实现"党国认同"为传播目的的。从政治哲学的角度而言，国家认同包括政治认同和文化认同两个层次，也就是通过对特定的政治、经济、社会制度有所肯定，并在共同的语言文字、习俗规范的基础上形成对国家的认知、归属及忠诚。

体现在节目内容上，一方面，是电力最大的国民党中央广播电台有一般商业电台和公共电台所没有的宣传节目，以及严格控制新闻来源的新闻节目，这些节目通过对主义与党义灌输的系统化、日常化，对各项施政方针和政策的适时解释与通告，以及对新闻时事的舆论引导，来实现大众对这个千年未有之党国的政治、经济和社会制度的认识与了解，并进而产生服从和忠诚的意愿。另一方面，广播节目还为建立国民党所倡导的"中国本位文化"设置了诸多的教育和娱乐节目，这主要包括对国语统一的推广与传播、对国歌的确定与尊崇，以及对"中国本位文化"的倡导、教授与传播，还有就是在娱乐节目中对中国民族音乐及"国粹"——平剧的重点演播，正是通过这一系列的国语、国歌、国学、国乐、国剧（平剧）的推广和传播，才使人们对这个"党国"在心理上、情感上产生相当的归属感和认同度。然而需要说明的是，这种内容丰富、政治与文化兼备的广播传播构筑的媒介镜像，无法消弭实际社会中国民党施政流弊的扩散，以及国民党自身在体制上存在的高度不同一的缺陷，正如1948年年底养病在家的陈果夫在日记中所言："党的宣传为民主自由，党的训练为军事化，党的组织为学苏联，内部是中国的。如此东拼西凑，不成一套，如何是好？"① 如此"不成一套"地兼收并蓄，只能是漏洞百出。媒介镜像中的同一化和社会实际的"拼贴化"的对立，只能使转变为"党国喉舌"的现代大众媒介——广播，呈现出"有限效果"的发展情势。

国民党广播传播的"有限效果"还体现为覆盖范围的地域局限性，以及受众的精英化和小众化。在全面抗战前，国民党广播电台的覆盖范围基本上是与国民党统治的政治合法性最强，也就是国家对资源的控制及其政治整合能力最强的范围相重叠的，即主要在东南各省。这一点暗合了张灏先生曾提出的近代中国实际存在心态不同的"两个世界"的卓越见解："近代中国各地社会变化速度的不同步现象是明显的，如果以京师和通商口岸及其影响辐射区为一方，以广大的内地为另一方，来划分晚清从价值观念到生存竞争方式都差异日显的两个'世界'，实有助于我们对近代中国的了解。"② 这样的"两个世界"其实一直到抗战爆发前都是存在的，尤其是1927年4月国民党建立的国民政府定都南京，这就使通商口岸及其影响的辐射区，形成以上海为中心、辐射长江三角洲地带的一个新兴的现代工业区，也就为

---

① 徐咏平.陈果夫传[M].台北：正中书局，1978：952.
② 罗志田.数字与历史[J].战略与管理，1997（3）.

当时东方最大的一个经济、文化中心打下了牢固的基础。正是有了这样的发展环境，才培育了广播最初的听众——这些人就是由当时社会的中上层构成的。从晚清到1927年间，传统的政治权力、意识形态、社会制度高度重合的自上而下的总体性组织瓦解，在解体的社会结构基础上，新的社会结构重构，形成了由官僚、绅士、买办、民族资产阶级中地位、身份、收入显赫者所构成的上层，由小商人、小企业家、小店主、职员、知识分子、自由职业者等构成的中层，以及由工人、苦力等构成的下层社会，[①]这三个阶层中的中上层由于有相当的经济基础、较高的受教育水平，以及对现代文明的一定敏感，成为广播最初的听众，他们中的部分人由于地域上的接近性，不久便自然地成了国民党广播的最初听众。

这种发展的地域性不平衡和精英化的趋势，是与广播的现代性相悖的，国民政府借助短波技术使地域的不平衡问题有所改善，甚至有了国际广播，但是抗战的烽火、物资的匮乏、交通的阻隔、运输的困难，以及电力的不足和战时新闻体制的限制，使本想以广播网计划一劳永逸地解决国内覆盖问题的国民党广播失去了实现的可能，抗日战争全面爆发后，由于中央台随政府西迁重庆，国民党广播的辐射重心不得不由东南转向西南、西北各省。

由于西南、西北地区缺乏现代化的准备，不可能有上海、江浙一带那样大量的中产阶层，而随政府西迁的本属于中产的精英们，也与西南、西北当地不多的职员和知识阶层一道遭受着物价飞涨、物资短缺的煎熬，国民党所拥有的精英阶层的广播听众数量一路下滑，国民党广播的决策者们不得不动用国家行政力量，来推动收音事业的发展。通过指导训练收音员，支援半价的收音机，自己开办无线电器材厂进行广播机组装和部分零配件的生产，到抗战中后期的1943年，国民党广播的收音员制度基本可以覆盖西南、西北十省，以及大部分沦陷区。但是根据收音员工作的性质，其大部分是定时记录中央台或中广处下属地方各台的新闻，并将新闻在第一时间"供给当地报馆新闻社，同时并以壁报，张贴公共场所，供民众阅读"。这样的广播传播，其效果不可能突破当时报纸已有的受众——少数精英的范围。根据《各省普设收音机及运用办法（修正案）》（1940年3月7日）[②]，鼓励"凡私有收音机能规定时间公开放听者，得由各县市收音员呈报省政府转请中央广播事业管理处酌量奖励之"（第四款）；还要求"收音机应设于各县市区乡（镇）保公共场所（如公园、体育、闹市通衢）收听中央广播事业指导委员会指定电台之播音，必要时得建收音亭并添装扩大喇叭"（第十二款）。这样随意的播放方式，又使广播失去了"定期性"的规范，再加上"耗费甚巨"的收音员制度本身在贯彻过程中无法可持续地发展，致使国民党广播传播只能停滞于"有限"的地域和受众，无法真正走向大众化。

[①] 周晓虹. 中国中产阶层调查 [M]. 北京：社会科学文献出版社，2005：327.
[②] 中国第二历史档案馆. 中国国民党中央执行委员会常务委员会会议录：第29册 [M]. 桂林：广西师范大学出版社，2000：47-49.

孙中山、陈少白于 1900 年 1 月 5 日在香港创办了《中国日报》，这是国民党的前身兴中会创办的第一份机关报，这种对近代报刊的主动使用是国民党从会党性质转变为有纲领、有主义的革命党的标志之一，而 1928 年 8 月国民党中央广播电台的创办则是国民党走向执政党的转折。在这个过程中，国民党放弃了三民主义中"联俄、联共、扶助农工"的原意，漠视当时中国实际存在的阶级对立和冲突，声称代表"全民"的利益，而这样一种"全民"利益实际上并不存在。在中国当时的社会背景之下，各个阶级都有各个阶级的特殊利益，任何一个政党都不可能真正代表一种超阶级的全民利益。国民党却用这种超阶级的观点来办广播，企图通过党治的"国家决定型"广播制度将各类私营电台纳入"党营体系"，并通过各种宣传和新闻节目实现国民的政治认同，通过教育和娱乐节目实现国民的文化认同，然而由于特定的经济发展条件和后期的战争环境，这种认同仅停留在社会的中上等阶层，永远都传达不到广大的工农阶层中。事实上，抗战后期，这些颇有认同的中上等阶层的受众也开始有了"认同危机"，直至经过战后"接收"和"新币制"的失败而完全淡出国民党广播的受众群域。国民党企图把本身的基础建立在彼此利益相互冲突的各阶级联盟上，其结果只能是两不讨好。一个失去了可靠的阶级基础和基本民众的政党，怎么可能有生命力？而党化之路，也并没有使中国广播走向兴盛，反而成为压死国民党这只骆驼的最后一根稻草。

参考文献

一、档案年鉴类

（一）档案

[1] 中央广播事业指导委员会、中央广播事业管理处的职员录［A］.1946年12月编印，重庆市档案馆藏，全宗号为0002，目录号为2，卷号为9.

[2] 钱凤章.战后广播事业复兴计划之商榷［C］.中国工程师学会第十二届年会（桂林）论文，重庆市档案馆藏，全宗号为0004，目录号为1，卷号为80.

[3] 广播无线电条例［A］.黑龙江省档案馆藏，全宗号：62，目录号：5，卷号：1628.

[4] 运销广播无线电收听器规则［A］.黑龙江省档案馆藏，全宗号：114，目录号：2，卷号：2026.

[5] 装设广播无线电收听器规则［A］.黑龙江省档案馆藏，全宗号：62，目录号：5，卷号：1628.

[6] 宣传部改隶行政院实施办法要点：附中央秘书处呈总裁文［A］.1945年6月22日/重庆，（台湾）国民党党史会馆藏，档案号：6.3/5.6-1.

[7] 对于广播事业前途之意见：附陈果夫呈蒋总裁文一件，中央秘书处便笺一张［A］.1945年6月7日/重庆，（台湾）国民党党史会馆，档案号：6.3/5.6-2.

[8] 关于广播事业指导委员会存在改组问题意见：附呈总裁文、蒋中正致吴铁城函［A］.1945年6月12日/重庆，（台湾）国民党党史会馆，档案号：6.3/5.6-3.

[9] 六届第十二次中常会议事日程［A］.1945年10月15日/重庆，（台湾）国民党党史会馆，档案号：6.3/22.2.

[10] 拟定管理广播事业原则：附中央秘书处复中宣部函稿一件［A］.1945年9月29日/重庆，（台湾）国民党党史会馆，档案号：6.3/22.3.

[11] 中央广播事业管理处致中央秘书处函［A］.1947年6月12日，（台湾）国民党党史会馆，档案号：6.3/101.8.

[12] 管理收复区报纸通讯社杂志电影广播事业暂行办法案［A］.1945年9月13日，（台湾）国民党党史会馆，国防最高委员会档案号：003/3365.

[13] 中央广播股份有限公司条例案 [A]. 1946 年 2 月,（台湾）国民党党史会馆, 国防最高委员会档案号: 003/3721.

[14] 中央广播事业管理处有关拆运机件问题（含往来公函并附有"中央广播事业管理处运台湾器材清单"）[A]. 1949 年 6 月 30 日 7 月 1 日 / 南京, 中国第二历史档案馆, 全宗号: 368, 卷号: 151.

[15] 中央广播事业指导委员会第二十一次至第三十次会议纪录 [A]. 中国第二历史档案馆, 全宗号: 368, 卷号: 680.

[16] 中央广播事业指导委员会第五到第二十次会议纪录 [A]. 中国第二历史档案馆, 全宗号: 368, 卷号: 681。

（二）史料集、年鉴

[1] 本处（中央广播事业管理处）呈（国民党）中央执行委员会请转函行政院通令饬各地公私电台转播中央电台节目文, 中央执行委员会秘书处致行政院的批准执行公函 [J]. 广播周报, 1936（82）.

[2] 小言 [J]. 广播周报, 1935（65）.

[3] 范本中. 广播事业在文化上之地位 [J]. 国民党中央广播事业管理处. 无线电, 1937, 4（3）.

[4] 复旦大学新闻系新闻史教研室. 中国新闻史文集 [M]. 上海: 上海人民出版社, 1987.

[5] 各地设置收音机办法（1932 年 10 月）, 中央广播无线电台管理处设立收音员训练班办法（1932 年 10 月）, 各县市保送中央广播无线电台管理处收音员训练班学员办法（1932 年 10 月）[J]. 中国国民党中央执行委员会秘书处. 中央党务月刊, 1932（51）.

[6] 广播年刊 [M]. 中国广播事业协会, 1955.

[7] 广播事业 [M].（国民政府）行政院新闻局, 1947.

[8] 国民党中央广播事业管理处. 广播通讯 [J], 1944（特刊第 10 期）.

[9] 广播无线电收音机登记规则（1948 年 4 月 5 日）[J]. 交通部台湾邮电管理局公报, 1948, 3（10）.

[10] 陈果夫先生百年诞辰纪念集 [C]. 国民党党史会, 1991.

[11] 国民政府法规汇编: 第 1 编 [G]. 国民政府文官处印铸局, 1929.

[12] 蒋介石. 中国之命运 [M] // 秦孝仪. 先总统蒋公思想言论总集: 专著之卷 4. 台北: 中央党史委员会, 1984 年.

[13] 教育节目材料标准 [J]. 中央广播事业管理处. 广播周报, 1937（136）.

[14] 节目内容审查标准, 民营广播电台违背《指导播送节目办法》之处分简则（1937 年 4 月 12 日交通部令公布施行）[J]. 中央广播事业管理处. 广播周报, 1937（135）.

［15］抗战期中之广播宣传［M］//抗战全史.南京：国防部,据1947年3月6日送中宣部稿。

［16］刘作忠.中国近代国歌小史［J］.武汉文史资料,1999（2）.

［17］秦孝仪.中华民国重要史料初编——对日抗战时期续编［G］.台北：中国国民党中央委员会党史委员会,1981.

［18］荣孟源.中国国民党历次代表大会及中央全会资料［G］.北京：光明日报出版社,1985.

［19］上海档案馆,北京广播学院,上海市广播电视局.旧中国的上海广播事业［M］.档案出版社,中国广播电视出版社,1985.

［20］四川省地方志编纂委员会.四川省志：广播电视志［G］.成都：四川科学技术出版社,1996.

［21］谈谈报务室［J］.广播周报,1936（104）.

［22］吴保丰.建设全国广播网计划草案［J］.无线电,1937,4（2）.

［23］吴保丰.十年来的中国广播事业［M］//中国文化建设协会.十年来的中国.上海：上海商务印书馆,1937.

［24］吴道一.中广四十年［M］.台北："中国广播公司",1968.

［25］徐百齐.中华民国法规大全：第4册［G］.北平：商务印书馆,1936.

［26］张之华.中国新闻事业史文选（公元724年—1995年）［M］.北京：中国人民大学出版社,1999.

［27］赵玉明.中国现代广播史料选编［G］.汕头：汕头大学出版社,2007.

［28］指导全国广播电台播送节目办法（1936年10月）,暂定民营电台播音节目时间标准表及说明［J］.广播周报,1937（132）.

［29］中国第二历史档案馆.曾虚白工作日记选：1-5［J］.民国档案,2000（2）-2001（2）.

［30］中国电影发展史（初稿）：第2卷［M］.北京：中国电影出版社,1963.

［31］中广七十年大事记［G］.台北："中国广播公司",1998.

［32］中广七十年纪念专刊［G］.台北："中国广播公司",1998.

［33］中广五十年纪念集［G］.台北："中国广播公司",1978.

［34］中国广播公司.中广五十年［M］.台北："中国广播公司",1978.

［35］中国国民党中央执行委员会广播无线电台.中国国民党中央执行委员会广播无线电台年刊［G］.1929.

［36］中国国民党中央执行委员会函国民政府——各机关及民营之广播电台应转播中央电台之中央纪念周及重要新闻两项节目请分饬遵办［J］.中央党务月刊,1933（56）.

［37］中国年鉴：第1部［M］.3版.上海：上海商务印书馆,1926.

［38］中央广播事业指导委员会组织大纲（1936年2月）［J］.中央党务月刊,1936（91）.

［39］中央广播无线电台管理处设置各地党部收音机办法（1932年8月），中央广播无线电台管理处派往各地党部无线电话收音员服务规则（1932年8月）[J].中央党务月刊，1932（49）.

［40］中央广播无线电台管理处组织条例（1932年8月）[J].中央党务月刊，1932（49）.

二、传记、专著

［1］斯诺.西行漫记[M].董乐山，译.北京：生活·读书·新知三联书店，1979.

［2］蔡铭泽.中国国民党党报历史研究（1927—1949）[M].北京：团结出版社，1998.

［3］柴夫.CC内幕[M].北京：中国文史出版社，1988.

［4］陈尔泰.中国广播发轫史稿[M].北京：中国广播电视出版社，2008.

［5］陈尔泰.中国广播之父——刘瀚传[M].北京：中国广播电视出版社，2006.

［6］陈恒明.中华民国政治符号之研究[M].台北：台湾商务印书馆，1986.

［7］陈明远.文化人与钱[M].天津：百花文艺出版社，2001.

［8］陈旭麓.近代中国社会的新陈代谢[M].上海：上海社会科学院出版社，2006.

［9］重庆日报.抗战时期的重庆新闻界[M].重庆：重庆出版社，1995.

［10］崔之清.国民党政治与社会结构之演变（1905—1949）[M].北京：社会科学文献出版社，2007.

［11］麦奎尔.麦奎尔大众传播理论：第4版[M].崔保国，李琨，译.北京：清华大学出版社，2006.

［12］诺斯.制度、制度变迁与经济绩效[M].刘守英，译.上海：上海三联书店，1994.

［13］丁淦林.中国新闻事业史[M].北京：高等教育出版社，2002.

［14］范小方，李永铭.陈果夫与陈立夫[M].武汉：武汉出版社，1993.

［15］方汉奇.中国新闻事业通史：第1卷[M].北京：中国人民大学出版社，1992.

［16］费正清.剑桥中华民国史（1912—1949）[M].北京：中国社会科学出版社，1994.

［17］复旦大学历史系，复旦大学中外现代化进程研究中心.近代中国的国家形象与国家认同[M].上海：上海古籍出版社，2003.

［18］郭绪印.国民党派系斗争史[M].上海：上海人民出版社，1992.

［19］哈贝马斯.公共领域的结构转型[M].曹卫东，等，译，北京：学林出版社，1999.

［20］伊尼斯.帝国与传播[M].何道宽，译，北京：中国人民大学出版社，2003.

［21］阿特休尔.权力的媒介——新闻媒介在人类事务中的作用[M].黄煜，裘志康，译，北京：华夏出版社，1989.

［22］胡道静.新闻史上的新时代［M］.上海：世界书局，1946.

［23］家近亮子.蒋介石与南京国民政府［M］.王士花，译，北京：社会科学文献出版社，2005.

［24］江沛，纪亚光.毁灭的种子——国民政府时期意识形态管制分析［M］.西安：陕西人民教育出版社，2000.

［25］何俊志.结构、历史与行为——历史制度主义对政治科学的重构［M］.上海：复旦大学出版社，2004.

［26］江宜桦.自由主义、民族主义与国家认同［M］.台北：扬智文化事业股份有限公司，1998.

［27］蒋丽莲.广播电视发展史话［M］.台北：黎明文化事业有限公司，1982.

［28］蒋永敬.国民党兴衰史［M］.台北：台湾商务印书馆，2003.

［29］李海生，张敏.民国两兄弟陈果夫与陈立夫［M］.上海：上海人民出版社，2000.

［30］李剑农.最近三十年中国政治史［M］.上海：上海太平洋书店，1932.

［31］李瞻.中国新闻史［M］.台北：台湾学生书局，1979.

［32］李瞻.世界新闻史［M］.台北：三民书局，1966.

［33］罗志田.民族主义与近代中国思想［M］.台北：台湾东大图书公司，1998.

［34］罗斯金，等.政治科学：第6版［M］.北京：华夏出版社，2001.

［35］倪伟."民族"想象与国家统制——1928—1948年南京政府的文艺政策及文学运动［M］.上海：上海教育出版社，2003.

［36］裴斐，韦慕庭.从上海市长到"台湾省主席"（1946—1953年）——吴国桢口述回忆［M］.上海：上海人民出版社，1999.

［37］任白涛.综合新闻学［M］.北平：商务印书馆，1941.

［38］沈固朝.欧洲书报检查制度的兴衰［M］.南京：南京大学出版社，1999.

［39］汪学起，是翰生.第四战线——国民党中央广播电台掇实［M］.北京：中国文史出版社，1988.

［40］汪毓和.中国近现代音乐史［M］.2版.北京：人民音乐出版社，华乐出版社，2002.

［41］王崇植，恽震.无线电与中国［M］.上海：文瑞印书馆，1931.

［42］王凌霄.国民党新闻政策之研究（1928—1945）［M］.台北：中国国民党党史会，1996.

［43］王奇生.党员、党权与党争：1924—1949年中国国民党的组织形态［M］.上海：上海书店出版社，2003.

［44］王世杰，钱端升.比较宪法［M］.北京：商务印书馆，1999.

［45］王泰栋.陈布雷传［M］.北京：东方出版社，1998.

［46］王兆刚.国民党训政体制研究［M］.北京：中国社会科学出版社，2004.

［47］温世光．中国广播电视发展史［M］．台北：三民书局，1983．

［48］肖效钦．中国国民党党史［M］．合肥：安徽人民出版社，1989．

［49］徐咏平．陈果夫传［M］．台北：正中书局，1980．

［50］袁继成，李进修，吴德华．中华民国政治制度史［M］．武汉：湖北人民出版社，1991．

［51］袁庆明．新制度经济学［M］．北京：中国发展出版社，2005．

［52］曾虚白．中国新闻史［M］．台北：三民书局，1989．

［53］张玉法．近代中国民主政治发展史［M］．台北：台湾东大图书公司，1999．

［54］张玉法．中华民国史稿［M］．2版．台北：联经出版事业公司，2001．

［55］赵玉明．中国广播电视通史：上卷［M］．北京：北京广播学院出版社，2000．

［56］赵玉明．中国现代广播简史［M］．北京：中国广播电视出版社，1987．

［57］周晓虹．中国中产阶层调查［M］．北京：社会科学文献出版社，2005．

［58］朱传誉．中国新闻事业研究论集［M］．台北：台湾商务印书馆，1988．

三、期刊论文

［1］巴图．1948年国民党币制改革内情［J］．百年潮，2000（2）．

［2］曹仲渊．三年来上海无线电话之情形［J］．东方杂志，1924，21（18）．

［3］陈新余．南京国民政府1948年币制改革述评［J］．江苏钱币，2007（2）．

［4］陈蕴茜．合法性与孙中山政治象征符号的建构［J］．江海学刊，2006（2）．

［5］陈蕴茜．时间、仪式维度中的"总理纪念周"［J］．开放时代，2005（4）．

［6］董文芳．蒋介石与新生活运动［J］．山东师大学报（社会科学版），1999（4）．

［7］高华．关于南京十年（1928—1937）国民政府的若干问题［J］．南京大学学报，1992（2）．

［8］葛兆光．1895年的中国：思想史上的象征意义［J］．开放时代，2001（1）．

［9］郭镇之．中国境内第一座广播电台考［J］．北京广播学院学报，1986（1）．

［10］韩世嘉．抗战时期国民政府侨务委员会［J］．武汉文史资料，2001（4）．

［11］金以林．有质有文 新意迭见——评王奇生《党员、党权与党争：1924—1949年中国国民党的组织形态》［J］．近代史研究，2004（4）．

［12］孔凡岭．南京政府首次纪念孔子诞辰纪实［J］．春秋，2000（1）．

［13］李佃来．哈贝马斯市民社会理论探讨［J］．哲学研究，2004（6）．

［14］李恭忠．开放的纪念性：中山陵建筑精神溯源［J］．民国研究，2004（3）．

［15］李素华．政治认同的辨析［J］．当代亚太，2005（12）．

［16］梁丽萍．国民党主流意识形态的构建与失败（1928—1949）［J］．中共中央党校学报，2004（3）．

[17] 陆以灏.广播无线电话宣传之重要[J].中国国民党中央执行委员会广播无线电台年刊，1929（12）.

[18] 罗志田.数字与历史[J].战略与管理，1997（3）.

[19] 马振犊.南京国民政府时期蒋介石思想理论简析[J].民国档案，2003（4）.

[20] 闵杰.近代中国市民社会研究10年回顾[J].史林，2005（1）.

[21] 任剑涛.政党、民族与国家——中国现代党化国家形态的历史—理论分析[J].学海，2010（4）.

[22] 荣晓燕.国民党抗战时期政治体制述评[J].山东大学学报，2000（4）.

[23] 沈渭滨.论"三民主义"理论中国家与社会的关系[J].复旦学报（社会科学版），2005（5）.

[24] 田海林，李俊领.仪式政治：国民党与南京国民政府对孙中山的祭祀典礼[J].史学月刊，2007（4）.

[25] 汪朝光.战后初期中国经济恢复与重建的若干问题[J].复旦学报（社会科学版），2001（4）.

[26] 王理嘉.从官话到国语和普通话——现代民族共同语的形成及发展[J].语文建设，1999（6）.

[27] 王奇生.党政关系：国民党党治在地方层级的运作（1927—1937）[J].中国社会科学，2001（3）.

[28] 王晓岚.论抗战时期国民党的对外新闻宣传策略[J].抗日战争研究，1998（3）.

[29] 王兆刚.南京国民党政府训政体制论[J].天津师范大学学报，2001（2）.

[30] 肖建生.1946年宪政运动的失败及其教训[J].炎黄春秋，2007（11）.

[31] 岩间一弘.1940年前后上海职员阶层生活情况[J].史林，2003（4）.

[32] 殷讷.上海广播无线电台之经过[J].无线电问答汇刊，19.

[33] 俞子夷.谈广播节目[J].中国无线电，2（9）.

[34] 张岚.国民党"新生活运动"评析[J].西北第二民族学院学报（哲学社会科学版）2002，（4）.

[35] 郑大华.重评1946年《中华民国宪法》[J].史学月刊，2003（2）.

四、学位论文

[1] 高郁雅.国民党的新闻宣传与战后中国政局变动（1945—1949）[D].台北：台湾大学，2002.

［2］哈艳秋．伪满广播简论［D］．北京：北京广播学院，1987．

［3］海阔．大众传媒与中国现代性：一种传播人种学研究［D］．杭州：浙江大学，2006．

［4］黄士芳．汪伪的新闻事业与新闻宣传［D］．上海：复旦大学，1996．

［5］李德刚．历史图景中的结构转型——德国广播电视制度变迁研究［D］．北京：清华大学，2007．

［6］李素华．对政治认同的功能和资源分析［D］．上海：复旦大学，2005．

［7］聂资鲁．国民党大陆失败论——对一个执政党迅速衰败的法哲学与政治哲学剖析［D］．长沙：湖南大学，2003．

［8］温波．南昌市新生活运动研究（1934—1935）［D］．上海：复旦大学，2003．

五、报刊及报刊文章

［1］广播周报［J］．1934—1937，1939—1941，1946—1948．

［2］蒯威．曾养甫：十年春秋梦 羊城两重天［N］．南方都市报，2007-03-26．

［3］雷天．纪念《新青年》创刊90周年——王汎森、周策纵、陈平原访谈录［N］．国际先驱导报，2005-09-15．

［4］刘作忠．中国近代国歌的演变［N］．北京日报，2007-09-24（20）．

［5］申报［N］．1928—1976．

［6］王勇．蒋介石的"后勤总管"俞飞鹏［N］．团结报，2006-11-07（4）．

［7］吴红婧．上海的第一代职业女性［N］．文汇报，2007-8-24（11）．

［8］无线电［J］．1934—1937．

［9］中央党务月刊［J］．1928—1937．

［10］中央日报［N］．影印件．

［11］周欣宇．博友玩出的历史拼图［N］．中国青年报，2007-07-25．

六、工具书

［1］陈旭麓，李华兴．中华民国史辞典［M］．上海：上海人民出版社，1991．

［2］米勒，波格丹诺．布莱克维尔政治学百科全书：第2版［M］．北京：中国政法大学出版社，2002．

［3］中国大百科全书：社会学卷［M］．北京：中国大百科全书出版社，1995．

［4］周南京：华侨华人百科全书［M］．北京：中国华侨出版社，2002．

七、外文资料

［1］ GIDDENS A. Capitalism and modern social theory: an analysis of the writings of Marx, Durkheim and Max Weber［M］. Cambridge: Cambridge University Press. 1971.

［2］ BARNETT, DOAK A. China on the eve of communist takeover［M］. New York: Frederick A.Praeger.1963.

［3］ MERRIAM C E. Systematic politics［M］. Chicago: Chicago University Press. 1947.

［4］ MCQUAIL. McQuail's mass communication theory［M］. 4th edition. SAGE UK: SAGE Publications Ltd. 2000.

［5］ GODFREY G. Methods of historical analysis in electronic media［M］. New Jersey: Lawrence Erlbaum Associates.2006.

［6］ SEIBERT, PETERSON, SCHRAMM. Four threories of the press［M］. Illinois: The University of Illinois Press. 1963.

［7］ JURGEN H. Communication and the evolution of society［M］. Boston：Beacon, Press. 1978.

八、网站

［1］ 上海市地方志办公室，http://www.shtong.gov.cn.

［2］ 西安交通大学档案馆，http://wunit.xjtu.edu.cn/archives/News/Show.asp?id=1689.

［3］ 中国社会科学院近代史研究所网站，http://jds.cass.cn。

［4］《中央日报》标题索引，http://www.ewen.cc/zyrb/.

附　　录

附录一　《广播周报》之《一周大事》索引

序号	《一周大事》	播出时间	资料来源	剿共信息	涉日信息	信息总数
1	1934年9月9日至9月15日	9月23日（周日）19:50—20:15	第1期（1934年9月17日）41页	0	2	35
2	1934年9月16日至9月20日	9月30日（周日）19:50—20:15	第2期（1934年9月22日）24页	1	3	24
3	1934年9月21日至9月27日	10月7日（周日）19:50—20:15	第3期（1934年9月29日）34页	0	1	35
4	1934年9月28日至10月3日	10月14日（周日）19:50—20:15	第4期（1934年10月6日）26页	2	0	32
5	1934年10月4日至10月10日	10月21日（周日）19:50—20:15	第5期（1934年10月13日）34页	0	2	39
6	1934年10月11日至10月17日	10月28日（周日）19:50—20:15	第6期（1934年10月20日）36页	1	0	32
7	1934年10月18日至10月24日	11月4日（周日）19:50—20:15	第7期（1934年10月27日）34页	0	2	34
8	1934年10月25日至10月31日	11月11日（周日）19:50—20:15	第8期（1934年11月3日）34页	1	2	32
9	1934年11月1日至11月7日		第9期（1934年11月10日）53页	3	1	36
10	1934年11月8日至11月14日		第10期（1934年11月17日）25页	1	0	34
11	1934年11月15日至11月21日		第11期（1934年11月24日）35页	1	1	37
12	1934年11月22日至11月28日		第12期（1934年12月1日）35页	3	2	33
13	1934年11月25日至12月5日		第13期（1934年12月8日）42页	1	0	30
14	1934年12月6日至12月12日		第14期（1934年12月15日）32页	3	1	36
15	1934年12月13日至12月19日		第15期（1934年12月22日）33页	4	1	34
16	1934年12月20日至12月26日		第16期（1935年1月1日）37页	4	0	32
17	1935年1月2日至1月8日		第17期（1935年1月12日）37页	3	2	35
18	1935年1月9日至1月15日		第18期（1935年1月19日）33页	0	0	35
19	1935年1月16日至1月22日		第19期（1935年1月26日）29页	2	2	32
20	1935年1月23日至1月29日		第20期（1935年2月2日）28页	1	0	34
21	1935年1月30日至2月5日		第21期（1935年2月9日）37页	0	5	27
22	1935年2月6日至2月12日		第22期（1935年2月16日）48页	3	0	34
23	1935年2月13日至2月19日		第23期（1935年2月23日）23页	3	2	35
24	1935年2月20日至2月26日		第24期（1935年3月2日）10页	1	2	31

（续表）

序号	《一周大事》	播出时间	资料来源	剿共信息	涉日信息	信息总数
25	1935年2月27日至3月5日		第25期（1935年3月9日）37页	2	1	37
26	1935年3月6日至3月12日		第26期（1935年3月16日）50页	2	0	39
27	1935年3月13日至3月19日		第27期（1935年3月23日）19页	0	0	32
28	1935年3月20日至3月26日		第28期（1935年3月30日）46页	1	1	39
29	1935年3月27日至4与2日		第29期（1935年4月6日）31页	0	2	35
30	1935年4月3日至4月9日		第30期（1935年4月13日）25页	0	1	32
31	1935年4月10日4月16日		第31期（1935年4月20日）31页	1	2	36
32	1935年4月17日至4月23日		第32期（1935年4月27日）29页	0	5	31
33	1935年4月24日至4月30日		第33期（1935年5月4日）56页	3	1	32
34	1935年5月1日至5月7日		第34期（1935年5月11日）48页	2	1	32
35	1935年5月8日至5月14日		第35期（1935年5月18日）55页	2	0	34
36	1935年5月15日至5月21日		第36期（1935年5月25日）58页	2	2	34
37	1935年5月22日至5月28日		第37期（1935年6月1日）65页	0	1	34
38	1935年5月29日至6月4日		第38期（1935年6月8日）55页	1	1	40
39	1935年6月5日至6月11日		第39期（1935年6月15日）68页	2	0	33
40	1935年6月12日至6月18日		第40期（1935年6月22日）39页	3	1	32
41	1935年6月19日至6月25日		第41期（1935年6月29日）51页	2	0	40
42	1935年6月26日至7月2日		第42期（1935年7月6日）51页	1	1	34
43	1935年7月3日至7月9日		第43期（1935年7月13日）62页	1	0	33
44	1935年7月10日至7月16日		第44期（1935年7月20日）63页	0	2	36
45	1935年7月17日至7月23日		第45期（1935年7月27日）57页	0	0	33
46	1935年7月24日至7月30日		第46期（1935年8月3日）41页	1	0	34
47	1935年7月31日至8月6日		第47期（1935年8月10日）45页	2	1	35
48	1935年8月7日至8月13日		第48期（1935年8月17日）62页	0	1	32
49	1935年8月14日至8月20日		第49期（1935年8月24日）68页	0	0	39
50	1935年8月21日至8月27日		第50期（1935年8月31日）54页	1	2	35
51	1935年8月28日至9月3日		第51期（1935年9月7日）48页	0	1	31
52	1935年9月4日至9月10日		第52期（1935年9月14日）70页	1	2	35
53	1935年9月11日至9月17日		第53期（1935年9月21日）47页	2	0	32
54	1935年9月18日至9月24日		第54期（1935年9月28日）51页	1	0	36
55	1935年9月25日至10月1日		第55期（1935年10月5日）44页	0	1	34
56	1935年10月2日至10月8日		第56期（1935年10月10日）48页	3	0	31
57	1935年10月9日至10月15日		第57期（1935年10月19日）49页	0	1	39
58	1935年10月16日至10月22日		第58期（1935年10月26日）42页	0	0	32
59	1935年10月23日至10月29日		第59期（1935年11月2日）54页	0	1	34
60	1935年10月30日至11月5日		第60期（1935年11月9日）50页	0	2	34
61	1935年11月6日至11月12日		第61、62、63期合刊（1935年11月30日）63页	0	0	32

（续表）

序号	《一周大事》	播出时间	资料来源	剿共信息	涉日信息	信息总数
62	1935年11月13日至11月19日		第61、62、63期合刊（1935年11月30日）76页	2	0	32
63	1935年11月20日至11月26日		第61、62、63期合刊（1935年11月30日）91页	1	1	31
64	1935年11月27日至12月3日		第64期（1935年12月7日）56页	0	2	38
65	1935年12月4日至12月10日		第65期（1935年12月14日）58页	2	0	37
66	1935年12月11日至12月17日		第66期（1935年12月21日）48页	1	0	29
67	1935年12月18日至12月24日		第67期（1936年1月1日）57页	0	0	30
68	1935年12月25日至12月31日		第68期（1936年1月11日）57页	0	0	42
69	1936年1月1日至1月7日		第68期（1936年1月11日）64页	1	0	28
70	1936年1月8日至1月14日		第69期（1936年1月18日）45页	3	0	30
71	1936年1月15日至1月21日		第70期（1936年1月25日）43页	1	1	41
72	1936年1月22日至1月28日		第71期（1936年2月1日）45页	0	1	30
73	1936年1月29日至2月4日		第72期（1936年2月8日）47页	0	0	31
74	1936年2月5日至2月11日		第73期（1936年2月15日）55页	0	1	26
75	1936年2月12日至2月18日		第74期（1936年2月22日）67页	1	1	32
76	1936年2月19日至2月25日		第75期（1936年2月29日）43页	1	2	34
77	1936年2月26日至3月3日		第76期（1936年3月7日）40页	0	3	31
78	1936年3月4日至3月10日		第77期（1936年3月14日）66页	3	5	39
79	1936年3月11日至3月17日		第78期（1936年3月21日）44页	1	3	39
80	1936年3月18日至3月24日		第79期（1936年3月28日）45页	0	4	46
81	1936年3月25日至3月31日		第80期（1936年4月4日）61页	4	2	33

附录二 暂定民营电台播音节目时间标准表（1937年4月）[①]

起	止	共	节目内容		节目性质
6:00	6:10	10	国乐、军乐、西乐（除跳舞音乐）或雄壮之歌曲	适用于6时开始播音	娱乐
6:10	6:40	30	外国文教授（英、法、日、德、俄……一二种）或其他常识教育节目（有连续性）		教育
6:40	7:00	20	国乐或军乐（内容与6:00—6:10一节相仿）		娱乐
6:30	6:50	20	早操（转播中央台或自备早操唱片）	适用于6时半开始播音	教育
6:50	7:20	30	国乐、军乐、西乐（除跳舞音乐）或雄壮之歌曲		娱乐
7:00	7:20	20	早操（转播中央台或自备早操唱片）		教育
7:20	7:30	10	体育知识或其他卫生、品德修养知识		教育
7:30	8:10	40	说书、弹词、话剧或音乐［国乐、军乐、西乐（除跳舞音乐）或雄壮之歌曲］		娱乐
8:10	8:40	30	国语教授或其他适合后期小学或初中程度之教育节目（有连续性）		教育
8:40	9:20	40	说书、弹词、话剧或音乐（内容与7:30—8:10一节相仿）		娱乐
9:20	9:50	30	外国文教授（英、法、日、德、俄……一二种）或其他常识教育节目（有连续性）		教育
9:50	10:00	10	国乐、军乐、西乐（除跳舞音乐）或雄壮之歌曲		娱乐
10:00	11:00	60	休息		
11:00	11:40	40	各类娱乐节目［大鼓、弹词、说书、各种小曲、滩簧、宣卷、文书、南词、各地戏曲（如粤、闽、秦、蜀、滇、豫、湘、鄂、越等）滑稽、相声、平剧、昆曲、话剧、歌曲、各种音乐、西乐（跳舞音乐在内）］一种或数种		娱乐
11:40	12:00	20	新闻或教育节目（各种知识，不必有连续性）		教育
12:00	12:40	40	各类娱乐节目一二种（内容与11:00—11:40一节相仿）		娱乐
12:40	13:00	20	防卫知识或其他国防知识		教育
13:00	13:40	40	各类娱乐节目一二种（内容与11:00—11:40一节相仿）		娱乐
13:40	14:00	20	教育节目（各种常识）		教育
14:00	16:00	120	休息		
16:00	16:40	40	各类娱乐节目一二种（内容与11:00—11:40一节相仿）		娱乐
16:40	17:00	20	教育节目（长篇或短篇故事）		教育
17:00	17:40	40	各类娱乐节目一二种（内容与11:00—11:40一节相仿）		娱乐
17:40	18:00	20	家庭节目		教育
18:00	18:40	40	各类娱乐节目一二种（内容与11:00-11:40一节相仿）		娱乐
18:40	19:00	20	儿童节目		教育
19:00	20:00	60	优良娱乐节目［国乐、军乐、雄壮之歌曲、西乐（除跳舞音乐）词意纯正之平剧、大鼓、昆曲、话剧或各地（戏）曲（适合地方性而词意纯正者）、历史评说——说书（如列国、三国、岳传等）、弹词（如琵琶记、珍珠塔、笑缘等）］一种或二种		娱乐
20:00	21:05	65	转播中央台节目		教育
21:05	22:00	55	优良娱乐节目一二种（内容与19:00—20:00一节相仿）		娱乐
22:00	22:20	20	教育节目（各种常识）		教育

[①] 广播周报，1937（132）：27—29.

（续表）

起	止	共	节目内容	节目性质
22:20	23:00	40	各类娱乐节目一二种（内容与11:00—11:40一节相仿）	娱乐
23:00	23:20	20	教育节目（长篇或短篇故事）	教育
23:20	24:00	40	各类娱乐节目一二种（内容与11:00-11:40一节相仿）	娱乐
24:00	----	---	停止	
00:00	01:00	60	各类娱乐节目一二种（内容与11:00-11:40一节相仿）专用于星期六及星期日晚	娱乐

附注：

（一）上表时间系就第一号标准表及二、三、四、廿二号辅助表混合排列，每日播音时数各台可依其需要而定。但须遵照标准表说明一至五条各项办理。

（二）播音时间之支配方法甚多，略举数列如下：

每日播音12小时支配法举例：
6:00—9:00　11:00—14:00　17:00—23:00
7:00—9:00　12:00—14:00　16:00—24:00
8:00—10:00　11:00—13:00　16:00—24:00

每日播音11小时支配法举例：
6:30—10:00　12:00—14:00　17:00—22:30
7:00—10:00　11:00—14:00　16:00—21:00
8:00—10:00　11:00—13:00　16:00—23:00

每日播音10小时支配法举例：
7:00—9:00　11:00—14:00　18:00—23:00
8:00—10:00　11:00—13:00　16:00—22:00

每日播音9小时支配法举例
7:30—10:00　12:00—14:00　17:00—21:30

每日播音8小时支配法举例：
7:30—10:00　12:00—14:00　18:00—21:00

每日播音7小时支配法举例：
7:30—9:30　12:00—14:00　18:00—21:00

每日播音6小时支配法举例：
11:00—13:00　18:00—22:00

暂定民营电台播音节目时间标准表说明

1. 各民营电台播音节目时间以电力大小为比例，暂定如下：

   50W以下　　　　　　每日播音时间10小时为限

   50W—1000W　　　　每日播音时间12小时为限

   1000W—10000W　　每日播音时间15小时为限

2. 各电台播音时间每日最少不得少于5小时。

3. 各电台播音时刻最早在晨6时开始，最迟至夜12时停止（试验电台另有规定）。星期六及星期日晚得延迟1小时至次日上午1时停止。

4. 本表第一号为标准表，二、三、四、廿二号为辅助表，均以12小时为支配，各台得因其需要选用一种，其不足12小时及星期日节目得依表定节目时间递减之（请见附注）。

5. 各台欲在规定播音时间内就其便利与需要而另支配开始休息及停止时间者，须按照表列时间内节目安排之（假定8:00开始则检视表内仅有7:30—8:10之说书、弹词、话剧或音乐节目，然8:00—8:10仅有10分钟，当然安排音乐为适宜），但至少须连续播音两小时方可休息。

6. 关于商情、气象、新闻、警策语等，其报告时间在5分钟以上者，可用教育节目之时间；不足5分钟者，均于娱乐节目中插播之。

7. 如教育节目时间感觉不足时，可占据娱乐节目时间，但娱乐节目不得侵占教育节目时间。

8. 广告节目由各商家自雇艺员担任者,所播讲或奏唱之书曲,其性质不得逾表内节目规定之范围。

9. 各种广告词句均在娱乐节目中讲播之。

10. 宗教宣传节目可列为教育节目之一种,惟不得超过普通教育节目全部时间之半,如认为有增加宣传之必要者,可排入娱乐节目时间内播讲之,但亦不得超过娱乐节目全部时间之半。

11. 娱乐节目内十项节目(滑稽、趣谈、申曲、苏滩、维扬文戏、维扬清曲、小曲、四明南词、四明文书、宣卷),每日播音时间之总数不得超过两小时。

12. 表内节目内容成分之支配,计教育占38%,娱乐占62%,故娱乐节目中插播商情、气象、警策语或各种小常识,适足补教育节目成分之不足。

13. 暂定 10:00—11:00,14:00—16:00,24:00—02:00 为试验电台之播音时间,其节目另定之。

14. 短波广播电台,其节目时间暂不受此表之限制。

15. 各地如遇有开会典礼或有普遍宣传价值,如运动会等之特别节目,而适在第 13 条规定之试验电台播音时间内者,得呈报本会临时占用其时间。

中央广播事业指导委员会订

附录三 《教育节目材料标准》（1937 年 4 月底）①

（中央广播事业指导委员会编）

序号	节目名称	材料	备注
1.	体育知识或其他卫生品德修养知识	（1）各种体育杂志 （2）各大书局出版之卫生课本 （3）新生活运动之理论与实践 （4）关于青年修养及提倡四维八德之言论	
2.	国语教授或其他适合后期小学或初中程度之教育节目	（1）中华书局出品白涤洲国语留声片 （2）大中华出品马国英注音符号留声片 （3）商务印书馆出品赵元任国语留声片 （4）歌林公司出品赵元任国语片 （5）各大书局出版之小学及初中课本经教育部审定者	
3.	外国文教授	（1）英语留声片 （2）各大书局出版之适合初中程度各种外国语课本	自编或未经教育部审定之课本须送会审查
4.	教育及常识演讲	（1）中央广播事业管理处出版之《广播周报》 （2）《播音教育月刊》（商务） （3）蒋委员长演讲稿 （4）报纸登载之中央各负责长官纪念周演讲词 （5）科学的中国 （6）科学画报 （7）科学世界 （8）科学 （9）公民训练讲话丛书（世界） （10）各大世局出版之公民教育课本 （11）各大书局出版之史地课本边疆问题及中外各种游记及旅行杂志等	取材应浅显通俗而有兴趣
5.	防卫知识或其他国防知识	（1）防卫知识一二集（中央电台稿） （2）战事常识丛书（世界） （3）各报章杂志登载关于提倡民族意识爱国观念国货运动等言论卫生救护常识（中央电台稿）	
6.	家庭节目及儿童教育	（1）现代父母 （2）方舟 （3）家庭常识汇编（天虚我生编） （4）家庭周刊（天津家庭周刊社） （5）各大书局出版关于家庭问题之书籍 （6）各大报副刊中关于家庭问题之文字 （7）小学生文库（商务） （8）格林童话集（商务）	

① 广播周报，1937（136）：34—36.

（续表）

序号	节目名称	材料	备注
6.	家庭节目及儿童教育	（9）儿童书局出版之各类儿童书籍 （10）正中少年故事集 （11）各大书局出版及各报纸登载之儿童书籍及文字	
7.	长篇或短篇故事	（1）廿四史通俗演义 （2）会文堂出版之历朝通俗演义 （3）列国志 （4）三国演义 （5）隋唐演义 （6）说唐 （7）五代残唐 （8）飞龙传 （9）说岳 （10）英烈传 （11）三宝太监下西洋 （12）镜花缘 （13）儒林外史 （14）儿女英雄传 （15）洁本今古传奇 （16）警世醒言 （17）醒世恒言 （18）喻世明言 （19）啼笑姻缘 （20）中国历代名人传略（青年协会书局出版） （21）中国历代名人录（古今图书局） （22）科学伟人的故事（青年协会书局） （23）各大书局出版之中外名人传记 （24）《申报》副刊通俗讲座栏之中外名人故事 （25）中外爱国故事 （26）国耻史 （27）亡国恨 （28）中外探险家故事（非侦探故事） （29）正中国民说部	用直接讲播法不可随意插科，书内原有之粗鄙故事须斟酌删减
8.	新闻	国内外重要新闻均根据中央社稿或采用当地报纸上之"中央社电"或收录中央电台之广播新闻	如关于时评、讨论政见、发表宣言、批评政党或团体，及讲述主义均须将讲稿呈会核阅，批准方可播讲。

附注：

（一）各电台得因其特性采用其特有材料作为教育节目之一部，如其特性为宗教者，佛经圣经等皆可作为讲材；又如其特性为发展无线电或其他科学艺术等，得各就其专有讲材为讲材。

（二）以上所举材料如有增删，随时印发通知。各电台亦可根据上列范围斟酌补充。

（三）本会历次颁发之各种讲材，可各以其共性质列入教育节目。

附本会颁发各台播音材料一览（截至民国廿六年四月底止）

播音话剧单行本，蒋委员长安内演讲集，总理遗教要义（蒋委员长讲），蒋委员长言论辑（三），警策语（一、二集），革命先烈传记，卫生常识播讲稿，内分泌，防卫知识播讲稿（一、二篇），卫生救护常识，蒋委员长最近演讲集。

附录四 国民党中央广播事业指导委员会审查播音稿本

（1937年1月—7月共21次）统计表

《广播周报》刊期（日期）	节目播出时间	教材	评话	南词	剧类	讲稿	弹词	四明讲卷	滑稽	申曲	弹词开篇	苏州文戏	四明南词	南方歌剧	杭滩	曲谱	歌曲	故事	粤曲	其他	合计	准播
122（1.30）	1.4—1.24	24		12	5	1	9	3	24	1											76	32
123（2.6）	1.25—1.31		6		5	1	3	1	8	1	1	2		1	13	6				9	58	22
124（2.13）	2.1—2.7		1				1		17	1	38				1		40	2	1	7	121	96
125（2.20）	2.8—2.15	25		2	2		1	1	9	2	8							1		2	51	29
126（2.27）	2.15—2.21	杂曲7			5		3		4		68		扬州曲3							1	93	66
127（3.6）	2.21—2.28				3					3			说书2								9	0
128（3.13）																						
129（3.20）	3.1—3.15	杂曲7			4		1			1			道情春词类1				40	1			54	40
130（3.27）																						
131（4.3）	3.16—3.29	7	杂曲2		7		5	1			绍剧4	说书2			2			4			35	18
132（4.10）	3.30—4.4		1		2		6	1	18	1	杂曲17		1					3			50	29
133（4.17）																						
134（4.24）	4.5—4.18	杂曲4			3		5		13	6		说书1			1		绍兴文戏2				35	25
135（5.1）	4.19—4.25	杂曲6			6		4								绍剧1		20	5			42	36
136（5.8）	4.26—5.1				9		3		16	2	3			绍剧1			2	8			46	25
137（5.15）	5.2—5.8	14	1	3	1		5	1	10	3	7		2	单弦1 竹板书1			80	1	杂曲1		130	112
138（5.22）	5.9—5.19			4	5	1	4	1	4	4	7		1				18	1			50	35
139（5.29）	5.16—5.22	杂曲7		6	9		4		2	1	大鼓2，单弦1			1	4		19		相声9		65	48
140（6.5）	5.23—5.29			7	1		2		11	1	11		大鼓3	1	绍滩5				相声22		64	42

（续表）

《广播周报》刊期（日期）	节目播出时间	审查内容及件数																		合计	准播
		教材	评话	南词	剧类	讲稿	弹词	四明讲卷	滑稽	申曲	弹词开篇	苏州文戏	四明南词	南方歌剧	杭滩	曲谱	歌曲	故事	粤曲	其他		
141（6.12）	5.30—6.5	杂曲1		5	4		3		5	2	1	大鼓1					15				37	27
142（6.19）																						
143（6.26）	6.6—6.19	杂曲5		1	4		3	3			5	大鼓2						1		相声7	31	18
144（7.3）																						
145（7.10）	6.20—7.4		1	7	3	1	2		24	1	45	大鼓2	2	杂曲10			6			相声2	104	85
146（7.17）	7.5—7.11	56	杂曲5		2	2	1	4	21	2	9	大鼓3	3								105	79
147（7.24）	7.12—7.18	16			2		2				18	大鼓4	4	扬曲4							46	36

说明：

1. 表格内容来源于中央广播事业管理处出版的《广播周报》122—147期，1937年1月30日—7月24日。第128、130、133、142、144期没有刊载。

2 将审查内容中弹词开篇，及四明讲卷与开篇各归入同类。教材类的节目一般包括：歌曲、曲谱、乐曲等项。

3 审查结果分为：准播，照修改词句播，暂准，暂准（试播），暂准删减试播，朴送稿本，另送全稿审查，不准，禁播。准播是完全同意播出，不做任何修改。"有涉迷信、毫无意义、意义不当、粗俗鄙俚、词义猥亵、海淫海盗、奸邪残杀、奸盗邪淫"常招致不准播出，或禁播。

4 特殊节目说明：

序号	《广播周报》刊期/时间	页码	电台	特殊节目说明	备注
（1）	122（1937.1.30）	第24页	中西	"教材类"节目《日本语讲义》，审查结果是"暂准"播出，要求"应照审查意见更正，再版时重送审核"	
（2）	127（1937.3.6）	第20页	仁昌	"剧类"节目《讨鱼税》，审查结果是"不准"播出，因为"易于煽惑阶级斗争"	
（3）	129（1937.3.20）	第22页	大陆	"歌曲类"节目40首歌，其中《生之哀歌》《报表歌》审查结果是"不准"播出，原因是"词义冷酷，无益人心"，"词意无聊"	
（4）	131（1937.4.3）	第20页	大陆	"剧类"节目《在关内过年》，审查结果是"应该免过激宣传伤露骨有伤国际感情之词句后，暂准试播"。要求"朴送全词"	
（5）	132（1937.4.10）	第31页	越声	"滑稽类"节目《时事频倒》，审查结果是"准播"，但是要求"题名改为《同胞快醒》"	
（6）	134（1937.4.24）	第23页	交通部上海电台	"剧类"节目《妇女进行曲》，审查结果是"准播"并标明"载《妇女生活》四卷四期"	
（7）	134（1937.4.24）	第24页	麟记	"杂曲类"节目《十双高跟皮鞋》，审查结果是"准播"但是要求"小曲不得冠以新生活之名义"	
（8）	135（1937.5.1）	第36页	大陆	"剧类"节目《雷雨》（曹禺），审查结果是"准播"	
（9）	135（1937.5.1）	第36页	元昌	"剧类"系列节目《夫妇之道》（一）丈夫爱妻《夫妇之道》（二）相敬如宾《夫妇之道》（三）改造的夫妇，审查结果是"准播"，但是要求"广告应删除"	
（10）	135（1937.5.1）	第37页	四明	"杂曲类"节目《国民救国歌》《中日战事五更》《日本俊奴哭七七》，后一个节目"不宜播出"，理由是"词意曲调均不佳"	
（11）	136（1937.5.8）	第37页	敬亭	"歌曲"类节目《新毛毛雨》《谢谢毛毛雨》，审查结果是"不准"播出，因为"粗鄙猥亵"，"词意猥亵"	
（12）	137（1937.5.15）	第25页	华兴	"歌曲"类节目《青春赋舞曲》《配成双》《颂谢毛德里马》，审查结果是"不准"播出，原因是"不合国情""词意欠纯正"	
（13）	138（1937.5.22）	第26页	航业	"歌曲"类节目《祖国进行曲》《保卫马德里》《救亡进行曲》《五月的鲜花》，审查结果是"不准"播出，原因是"不合国情""词意欠纯正"	
（14）	139（1937.5.29）	第32页	交通部上海电台	"歌曲"类节目《怀乡曲》《中国人打中国人》《五月的鲜花》《一致奋起》《中国的新青年》《囚衣的呐喊》《前进的西班牙》七首歌，审查结果是"不准"播出，原因是"词意不合国情"	
（15）	140（1937.6.5）	第29页	国泰	"开篇类"节目《上海小姐》《新九子廿孙》《新莲花落》，审查结果是"不准"播出，原因分别是"侮辱女性""有讽刺时人之嫌"	
（16）	141（1937.6.12）	第33页	航业	"歌曲"类节目《搬夫曲》《码头工人》《新进工人》，审查结果是"暂准"播出，但是要求"介绍时须修改"	
（17）	145（1937.7.10）	第27页	西安电台	"剧类"节目《田汉光曲》及《敌友》《国难来了》剧旨不妥，备注中说明"除备注各篇外准播"，"母亲"采用时须修改	
（18）	146（1937.7.17）	第28页	上海电台	"教材类"节目歌谱《铁血歌》，审查结果是"准照正播授"	

呈送播音稿给中央广播事业指导委员会审查的广播电台一览表（《广播周报》122期—147期，1937年1月30日—7月24日）

性质	电台	122	123	124	125	126	127	128	129	130	131	132	133	134	135	136	137	138	139	140	141	142	143	144	145	146	147	合计
民营	上海	√		√	√						√						√		√	√	√					√	√	10
民营	麟记	√		√	√											√	√								√	√	√	7
民营	中西		√																									1
民营	苏州久大	√				√					√			√		√	√				√		√					7
民营	上海播音公会	√																					√					2
民营	杭州亚洲	√		√	√	√					√																	5
民营	利利	√		√		√	√				√	√				√	√	√	√									9
民营	友联	√		√					√		√	√		√		√	√	√			√				√			10
民营	苏州百灵	√		√		√		√	√		√	√		√	√	√	√	√	√		√		√		√			14
民营	元昌	√		√					√		√			√	√	√	√	√	√		√		√					12
民营	东陆	√			√						√				√	√												5
民营	宏声	√		√													√	√	√		√							5
民营	华东	√		√	√	√	√				√	√				√		√							√			8
民营	亚东	√																										1
民营	敦本	√																										1
民营	鹤鸣	√							√									√										3
民营	航业	√		√			√								√			√			√							6
民营	明远	√														√				√								3
民营	中华研究社	√															√											1
民营	华兴			√							√									√					√	√		5
民营	兴业			√																√						√		3
民营	市音			√																								1
民营	华侨			√																								1
民营	世泰盛富星合组电台			√	√									√		√												5

（续表）

性质	电台	122	123	124	125	126	127	128	129	130	131	132	133	134	135	136	137	138	139	140	141	142	143	144	145	146	147	合计
民营	李树德堂																											1
民营	富星			√	√											√		√		√						√		7
民营	中华			√			√																					2
民营	建华				√																					√		2
民营	国华				√	√									√													4
民营	时和					√			√								√											3
民营	菁英					√	√		√		√	√		√	√	√	√	√	√		√		√		√	√		13
民营	仁昌					√					√	√						√	√				√			√	√	9
民营	苏州											√			√			√	√		√		√		√	√	√	7
民营	徐州民教馆电台					√																						1
民营	亚声						√										√											2
民营	敬亭						√				√			√	√	√	√	√		√								6
民营	大陆								√		√				√	√	√	√	√				√					7
民营	时和								√		√	√																3
民营	佛音										√	√							√	√								5
政营	浙江省电台														√													1
民营	东方											√		√			√	√							√	√		5
民营	四明											√					√											3
民营	容德堂 久大电台																											1
民营	越声											√		√														2
政营	交通部上海电台													√					√									2
民营	大中华														√													1
民营	燕声																√		√	√	√				√	√		6
民营	世泰盛																		√	√					√	√		2
民营	国泰																			√			√		√	√	√	5

（续表）

性质	电台	122	123	124	125	126	127	128	129	130	131	132	133	134	135	136	137	138	139	140	141	142	143	144	145	146	147	合计
民营	天津东方																			√								1
政营	汉口																					√						1
政营	江苏																						√					1
党营	西安																								√			1
政营	广州																									√		1
民营	新新																										√	1
总计	55																											

备注说明：在这共计 55 座送审播音稿的电台中，有国营台 6 座，民营台 49 座。再根据"党政"二元广播体制，将国营电台分为党营和政营两类。这样，6 座国营台中，有 1 座党营电台，即西安广播电台（送审 1 次），直属中央广播事业管理处管辖；有 5 座政营电台，即交通部上海电台（隶属交通部，送审两次）、浙江省电台（隶属浙江省政府，送审 1 次）、江苏电台（隶属于江苏省政府，送审 1 次）、汉口电台（隶属汉口市政府，送审 1 次）、广州电台（隶属于广州市政府，送审 1 次）。

附录五 《各省普设收音机及运用办法（修正案）》
（1940年3月7日）[①]

一、 为谋普设各省收音机并求其运用之适当，以利抗战，特制定本办法，颁发各省政府遵照施行。

二、 整理并增设各地方收音机，以每县市至少先有一架为原则，必要时得分期举办渐次推广于各区乡（镇）保务期普遍，其在战区省分得视环境之需要酌量举办。

三、 凡已设收音机之各县、市，如机关、团体或私人所有之收音机能供公共运用者，得暂缓增设，但应将机件种类牌号及使用状况，经费来源，列表送中央广播事业管理处审核，以期划一运用。

四、 凡私有收音机能规定时间公开放听者，得由各县市收音员呈报各省政府转请中央广播事业管理处酌量奖励之。

五、 中央广播事业管理处选择适用机械与中央无线电机制造厂订立廉价供给办法，整批代购，交由省政府分发各县市应用。

六、 各省政府应设立收音机训练班，学员由各该省、县、市政府考送之，由中央广播事业管理处派遣技术人员协助训练，训练五个月，毕业考试成绩及格者，派回原县市充任收音指导员或收音员，其考送训练服务办法，由各省政府参照收音员训练班办法大纲另行订定，送中央广播事业管理处查核备案。各省训练班分期举办，规定如下：

第一期　四川、贵州、云南、陕西四省限民国二十九年六月一日开班。

第二期　湖南、湖北、江西、广东、广西、河南、甘肃七省限民国二十九年八月一日开班。

第三期　战区各省视局势之推移再定开班日期。

各省政府应将训练班筹办经过报请中央广播事业管理处备案。

七、 各省政府应将学员考试成绩及派充各县市之收音指导员、收音员分别列表送中央广播事业管理处查核。

八、 本办法所需经费分开办、经常两项，开办费以中央与各省政府分担为原则，但以收音机材料费为限，经常费由各省政府自行筹措，必要时得由中央酌予补助。

九、 各省政府应指派专员负责督导，各该省县市收音员其办法由各省政府自行订定，送中

[①] 中国第二历史档案馆．中国国民党中央执行委员会常务委员会会议录：第29册[G]．桂林：广西师范大学出版社，2000：47-49．

央广播事业管理处备案。

十、凡各县市党政学各机关现任收音员不论曾受任何训练或经审核认可者，应一律列表送中央广播事业管理处审核。

十一、凡实行新县制各省训练区乡（镇）保各级人员时，应加授收音常识。各区乡（镇）保收音员可分别由当地小学教员、区教育指导员、乡（镇）文化股主任及保文化干事之有收音常识者兼任，并受县收音员之监督指挥。凡兼任收音之上项人员其待遇应酌量提高。

十二、收音机应设于各县市区乡（镇）保公共场所（如公园、体育、闹市通衢）收听中央广播事业指导委员会指定电台之播音，必要时得建收音亭并添装扩大喇叭。

十三、各省政府应每月将该县市之收音工作概况，报告中央广播事业管理处查核，必要时中央广播事业管理处得派员视察。

十四、各县市党部及当地各机关或私人添设收音机，关于装配修理均得请由各该县市收音员协助并联络运用。

十五、本办法核准施行后，原颁之各地设置收音机办法应即废止之。

附录六 《广播无线电收音机登记规则》(1948年4月5日)[①]

第一条　本规则依照电信条例第五条制定之。

第二条　凡为收听无线电广播新闻、演讲、音乐、歌曲（以下简称广播）等项而装设广播无线电收音机（以下简称收音机）者，均应向当地之交通部电信局，索取空白申请书填就后，仍送原局申请登记。如当地无电信局，应即向邻近地方之电信局办理上述手续。如当地电信局业务，系由区电信管理局兼办者，应即向该区电信管理局办理上述手续。

第三条　收音机无论系购自厂商或自行配装零件而成，须合下列之规定：
　　甲　机件装置及线路，不能任意变更，作为发报或发话之用者。
　　乙　不发生强烈振荡，致干扰其他收发电信者。

第四条　收音机如甲天线，不可接近电报、电话、电灯及其他电力线路；其引入屋内之天线，应装避电器，于收音机不用时，连接地线。

第五条　收音机如用地线，应焊接於深埋地下之金属片，或切接于自来水管上。

第六条　收音机之周率范围，以国际无线电规则所规定之广播周率带为限，其周率数字，由交通部随时通告。

第七条　收音机每座发给登记证一纸，凡设有特等电信局之地，由该特等电信局查明核发；其余各地，由当地或邻近之电信局，查明转请所隶区电信管理局核发。此项登记手续，暂不收费。

第八条　登记证不准顶替、转让或租借。

第九条　管理局或电信局，对于各收音机之装置情形，及曾否登记，得随时派员检查，并调验登记证。此项检查人员，备有身份证明文件，装户应加以注意，并详答所询，予以便利。

第十条　收音机及其装置，倘有不合程式之处，经查明通知后，应即完全改正。

第十一条　轻便携带或汽车或收音机，须经发证机关在登记证上详细注明，方得随装户；或其汽车通行登记证，须与收音机安置一处，随时备查。

第十二条　装户于本市县境内迁移住址，或对于机器程式有所变更时，应于迁移或变更前，开具新旧两处装机地点，或新旧机器程式，连同前领登记证，向原登记机关申请更正。

[①] 交通部台湾邮电管理局公报 [J] 1948, 3 (10): 9–10.

第十三条　凡装户欲迁往本市县境以外之地点时，应于迁移前报告原登记机关，将登记证缴销，改领转口凭证；至到达目的地后，重行办理登记手续，并缴还转口凭证。

第十四条　登记证如有遗失，应重填申请书，说明遗失原由，申请补发。

第十五条　交通部或其指定机关，往昔可发登记证，其所载情形与实际现况完全相符者，仍一律继续有效；其已领登记证而收载情形与实际已不相符者，应即重行办理登记手续，并将原证缴销。

第十六条　违反本规则之规定者，交通部或其指定办理登记之电信机关，得通知纠正；其违反电信条例者，并得依电信条例第廿一条之规定处罚。

第十七条　本规则自交通部公布日起施行。

附　录 | 203

附录七　中央广播电台现行节目分类系统图（1937年6月）

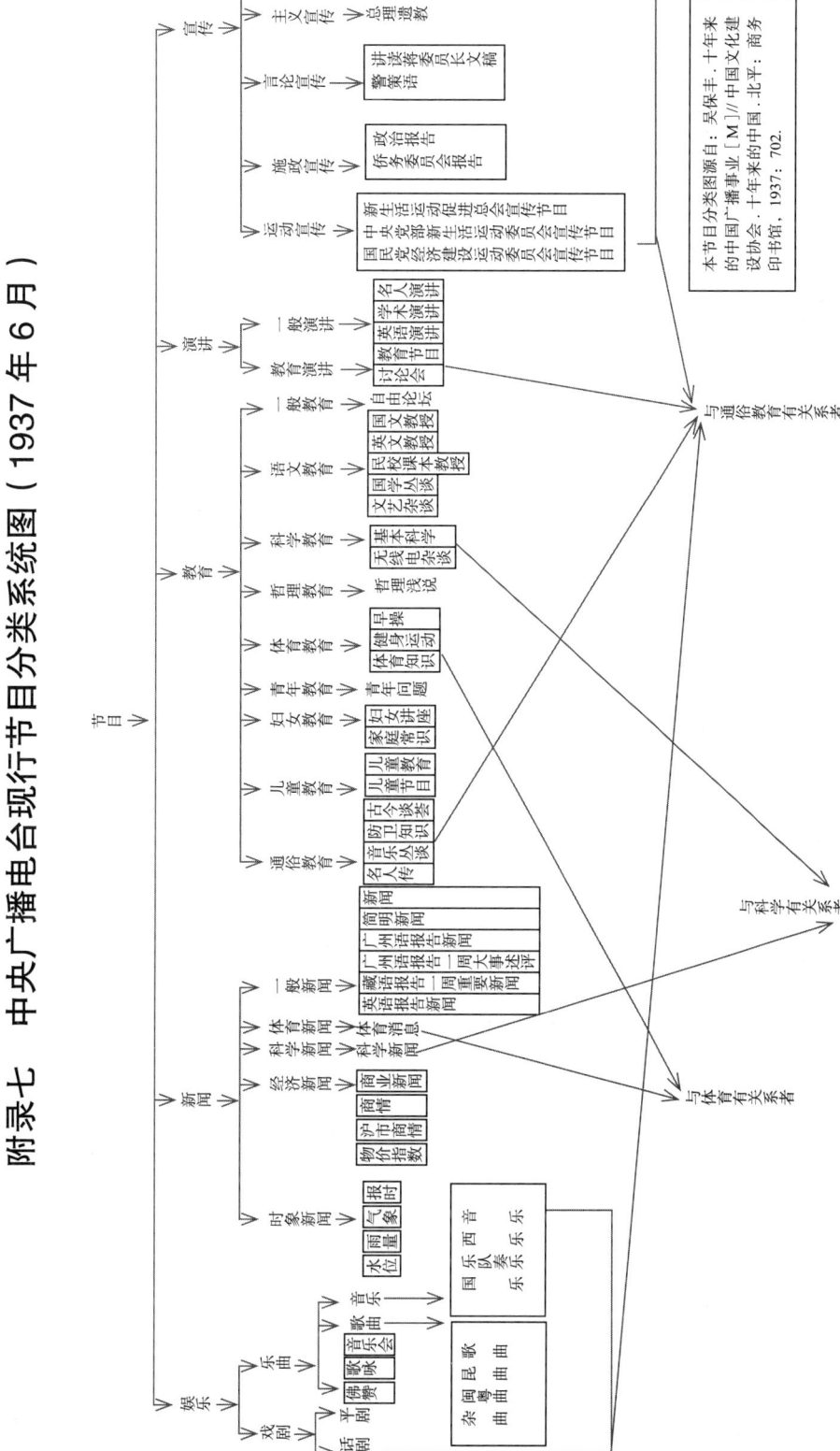

附录八 《广播周报》第 1—312 期《总理遗教》节目内容统计表

序号	《总理遗教》节目内容	次数	节目时段（24小时计时）	节目时长（单位：分钟）	持续时间	星期	登载于《广播周报》的刊期
1	总理对外人之演说	5	9:40—10:00	20	1934年9月17日至1934年9月23日	二、三、四、五、六	1
2	民族主义第一讲	5	9:40—10:00	20	1934年9月24日至1934年9月30日	二、三、四、五、六	2
3	民族主义第二讲				节目表中没有记载		
4	民族主义第三讲	5	9:40—10:00	20	1934年10月2日至1934年10月6日	二、三、四、五、六	3
5	民族主义第四讲	4	10:15—10:35 / 9:45—10:05	20	1934年10月9日至1934年10月18日	二、四、六	4、5
6	民族主义第五讲	4	9:45—10:05	20	1934年10月20日至1934年10月27日	二、四、六	5、6
7	民族主义第六讲	6	9:45—10:05	20	1934年10月30日至1934年11月10日	二、四、六	7、8
8	民权主义第一讲				节目表中没有记载		
9	民权主义第二讲	2	9:45—10:05	20	1934年11月15日至1934年11月17日	四、六	9
10	民权主义第三讲	3	9:45—10:05	20	1934年11月20日至1934年12月4日	二、四、六	10、
11	民权主义第四讲	4	9:45—10:05	20	1934年11月27日至1934年12月1日	二、四、六	10、11
12	民权主义第五讲	4	9:45—10:05	20	1934年12月6日至1934年12月15日	二、四、六	11、12
13	民权主义第六讲	5	9:45—10:05	20	1934年12月18日至1934年12月29日	二、四、六	13、14

（续表）

序号	《总理遗教》节目内容	次数	节目时段（24小时时计时）	节目时长（单位：分钟）	持续时间	星期	登载于《广播周报》的刊期
14	民生主义第一讲	5	9:45—10:05	20	1935年1月5日至1935年1月15日	二、四、六	15
15	民生主义第二讲	4	9:45—10:05	20	1935年1月17日至1935年1月24日	二、四、六	16, 17
16	民生主义第三讲	4	9:45—10:05	20	1935年1月26日至1935年2月2日	二、四、六	17, 18
17	民生主义第四讲	3	9:05—9:25	20	1935年2月4日至1935年2月8日	一、三、五	19
18	建国方略——孙文学说——行易知难第一章 以饮食为证	3	9:00—9:25	25	1935年2月11日至1935年2月15日	一、三、五	20
19	建国方略——孙文学说——行易知难第二章 以用钱为证	3	9:05—9:25	20	1935年2月18日至1935年2月22日	一、三、五	21
20	建国方略——孙文学说——行易知难第三章 以作文为证	6	9:05—9:25	20	1935年2月25日至1935年3月8日	一、三、五	22, 23
21	建国方略——孙文学说——行易知难	40	9:05—9:25 / 8:25—8:45 / 8:20—8:45 / 8:20—8:40 / 7:50—8:10	20 / 25	1935年3月11日至1935年6月7日	一、三、五 1935年3月12日（周二）11:45—12:25（40分钟）总理逝世十周年纪念日增加一次《总理遗教》节目	24 至 36
22	建国方略——物资建设——实业计划	47	7:50—8:10 / 8:20—8:40	20	1935年6月10日至1935年9月27日	一、三、五	37 至 52
补注	总理传记	25	8:20—8:40	20	1935年9月30日至1935年11月22日	一、三、五	第53期至第60期 第61, 62, 63期合刊中刊载的节目表中显示1935年12月6日（周五）8:20—8:40还有一次《总理传记》

(续表)

序号	《总理遗教》节目内容	次数	节目时段（24小时计时）	节目时长（单位：分钟）	持续时间	星期	登载于《广播周报》的刊期
23	抗战前没有具体内容	142	8:20—8:40	20	1935年11月25日至1937年6月28日	一、三、五 1936年周一播出。但第126期中刊载的节目表显示1937年3月12日（周五）8:00—9:00是《总理逝世十二周年纪念会》与《总理遗教》	61至142
			8:35—9:10	35			
			7:50—8:10	30			
			9:35—10:00	25			
			9:40—10:00	20			
			8:45—9:00	15			
			9:05—9:30	25			
24	抗战中没有具体内容	100	17:30—17:45	15	1940年4月10日至1941年4月10日	17	187至196
			18:00—18:15	15			

所有312期《广播周报》上刊载的《总理遗教》次数合计：全面抗战前从1934年9月17日至1937年8月14日154周中共播出304次，全面抗战中从1940年4月10日至1941年4月10日53周共播出100次。

附录九 《三民主义》书中内容与《总理遗教》节目内容比较表

	《三民主义》书中记载演讲内容目录			《总理遗教》节目刊登 "三民主义" 的播出内容		
		演讲日期	演讲内容		持续播出时间	播出次数（每次20分钟）
	自 序	1924年3月30日				
民族主义	第一讲	1924年1月27日	三民主义和民族主义简介、列强人口增加	第一讲	1934年9月24日至9月30日	5
	第二讲	1924年2月3日	政治力和经济力的压迫	第二讲	未记载	未记载
	第三讲	1924年2月10日	中国民族主义的失去	第三讲	1934年10月2日至10月6日	5
	第四讲	1924年2月17日	帝国主义和世界主义	第四讲	1934年10月9日至10月18日	4
	第五讲	1924年2月24日	中国民族主义的恢复	第五讲	1934年10月20日至10月27日	4
	第六讲	1924年3月2日	中国民族地位的恢复	第六讲	1934年10月30日至11月10日	6
民权主义	第一讲	1924年3月9日	民权、君权、神权	第一讲	未记载	未记载
	第二讲	1924年3月16日	民权和自由	第二讲	1934年11月15日至11月17日	2
	第三讲	未注明	民权和平等	第三讲	1934年11月20日至12月4日	3
	第四讲	1924年4月13日	欧美民权概况	第四讲	1934年11月27日至12月1日	4
	第五讲	1924年4月20日	解决民权问题：权能分开	第五讲	1934年12月6日至12月15日	4
	第六讲	1924年4月26日	四个民权、五个治权	第六讲	1934年12月18日至12月29日	5
民生主义	第一讲	1924年8月3日	民生主义和社会主义	第一讲	1935年1月5日至1月15日	5
	第二讲	1924年8月10日	解决中国民生问题	第二讲	1935年1月17日至1月24日	4
	第三讲	1924年8月17日	吃饭问题	第三讲	1935年1月26日至2月2日	4
	第四讲	1924年8月24日	穿衣问题	第四讲	1935年2月4日至2月8日	3

附录十 《广播周报》第 1—312 期《讲读蒋委员长文稿》节目内容统计表

序号	《讲读蒋委员长文稿》节目内容	次数	节目时段（24 小时计时）	节目时长（单位：分钟）	持续时间	星期	登载于《广播周报》的刊期
1	救国教育之真谛	2	19:30—20:00	00:30	1936 年 4 月 25 日和 1936 年 5 月 16 日	六	81、84
2	为学办事与做人的基本要道	1	19:30—20:00	00:30	1936 年 5 月 2 日	六	82
3	救国途径与教育目的 1935 年 2 月 1 日，南京 1935 年 7 月 29 日 成都	4	19:30—20:00	00:30	1936 年 5 月 9 日至 1936 年 9 月 18 日	六	83、92、93、102
4	生命的真义	1	19:30—20:00	00:30	1936 年 5 月 23 日	六	85
5	第二期革命之开始	1	19:30—20:00	00:30	1936 年 5 月 30 日	六	86
6	党政工作人员须知（一）	1	19:30—20:00	00:30	1936 年 6 月 6 日	六	87
7	改良风气消灭赤匪	2	19:30—20:00	00:30	1936 年 6 月 13 日和 1936 年 7 月 4 日	六	88、91
8	学生应利用暑假服务社会	1	19:30—20:00	00:30	1936 年 6 月 20 日	六	89
9	革命哲学的重要	1	19:30—20:00	00:30	1936 年 6 月 27 日	六	90
10	国民经济建设运动之意义及其实施	1	19:30—20:00	00:30	1936 年 7 月 25 日	六	94
11	统一救亡	1	19:30—20:00	00:30	1936 年 8 月 1 日	六	95
12	今后中国之建国方针	4	20:35—21:05	00:30	1936 年 8 月 7 日至 1936 年 8 月 28 日	六	96、97、98、99
13	"自由""平等"之真意与团体生活的重要	1	7:45—8:10	00:25	1936 年 9 月 16 日	三	102
14	精诚团结必以主义为中心	1	8:15—8:40	00:25	1936 年 9 月 23 日	三	103
15	怎样算真正的革命党员	1	9:35—10:00	00:25	1936 年 10 月 7 日	三	105
16	提起朝气，振作人心	1	9:35—10:00	00:25	1936 年 10 月 14 日	三	105
17	革命党员应倍加努力负起建国家兴亡之责	1	10:00—11:30	1:30	1936 年 10 月 28 日	三	108
18	革命党员的根本精神就是为主义而死	1	9:35—10:00	00:25	1936 年 11 月 4 日	三	109
19	黄埔军校之使命与革命的人生	1	9:35—10:00	00:25	1936 年 11 月 11 日	三	110
20	"坚持最后五分钟"是一切成功的要诀	1	9:35—10:00	00:25	1936 年 11 月 18 日	三	111
21	主义不行党员之耻	1	9:35—10:00	00:25	1936 年 11 月 25 日	三	112

（续表）

序号	《讲读蒋委员长文稿》节目内容	次数	节目时段（24小时计时）	节目时长（单位：分钟）	持续时间	星期	登载于《广播周报》的刊期
22	革命党员办事的精神和方法	1	9:35—10:00	00:25	1936年12月2日	三	113
23	国旗与军乐之意义	2	9:35—10:00	00:25	1936年12月9日和1936年12月16日	三	114、115
24	以一日所得贡献国家	1	20:40—21:00	00:20	1936年12月11日	五	115
25	时间为一切事业与革命之母	2	9:35—10:00	00:25	1936年12月23日和1936年12月30日	三	116、117
26	革命的心法	2	20:40—21:05	00:25	1937年1月6日至1937年1月13日	三	118
27	励志力行 雪耻救国	1	9:35—10:00	00:25	1937年1月20日	三	119
28	军人唯一的宗旨为仁民爱物	2	9:35—10:00	00:25	1937年1月27日至1937年2月3日	三	120、121
29	剿匪最重要的技能是什么	1	9:35—10:00	00:25	1937年2月10日	三	122
30	革命军人成功立业之道	3	9:35—10:00	00:25	1937年2月17日至1937年3月3日	三	123、124、125
31	剿匪的意义与做人的道理	1	9:35—10:00	00:25	1937年3月10日	三	126
32	革命军人首当崇尚气节	2	9:35—10:00 9:05—9:30	00:25 00:30	1937年3月17日至1937年3月24日	三	127、128
33	知耻诚意与决心	2	8:30—9:00 9:05—9:30	00:25 00:25	1937年3月31日至1937年4月7日	三	129、130
34	爱民训练之意义与教民的宗旨	2	9:05—9:30	00:25	1937年4月14日至1937年4月21日	三	131、132
35	庐山训练之意义与革命前途	3	9:05—9:30	00:25	1937年4月28日至1937年5月12日	三	133、134、135
36	如何创造党国新生命	1	18:00—18:30	00:30	1937年5月9日	七	135
37	现代军人的要素	2	9:05—9:30	00:30	1937年5月19日至1937年5月26日	三	136、137
38	精神教育之精义	5	9:00—9:30	00:30	1937年6月2日至1937年6月30日	三	138、139、140、141、142
39	党政工作人员须知（二）	1	9:00—9:30	00:30	1937年7月7日	三	143
40	无具体内容记录	48	20:35—21:05 9:35—10:00 20:40—21:00 20:00—20:20 20:40—21:05 21:15	00:30 00:30 00:25 00:20 00:15			100、101、103、104、105、106、107、108、109、110、111、112、113、115、116、118、119、120、121、122、123、124、125、127、128、129、130、131、132、133、134、135、136、137、138、139、141、142、143、144、145、146、147、148、149
总计		111					有题目的63次，无题目的48次

附　录　209

附录十一 《讲读蒋委员长文稿》节目中选讲蒋介石对"庐山军官训练团（1933年7月至9月）"的讲话内容统计表

序号	蒋介石对"庐山军官训练团（1933年7月至9月）"演讲题目	蒋介石对"庐山军官训练团（1933年7月至9月）"演讲时间	次数	节目时段（24小时计时）	节目时长（单位：分钟）	持续时间	星期	登载于《广播周报》的刊期
1	庐山训练之意义与革命前途	1933年7月18日	3	9:05—9:30	00:25	1937年4月28日至1937年5月12日	三	133、134、135
2	生命的真义	1933年7月22日	2	19:30—20:00	00:30	1936年5月23日	六	85
3	现代军人的要素	1933年7月24日	1	9:00—9:30	00:30	1937年5月19日至1937年5月26日	三	137
4	时间为一切事业与生命之母	1933年8月3日	2	9:35—10:00	00:25	1936年12月23日和1936年12月30日	三	116、117
5	剿匪的意义与做人的道理	1933年8月13日	1	9:35—10:00	00:25	1937年3月10日	三	126
6	党政工作人员须知（一）	1933年8月14日 这是在举办"庐山军官训练团（1933年7—9月）"的同时国民党还在江西星子县举办了党政人员训练所，此讲话是针对该所人员讲的	1	19:30—20:00	00:30	1936年6月6日	六	87
7	励志力行 救国雪耻	1933年8月14日	1	9:35—10:00	00:25	1937年1月20日	三	119
8	革命军人首当崇尚气节	1933年8月15日	2	9:05—9:30	00:25	1937年3月17日至1937年3月24日	三	127、128
9	剿匪最重要的技能是什么——冒险犯难、缒兵钻隙	1933年8月22日	1	9:35—10:00	00:25	1937年2月10日	三	122
10	国旗与军乐之义	1933年9月3日	2	9:35—10:00	00:25	1936年12月9日和1936年12月16日	三	115
11	党政工作人员须知（二）	1933年9月8日 这是在举办"庐山军官训练团（1933年7—9月）"的同时国民党还在江西星子县举办了党政人员训练所，此讲话是针对该所人员讲的	1	9:00—9:30	00:30	1937年7月7日	三	143

（续表）

序号	蒋介石对"庐山军官训练团"（1933年7月至9月）演讲题目	蒋介石对"庐山军官训练团"（1933年7月至9月）演讲时间	出现于《讲读蒋委员长文稿》节目的情形				
			次数	节目时段（24小时计时）	节目时长（单位：分钟）	持续时间	星期	登载于《广播周报》的刊期
12	军人精神教育之精义（一）	1933年9月12日	5	9:00—9:30	00:30	1937年6月2日至1937年6月30日	三	138、139、140、141、142
13	军人精神教育之精义（二）	1933年9月17日	5	9:00—9:30	00:30	1937年6月2日至1937年6月30日	三	138、139、140、141、142
14	军人精神教育之精义（三）	1933年9月18日	5	9:00—9:30	00:30	1937年6月2日至1937年6月30日	三	138、139、140、141、142

注：以上蒋介石对"庐山军官训练团"（1933年7月至9月）演讲题目和时间，来源于秦孝仪．先总统蒋公思想言论总集：蒋公论著年表[M]．台北：国民党中央党史委会，1984。

附录十二 《广播周报》第1—312期《党义研究》节目内容统计表

序号	《党义研究》节目内容	次数	节目时段（24小时计时）	节目时长（单位：分钟）	持续时间	星期	登载于《广播周报》的刊期
1	社会革命的原则	2	12:00—12:15	00:15	1939年1月5日和1939年1月7日	四、六	151
2	平均地权	6	12:00—12:15	00:15	1939年1月10日至1939年1月21日	二、四、六	151、152
3	节制资本	2	12:00—12:15	00:15	1939年1月24日和1939年1月26日	二、四	153
4	民生主义的具体政策	1	12:00—12:15	00:15	1939年1月28日	六	153
5	民生主义与四大需要	3	12:00—12:15	00:15	1939年1月31日至1939年2月4日	二、四、六	154
6	民生主义和资本主义	1	12:00—12:15	00:15	1939年2月7日	周二	155
7	民生主义和共产主义	2	12:00—12:15	00:15	1939年2月9日至1939年2月11日	四、六	155
8	建国方略绪论	1	12:00—12:15	00:15	1939年2月14日	二	156
9	知难行易的确证	2	12:00—12:15	00:15	1939年2月16日至1939年2月18日	四、六	156
10	第二章建国方略之———实业计划绪论	1	12:00—12:15	00:15	1939年2月21日	二	157
11	第一计划	1	12:00—12:15	00:15	1939年2月23日	四	157
12	第二计划	1	12:00—12:15	00:15	1939年2月25日	六	157
13	实业计划——第三计划	1	12:00—12:15	00:15	1939年2月28日	二	158
14	实业计划——第四计划	1	12:00—12:15	00:15	1939年3月2日	四	158
15	实业计划——第五计划	1	12:00—12:15	00:15	1939年3月4日	六	158
16	实业计划——第六计划	1	12:00—12:15	00:15	1939年3月7日	二	159

（续表）

序号	《党义研究》节目内容	次数	节目时段（24小时计时）	节目时长（单位：分钟）	持续时间	星期	登载于《广播周报》的刊期
17	建国方略之三民权初步	2	12:00—12:15	00:15	1939年3月9日和1939年3月11日	四、六	159
18	建国大纲	1	17:30—17:45	00:15	1939年3月13日	一	160
19	建国方略（续）	8	17:30—17:45	00:15	1939年3月20日至1939年5月8日	一	161—168
20	没有具体内容	17	17:30—17:45	00:15	1939年5月6日至1940年4月4日	一	169—186

附录十三　迎榇宣传列车行程表[①]

（1929年5月）

序号	站名	日期	放音时间	听众人数	备注
1	浦口	10日	2小时	四千余人	
2	浦镇	10日	1刻	千余人	
3	滁州	10、11日	2小时	四千余人	
4	明光	11日	半小时	二千余人	
5	临淮关	11日	1刻	千余人	
6	蚌埠	11、12日	2小时	五千余人	
7	南宿州	12日	半小时	千余人	
8	徐州	12、13、14日	2小时半 3小时 半小时	三万余人	见附注
9	临城	14日	1小时半	四千余人	见附注
10	滕县	14日	半小时	二千余人	
11	邹县	14日	半小时	二千余人	
12	兖州	14、15日	2小时	五千余人	
13	曲阜	15日	1小时半	三千余人	
14	大汶口	15日	1小时半	三千余人	
15	泰安	15、16日	1小时半 2小时	三万余人	
16	箇（gè）山	16日	2小时半	三千余人	
17	济南	16、17日	2小时 2小时	五万余人	见附注
18	禹城	17日	半小时	二千余人	
19	德州	17、18日	2小时	五千余人	
20	东光县	18日	半小时	二千余人	
21	沧州	18、19日	2小时	五千余人	
22	马厂	19日	半小时	三千余人	
23	静海县	19日	1刻	二千余人	
24	天津	19、20、21日	1小时 3小时 1小时	四万余人	见附注
25	杨村	21日	半小时	二千余人	
26	廊坊	21日	半小时	二千余人	
27	丰台	21日	半小时	二千余人	
28	北平	21、22、25日	2小时 3小时 3小时	万余人	见附注

[①] 参加迎榇宣传列车琐记［G］//中国国民党中央执行委员会广播无线电台年刊，1929：11-15.

附注：5月13日在徐州，14日在临城，16日在泰安，及济南等处，开奉安宣传大会时，均将受话器移设演讲台上，再用长电线通至演讲机，经放声筒发出。（在泰安时会场距列车较远，所用之长电线，由兵士扶持。）

5月20日在天津蔡家花园，22日在北平中央公园，举行宣传大会时，曾将全套演讲机，运往会场应用，各放音3小时左右。

列车于26日上午离平南返，沿途各大站，略有停留。乘机报告灵车南下时刻，并开放党歌等唱片，至28日上午2时，抵达浦。

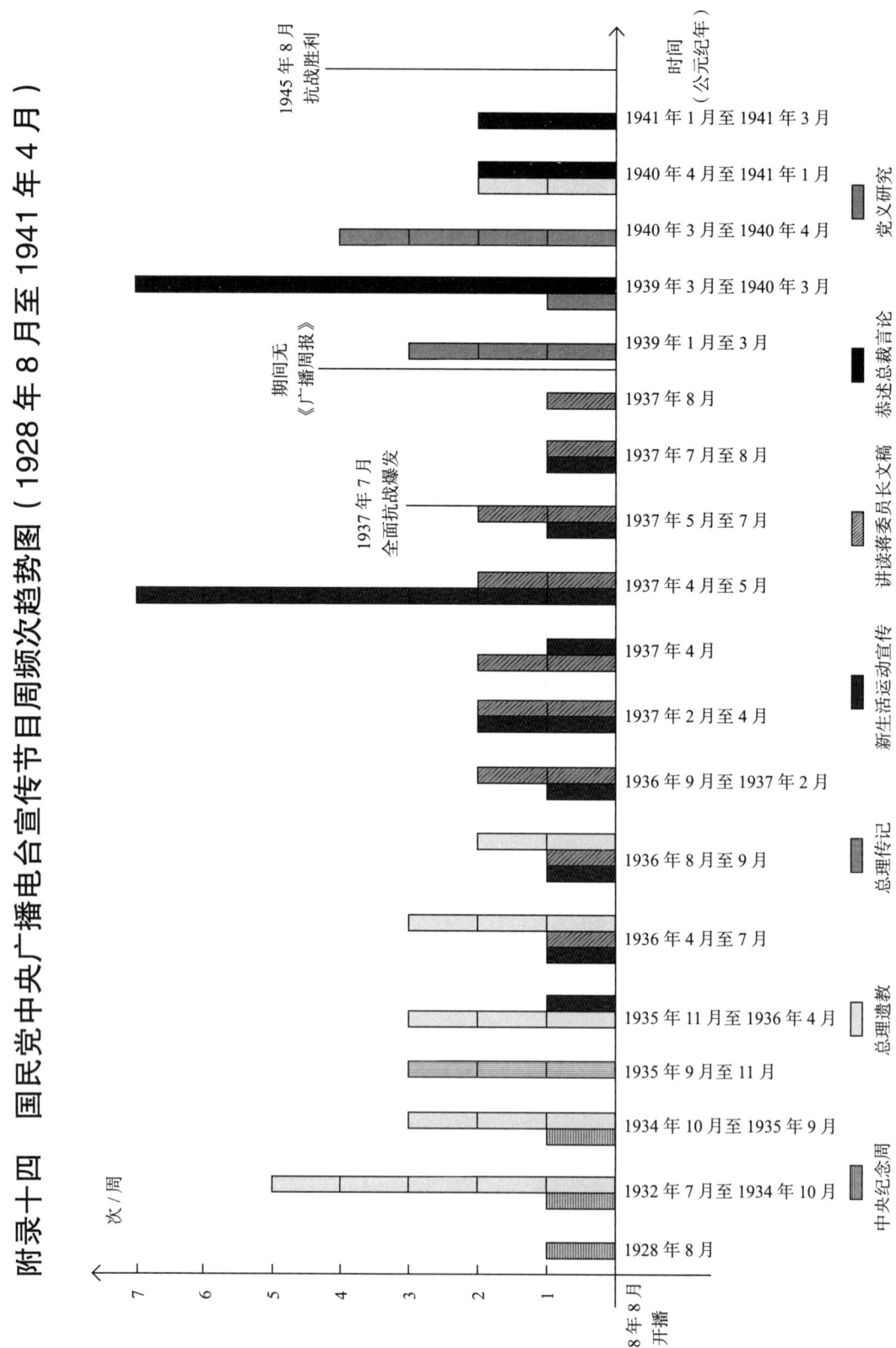

附录十五 国府各机关轮流播音日期表

地点：中央广播无线电台　　时间：上午 10:15 至 11:00 （1928 年 10 月—1929 年 10 月）

机关	日期	星期	日期	星期	日期	星期	日期	星期	日期	星期	日期	星期	日期	星期	日期	星期	日期	星期	日期	星期
内政部	11月19日	2	12月10日	2	12月31日	2	1月21日	2	2月11日	2	3月4日	2	3月25日	2	4月15日	2	5月6日	2	5月27日	2
外交部	20日	3	11日	3	1月1日	3	22日	3	12日	3	5日	3	26日	3	16日	3	7日	3	28日	3
司法院	21日	4	12日	4	2日	4	23日	4	13日	4	6日	4	27日	4	17日	4	8日	4	29日	4
军政部	22日	5	13日	5	3日	5	24日	5	14日	5	7日	5	28日	5	18日	5	9日	5	30日	5
交通部	23日	6	14日	6	4日	6	25日	6	15日	6	8日	6	29日	6	19日	6	10日	6	31日	6
财政部	26日	2	17日	2	7日	2	28日	2	18日	2	11日	2	4月1日	2	22日	2	13日	2	6月3日	2
农矿部	27日	3	18日	3	8日	3	29日	3	19日	3	12日	3	2日	3	23日	3	14日	3	4日	3
禁烟委员会	28日	4	19日	4	9日	4	30日	4	20日	4	13日	4	3日	4	24日	4	15日	4	5日	4
教育部	29日	5	20日	5	10日	5	31日	5	21日	5	14日	5	4日	5	25日	5	16日	5	6日	5
工商部	30日	6	21日	6	11日	6	2月1日	6	22日	6	15日	6	5日	6	26日	6	17日	6	7日	6
铁道部	12月3日	2	24日	2	14日	2	4日	2	25日	2	18日	2	8日	2	29日	2	20日	2	10日	2
卫生部	4日	3	25日	3	15日	3	5日	3	26日	3	19日	3	9日	3	30日	3	21日	3	11日	3
司法行政部	5日	4	26日	4	16日	4	6日	4	27日	4	20日	4	10日	4	5月1日	4	22日	4	12日	4
军事参议院	6日	5	27日	5	17日	5	7日	5	28日	5	21日	5	11日	5	2日	5	23日	5	13日	5
蒙藏委员会	7日	6	28日	6	18日	6	8日	6	3月1日	6	22日	6	12日	6	3日	6	24日	6	14日	6

备　注：逢例假日暂停　　中央广播无线电台商订　　1929 年 11 月 10 日

（本表载于《中国国民党中央执行委员会广播无线电台年刊》"报告"之第 22 至 23 页之间插图，1929 年 12 月出版）

附录十六 《政治报告》节目延续与蒋介石在国民政府中权力消长的关系①

《政治报告》节目的延续	蒋介石在国民政府中权力消长		
	国民政府主席	行政院院长	军事委员会委员长
1928年8月至1930年6月每周六次,有国民政府15部委参与播音,有12部委属于行政院	蒋介石:1928年10月8日至1931年12月15日	谭延闿:1928年10月25日至1930年9月22日	
		宋子文:1930年9月23日至1930年11月23日代理	
		蒋介石以国民政府主席身份兼任行政院院长(1930年11月24日至1931年12月15日)	
1932年11月,每个月三次;1932年12月至1934年8月没有该节目	林森:1931年12月15日至1943年8月1日	陈铭枢:1931年12月16日至1931年12月31日代理	1932年3月6日,蒋介石任军事委员会委员长。权力重心由行政院转移至军事委员会委员长手中
		孙科:1932年1月1日至1932年1月28日	
		汪精卫:1932年1月29日至1935年12月15日	
		宋子文:1932年8月25日至1933年3月29日代理	
		孔祥熙:1935年7月1日至8月25日,11月2日至12月15日代理	
1934年9月至1937年7月,每周一次,行政院"内、铁、交、实、教"五大部委参与,后又加入司法院的"司法行政部"六部委轮流播音		蒋介石:1935年12月16日至1938年1月1日	蒋介石仍然为军事委员会委员长

---

① 关于《政治报告》节目的统计来源于《广播周报》《无线电》和《中国国民党中央执行委员会广播无线电台年刊》。关于国民政府主席、行政院院长与军事委员会委员长的更替,来源于崔之清主编:《国民党政治与社会结构之演变(1905-1949)》(中编),以及袁继成、李进修、吴德华主编:《中华民国政治制度史》。